찐자의 저울

찐자의 저울

제1판 1쇄 인쇄   2024년 5월 13일
제1판 1쇄 발행   2024년 5월 17일

지은이   진혜원
엮은이   공희준
펴낸이   김덕문
책임편집   손미정
영업책임   이종률
디자인   블랙페퍼디자인

펴낸곳   더봄
등록일   2015년 4월 20일
주소   인천시 중구 흰바위로 59번길 8, 1013호(버터플라이시티)
대표전화   02-975-8007 ‖ **팩스** 02-975-8006
전자우편   thebom21@naver.com
블로그   blog.naver.com/thebom21

부끄러움을 아는 검사
진혜원의 성찰과 통찰

찐자의 저울

진혜원 지음

더봄

일러두기

- 저자는 검찰독재에 반대한다는 의견을 표시하기 위해 2019년 10월 10일에 처음 페이스북 계정을 열었습니다. 본문에 실린 글들은 그중 2021년 4월부터 약 3년 가까이 포스팅한 글들을 바탕으로 기획의도에 맞춰 선별하고, 이를 편집 방향에 따라 다시 풀어쓴 것들입니다.

- 본문의 각 꼭지들마다 별도로 처음 페이스북에 포스팅한 날짜를 기록해 두었습니다. 이는 독자들이 저자가 포스팅을 한 당시의 상황을 파악하는 데 도움을 드리고, 내용을 좀 더 친근하게 받아들이기를 바라는 마음에서입니다.

저자의 장편소설인 《초록 대리석》은 원래는 이 책을 출간하는 '더봄' 출판사에서 나올 예정이었습니다. 그러나, 《진실과 정의에 대한 성찰》과 상호 보완적 책이어서 출간 일정 등을 감안해 다른 출판사에서 같은 날 발간하게 되었고, 그로 인해서 저자를 항상 마음 깊이 응원해주는 '더봄' 출판사 김덕문 대표님께 글빚을 지게 됐습니다.

이에, 저자의 페이스북 전체를 살펴보고, 마음에 드는 꼭지를 따로 모아 책을 펴내기로 다시 의기투합했습니다. 그러나 아무래도 저자 본인으로서는 객관성이 떨어지기 때문에 글을 고르고 다듬어주실 작가님을 따로 섭외해야 했습니다.

대표님이 초빙하신 작가님은 공회준 님이었는데, 공 작가님과의 첫 미팅에서 작가님이 저자와 '선출직 공직자는 선거에서 성패가 결정되어야 하고, 수사로 제거되는 것은 아무런 의미가 없다'는 철학을 공유한다는 점을 알게 되어서 매우 기뻤습니다. 공 작가님은 판결문처럼 긴 저자의 문장을 읽기 쉽고 재미있게 요리하는 능력도 있는 분이셔서 더 반가웠습니다.

이 책이 출간되는 과정에서, 선거일에 투표하는 것을 제외한 거의 모든 정치적 표현을 국가가 관리하고 규제하는 일의 부당함을 다시금 느끼게 되었습니다. 또 모든 사회적 자원과 지위를 가진 사람들이 모여 특정 정치인을 제거하려고 혈안이 되어 있는 현실을 한탄하는 내용이 상당히 많이 포함된 원고를 다듬다가, 이 나라의 선거법은 관료들이 민주주의를 최대한 통제하는 후진적 시스템이라는 사실을 한 번 더 깨닫기도 했습니다.

그럼에도 스스로 과제를 설정하고, 해결하는 과정에서 희열을 느끼는 것으로 보이는 초선 국회의원이 소속 정당 혁신을 내건 지 1년 반 만에 이 글에서 지적하는 많은 문제점(페미나치즘, 정당 내 민주주의 혁명)을 상당히 해결해나가는 모습을 보고 한 사람의 시민으로서 커다란 쾌감을 느꼈습니다.

노벨 경제학상을 수상한 조지프 스티글리츠는 《불평등의 대가》 Price of Inequality 라는 저서에서, 경제적 불평등의 심화는 민주주의 원칙의 훼손을 초래한다는 통찰을 제시한 바 있습니다.

이 책을 준비하는 가운데 국회의원 선거가 치러졌습니다. 2022년 중순부터 거의 모든 미디어가 한 사람을 미남이자 능력자로 칭송하는 일치단결된 목소리를 내다가, 2024년 3월부터 4월까지는 불과 몇 년 전만 해도 위선자에 반칙왕으로 몰아세웠던 다른 사람을 또다시 일치단결해서 마치 구국의 영웅이라도 되는 것처럼 능력자로 극찬하는 목소리를 내는 것을 보게 됐습니다.

대중 미디어는 광고료 없이는 움직이지 않는 성질이 있습니다. 찬양 기사를 금전적 가치로 환산한다면, 누군가에 대한 일치단결된 칭송은 곧 다수의 미디어를 동시에 움직일 재력이 있는 광고주가 붙었다는 뜻으로 해석할 수 있습니다.

부의 집중이 민주주의를 훼손하는 현상에 대한 스티글리츠의 해법은 중산층의 강화입니다.

좌우를 가리지 않은 칭송 물결에 다수의 페이스북 친구들도 참여하는 것을 관찰했습니다. 그럼에도 칭송의 대상은 후천적 시각장애인과 속칭 '평민'들로 구성된 집단보다도 덜한 성과를 냈고, 불과 8년 전에 제3의 길을 선택한 안철수 의원의 정당이 첫 선거에서 38석을 당선시킨 것에 비하면 1/3도 안 되는 결과물을 거뒀습니다. 저자는 이러한 광경을 지켜보며 페이스북이 비록 검열을 강화하는 중이라 하더라도 소셜 미디어의 발달이 미디어의 공세에 맞서서 사람들이 더욱 다양한 의견에 노출될 수 있도록 도와주는 역할을 한다는 사실을 체감했습니다.

저자는 수사와 기소 업무에 오랫동안 종사해오며 전관예우라고 불리는 관행이 현직 법조인들에게 얼마나 많은 양심의 자유 포기를 강요하는지 깨닫고, ①수사와 기소의 분리뿐만 아니라 국가가 독점하는 기능인 수사, 기소 등 ②형사사건에서는 변호사비 상한제를 도입해야 한다는 것을 소신으로 삼게 됐습니다.

물론, 구속이나 압수수색 뉴스에 시청률이 출렁이는 미디어 종사자들과 광고주들은 판돈을 걸고 여기에 격렬히 반대할 것입니다. 그들은 검사장 직선제라는 군웅할거 시대로의 헬게이트 개방으로 대응하려 시도할지도 모릅니다.

그러나 저자는 각자가 내 이웃의 지킴이가 되도록 '시민적 자제'가 보편적 문화로 자리 잡기를 희망합니다. 누군가에 대한 수사기관과 미디어 합작의 마녀사냥이 결국 나와 내 가족에 대한 마녀사냥으로 연결될 수 있으며, 우리 이웃에 대한 마녀사냥으로 확대될 수 있다는 점을 공감하고, 그러한 미디어에 대해서는 스스로 보이콧하는 관행이 확립되기를 바랍니다.

마녀사냥은 결국 연간 160억 원의 수임료를 노리는 전관 변호사들의 영향력을 키워주고, 민주주의를 더욱더 위축시키기 때문입니다.

아울러 저자는 '호랑이는 가죽을 남기지만, 사람은 패턴을 남긴다'는 '자칭' 명언을 최초로 사용해 볼까 합니다.

이를 심리학에서는 '경로의존성 법칙'으로, 경영학에서는 '업적 기준 평가'로 각각 달리 표현하기도 합니다. 자기 스스로의 노력 없이 남이 노력한 결과물을 차지하기만 하려는 사람들은 위기에서는 달아나고, 잘되면 숟가락을 얹으려는 교활함과 기회주의 패턴을 되풀이하기 마련입니다. 목표를 설정하고 달성하는 과정에서 희열을 느끼는 사람들은 역경과 시련을 스스로의 노력으로 극복하는 패턴을 반복하게 됩니다. 독자들께서는 이 점을 잘 기억하고 직접 관찰하면서 교육, 정치, 인간관계 등 모든 면에서 활용하셨으면 좋겠습니다.

이분법은 사람들을 세뇌하고 동원하기 가장 편리한 방법입니다. 저자는 자신이 세뇌에 동원되는 것은 아닌지 늘 스스로 성찰하고 되돌아보는 것이 중요하다는 점을 강조하고 싶습니다.

끝으로, 표지 사진은 조지프 스티글리츠가 경고한, 경제적 불평등이 초래하는 민주주의의 위기가 수사 만능주의를 통해 전관 변호사들을 살찌우는 행태로 실현되는 것을 저지하고자 하는 저자의 의도를 가장 잘 반영한 옌스 갈쉬요트 Jens Galschiøt 의 작품 '찐자생존'Survival of the Fattest 으로 골랐습니다.

나보다 찐자들의 양분을 더 늘려주고, 그들의 자발적 노예가 되지 않도록 신중하게 생각하고, 스스로 질문하고 분석하는 습관이 우리 사회에 널리 체화되기를 저자는 진심으로 희망합니다.

그런 측면에서, 헌법이 보장하는 표현의 자유를 축소하는 법률은 그대로 두면서 연중무휴 개헌을 주장하는 사람들은, 실제로는 선거에 들어가는 돈을 덜 쓰고자 하는 광고주들의 기만술을 실행하는 앞잡이들이라는 것을 더 많은 분들이 직시했으면 좋겠습니다.

아울러, 늘 돌직구에 인간관계의 폭도 넓지 않은 저자를 믿고 오랜 시간 기다려주신 김덕문 대표님과 공희준 작가님께 깊은 감사 말씀을 드리고자 합니다.

진혜원

차례

찐자생존 *Survival of the Fattest*

덴마크의 조각가이자 사회운동가인 옌스 갈쉬요트의 작품이다. 이 조각상은 찰스 다윈의 진화론을 뒷받침하는 '적자생존 *Survival of the Fittest*'을 패러디한 것으로도 유명한데, 한마디로 강자들의 탐욕과 이중적인 모습, 정의의 왜곡을 조롱하며 풍자하고 있다.

우리나라 법원에 있는 정의의 여신상은 눈을 뜨고 법전을 들고 있기는 하다. 하지만 무거운 짐을 둘러메고 위태롭게 서 있는 연약한 소년을 대한민국의 선량한 시민이라고 한다면 이 조각상이 오늘날의 우리에게 시사하는 바는 명확해진다. 문제를 해결하려면 '찐자'가 약자의 등에서 내려오기만 하면 된다.

1부

/

영부인과
Prosetitute

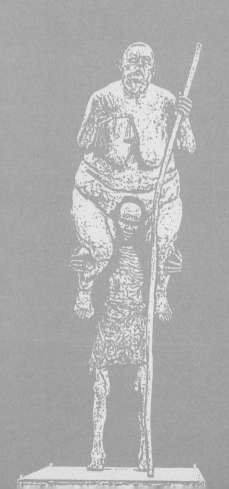

Prosetitute는 조직적으로^{Institutionally} 권한을 남용해 온

검찰^{Prosecutors}을 지칭하려는 목적으로 내가 새로 창안한 용어다.

탈법을 일삼는 검사들을 지칭하는 용어로 활용해 왔던

'테라토마'라는 단어를 사용하는 것에 대해 문재인 정부의

검찰총장을 아끼는 문재인 대통령이 중징계를 했기 때문에,

나로서는 조금 더 점잖은 단어를 만들어 대체할 수밖에 없었다.

실제로 Urban Dictionary라는 사이트에서는

Prosetitute를 '돈만 주면 아첨하는 글을 써 주는 사람'이라는 의미로

사용되는 현대어라고 정의되어 있기도 하다.

영부인과
Prosetitute에 대한 반론

대검찰청이 또다시 나에 대한 징계를 청구했다는 소식을 친한 지인 한 분과 몇몇 기자들로부터 전해 들었다. 당사자에게 관련 사항을 문서로 통보해 주는 관행이 있기 때문에 정확한 내용은 나중에 알게 될 테지만 중요한 사실관계를 일단 먼저 공지해야 할 것 같다. 나는 포털이나 뉴스를 보지 않기 때문에 누가 문자로 알려주면 그제야 구글링해서 알게 된다.

1. 민사소송 진행 내용

'Prostitute'의 올바른 철자를 몰라서였는지, 아니면 누군가에게 잘 보이고 싶어서였는지는 아직 정확히 모르겠으나, 다른 사람의 생각을 마치 내 표현인 것처럼 섣부르게 공표한 전○○ 여사에 대해서는 불법행위에 의한 손해배상을 청구하는 민사소송을 진행하는 중

이다. 형사고소를 제기하지 않은 이유는 수사만능주의를 지양해야
한다는 소신 때문이다.

　전○○ 여사가 나에 대해 범한 불법행위는 이러하다. 그는 내가
글을 게시한 지 겨우 29분 만에 이를 자신의 페이스북과 네이버 블
로그에 '진혜원이라는 여자가 영부인을 매춘부라고 했다'는 내용으
로 공표했다. 그가 내 글을 잘못 읽은 것이 명백한 이유는 다음과
같다.

2. 영부인의 과거사에 대한 입장은
　《진실과 정의에 대한 성찰》에서 이미 공표한 바 있음

　나는 개인적으로 현재 우리나라 영부인의 과거 전력에 대해 부
정적으로 평가한 사실이 없다. 야심 많은 여성들은 본인의 생존과
사회적 성공을 위해 여성적인 매력을 활용하는데, 영부인의 경우는
그중에서도 특출나게 야심차고 담대한 사례로 본다는 취지로 영부
인의 과거사를 측천무후나 클레오파트라의 권력투쟁 과정과 유사하
게 평가한 바가 있다.(《진실과 정의에 대한 성찰》 115쪽 이하)
　통상적으로 남성들은 성적인 매력을 전략으로 활용하는 여성을
'부성혼란 가설'에 근거해 부정적으로 평가하거나 경멸적 시선으로
바라보기 쉽다. 반면 대부분의 여성들은 전략적으로 성적 매력을
활용하는 여성을 '자원한정 가설'에 근거해 부정적으로 평가하거나
질투의 시각으로 바라보기 쉽다.

　　　　　　　　　　　　　　　　　　　　　　찐자의 저울

나는 이와 관련된 객관적 연구 자료를 앞서 언급한 책에서 소개해 놓았다. 자원한정 가설에 대해 잠깐 설명하자면, 자신과 자녀들에게 돌아가야 할 남성의 보호와 자원을 다른 여성이 빼앗아 가는 것에 대한 두려움을 가리킨다. 부성혼란 가설은 매력적인 여성일수록 다른 남성의 아이를 임신할 개연성도 높아진다는 내용이다. 때문에 이솝우화에 나오는 '신 포도' 이야기처럼 속으로는 좋아하면서 겉으로는 무시하는 척하는 자기모순을 가리킨다고 할 수 있다.

3. 열린공감TV 방송 내용 종합

실제 열린공감TV의 방송 내용을 요약하면 지금의 영부인은 평범한 미대를 졸업했지만 강남 한복판에 있는 호텔 운영자 겸 유명 건설사 회장과 가족처럼 지내면서 회장이 특별히 초청하는 VIP들만 참석 가능한 연회에 초청받아 국무총리 등 유력 인사들과 인맥을 맺고, 전시계의 거물급 인사로 성장할 수 있었다는 내용이다. 따라서 그러한 보도 내용을 성매매와 직접 연결하는 여론은 부성혼란 가설과 자원한정 가설을 지나치게 반영한 몹시 고루한 시각의 산물일 수 있다.

4. 영부인의 과거사에 대한 공개적 의견 개진 내용

나는 영부인의 과거사와 관련한 나의 소신을 2022년 3월 30일에 내 페이스북 계정을 통해 이미 댓글 형태로 천명한 일이 있다. 나는 성매매를 처벌하거나 부정적으로 바라보는 시각에 반대함을 분명하게 밝혔다.

성범죄가 인간의 성적 자기결정권을 침해하는 행위를 처벌하는 범죄임에도 증거도 없이 여론재판으로 남자들을 매장하면서, 인간이 자기 스스로 성을 금전적 가치와 교환하기로 결정한 것을 성범죄 피해자로 보는 법률을 공포한 것도 모순 아닌가?

그와 동시에 나는 영부인의 과거사가 어떤 종류이든 그간 사회적으로 이뤄낸 성과를 높이 평가한다고 명확히 밝혔다. 현재의 영부인은 전시기획자로서, 마크 로스코전, 르 꼬르뷔지에전, 알베르토 자코메티전 등 매우 어려운 전시회를 여러 차례 기획해 성공시켰기 때문이다.

5. Prosetitute의 용법

Prosetitute는 조직적으로^{Institutionally} 권한을 남용해 온 검찰 ^{Prosecutors}을 지칭하려는 목적으로 새로 창안한 용어다. 탈법을 일삼는 검사들을 지칭하는 용어로 활용해 왔던 '테라토마'라는 단어를 사용하는 것에 대해 문재인 정부의 검찰총장을 아끼는 문재인 대통령이 중징계를 했기 때문에, 조금 더 점잖은 단어를 만들어 대체함으로써, 징계로 침묵시키려 해 봤자 소용없다는 점도 강조하고자 했다.

6. Prosetitute인 이유

어떠한 보도를 신뢰하고 그에 기초해 공인에 대한 의견을 기재한 사람을 처벌하지 못한다는 대법원 판례가 기존에 나와 있다.(대법원2011도13245 등)

열린공감TV는 지난 대통령선거 국면 당시에 영부인의 과거사에 대해 초등학교태권도협회장, 센언니, 대학원 동기, 정운찬 전 총리 등 다수의 취재원들을 상대로 취재한 결과를 나누어 방송한 사실이 있다. 특정한 사실관계를 직접 경험해 알고 있는 사람들, 곧 증인들이 다수일 경우 취재 결과를 신뢰할 수 있다고 할 것이다.

그러나 검찰은 증인인 센언니와 안해욱 회장은 물론이고 방송인인 정천수 PD를 전국 각지에서 개별적으로 기소했다. 열린공감TV가 보도한 내용에 의거해 의견을 개진한 민간인인 이주혁 선생도 역시나 따로 기소했다.

검찰의 이러한 조치는 증인들과 그들의 증언에 토대해 의견을 개진한 사람들이 각자가 알고 있는 사실관계를 동일한 법정에서 서로 보강하지 못하도록 따로따로 떼어내 이들 모두를 거짓말쟁이로 몰아가는 효과를 거둘 수 있다. 검찰 입장에서는 그들을 편리하게 각개 격파할 수 있는 것이다. 국가는 시민들을 고립시키고 분산시켜 각개 격파하라고 검찰에게 수사권과 기소권이라는 두 가지 막강한 권한을 모두 부여한 것이 아님에도 검찰은 그러한 떳떳하지 못한 방식을 취했다.

Prosetitute를 조직적으로 권한을 남용하는 수사기관을 지칭하는 용어로 사용한 전례는 그 전에도 이미 여러 차례 있었다.

7. 전○○ 여사의 불법행위

나는 원래 전○○ 여사를 잘 아는 기자로부터 그분이 호탕하고 친절하며 다정다감하다는 의견을 들었던 터였다. 따라서 그분에 대해 나쁜 감정은 없다. 특히 그분은 페미나치즘이나 여성할당제에 기대지 않고 당당하게 스스로 기자가 됐고, 국회의원으로도 비례대표로 한 번, 지역구에서도 한 번 당선돼서 장애아들에 대한 정부 지원의 폭을 넓히는 장애아동복지지원법안을 공동 발의하고 통과시키기는 등 따뜻한 의정활동도 열심히 한 분이다.

물론, 사람에게는 모두 밝은 면과 어두운 면이 있고, 누군가에게는 밝은 면이 다른 사람에게는 단점으로 여겨질 수 있는 것이 인간사의 특징이기도 하다. 어찌 됐든, 불행하게도 나는 그분으로부터 공개적으로 모함을 당하게 된 마당이어서 대응하지 않을 수 없게 됐다. 그 방법으로, 형사고소 등 수사만능주의 대신 민사상 손해배상을 청구하는 것을 선택했다.

민사소송에서의 불법행위에는 과실도 포함된다. 무엇보다도 그분은 '매춘부'를 뜻하는 영어단어 Prostitute의 철자를 정확히 몰랐던 듯싶다. 몰랐다면 이는 전형적인 과실에 해당한다.

그는 내가 포스팅한 게시물을 글이 올라온 지 불과 29분 만에 갈무리해 갔다. 이는 전 씨가 오래전부터 내 일거수일투족을 면밀하게 관찰해 왔다는 방증으로 해석될 수 있겠다.

나는 지금까지 절박한 생계의 위기에 몰린 나머지 최후의 생존 수단으로 불가피하게 성매매를 선택한 여성들이 무거운 처벌을 받지 않도록 만들 제도적 개선 방안을 제안해 왔었다. 내 페이스북을 찬찬히 둘러본 누리꾼들이라면 내가 첫째로 성매매 처벌에 반대했음을, 둘째로 김건희 여사의 과거사에 대해 진취적 견해를 피력했음을 단박에 확인했을 것이다.

그런데 그분은 뭐가 그리 급했는지 정확한 사실 확인 없이 섣부른 지레짐작만으로 경솔한 단정을 공표하고 말았다. 이는 민법상 규정된 불법행위이다. 만약 알고도 허위로 공표했다면 더 질이 좋지 않은 불법행위에 속한다.

나는 Prosetitute를 민주주의를 침해하는 검찰조직을 의미하는 용어로 그전에도 이미 써왔거니와, 전○○ 씨의 착각이 세간에 널리 알려지기 전인 2022년 9월 13일에도 '조직적으로 선동하는 기관'이라는 맥락과 취지로 같은 표현을 사용한 사실이 있다. 결국 전 씨는 철자를 제대로 암기하지 않았거나, 또는 내 포스팅을 일부러 왜곡해 널리 공표한 것에 해당하므로 나는 그에게 불법행위에 대한 책임을 묻지 않을 수가 없게 됐다.

어차피 검찰은 어떻게든 단어 하나까지 꼬투리를 잡아서 민주주의의 기본 요소인 표현의 자유를 말살시키려고 시도할 것이다. 아울러, 자기들보다 공부를 열심히 하지도 않았는데 대한민국 서열

NO. 1에 오른 사람을 인정하고 싶지 않은 못된 심보에 따라 내 표현을 빌미 삼아, 자기들이 영부인을 바라보는 시각이 마치 내 시각인 것처럼 덮어씌우기를 할 것이다.

검찰조직 안에서 누군가에게 잘 보여 출세하는 게 목적인 몰지각한 인사들도 내 일과 관련해 아마 그분처럼 고약하게 행동할지 모른다.

8. 문제의 핵심

문제의 핵심은, 인사권과 예산권의 최상층부에 위치한 사람에게 잘 보이기 위해 공직을 사적 목적으로 남용하고, 그 대가로 퇴직 후 각종 컨설팅 비용을 받거나, 수임료 명목으로 1년 만에 수백억 원을 벌고자 하는 사람들이 제대로 가려지지 않는다는 점에 있다. 마리 앙트와네트를 처형하고도 프랑스에서 곧바로 민주주의가 정착되지 않은 이유도 거기에 있다. 특정인을 지목해 수사로 제거하고, 감옥에 보내봤자, 세금으로 운영되는 공직을 이용해 영혼을 팔아먹는 공무원들이 계속 비온 뒤 잡초처럼 자라나는 것을 감시하지 않거나, 그런 공무원들을 이용해 사익을 추구하는 사람들을 골라내지 않으면 세상은 바뀌지 않는다. [2023.05.03]

'허수아비 때리기' 수법의
민낯과 실체

사람들이 논쟁에서 악의적으로 누군가를 공격하려고 시도할 경우 자주 저지르는 논리학적 오류들 가운데 하나가 '허수아비 때리기'이다. 누군가가 특정한 표현을 전혀 사용하지 않았는데도 일단 사용했다고 우긴 다음, 그와 같은 무리한 억지에 의지해 그 누군가를 공격하는 행위야말로 이러한 허수아비 때리기의 대표적 사례일 것이다.

나는 검찰이 자신들의 권한을 특정 집단의 사적인 이익의 관철과 증진을 위해 조직적으로 남용하는 행위를 지칭하는 용어로 '테라토마'를 사용하다가 전임인 문재인 대통령으로부터 정직 1개월이라는 중징계를 받았다. 문재인 대통령은 조직적으로 판사를 사찰한 검찰총장에게는 정직 2개월이라는 징계밖에 하지 않았기 때문에, 판사를 사찰한 행위를 얼마나 가볍게 봤는지 알 수 있게 되는 계기가 되기도 했다.

어찌 됐든 징계를 받은 뒤에 생각해 보니, 아무리 못되고 불법행위를 일삼고 뇌물을 챙기고 청탁을 받아주는 공무원이라도 "너는 더러운 암세포야"라는 노골적인 표현을 들으면 기분이 상할 것이라서 나는 '테라토마'라는 암세포 비슷한 표현을 대신할 용어로 신조어 Prosetitute를 만들어 사용하기 시작했다. 이미 누차 설명했듯이 Prosetitute는 'Prosecutor(s)+Institute' 두 개의 영어단어를 합쳐 놓은 합성어이다.

나는 새로운 용어를 개발할 때마다 창졸간에 나치 독일의 비밀경찰인 게슈타포에게 쫓겨 수시로 은신처를 옮겨 다니는 레지스탕스 같은 저항세력이 된 기분이었다. 따라서 Prosetitute는 전○○ 씨가 소동을 일으킨 그날 처음 쓴 용어가 당연히 아니었다. 나는 사진에 등장하는 사람을 제때 알아보지 못했다는 이유로 검찰이 이재명 더불어민주당 대표를 무리하게 기소했던 날에도, 역시나 검찰이 시민들의 표현의 자유를 심각하게 침해하는 권한남용 행위를 자행한 것으로 판단된 날에도 우리나라 검찰조직의 행태를 비판하는 용도로 Prosetitute를 사용한 바 있다.

그런데 무슨 영문에서인지 전○○ 씨가 본인의 블로그와 페이스북에 "김건희 여사를 매춘부로 표시한 사람이 있다"고 게시하고 말았다. 그러자 각종 언론에 소속된 기자들이 이를 일제히 요란하게 보도했고, 여기에 뒤질세라 유명한 극우 유튜버인 강○○ 씨가 "김건희 여사를 매춘부라고 한 사람을 처벌해 달라"는 내용의 고발장을 다음날 수사기관에 전격적으로 접수시켰다. 강○○ 씨의 행위 또한 언론이 대대적으로 다뤘음은 물론이다.

나는 김건희 여사를 모욕주려고 작정한 사람들은 도리어 그들이라고 생각한다. 왜냐? "김건희 여사를 매춘부라고 표현한 사람이 있다"는 허수아비 때리기 식의 기사가 언론매체들에 도배된다는 사실 자체가 바로 그 사람들이 노린 결과인 것이 분명해 보이기 때문이다. 김건희 여사는 바보가 아니다.

강○○ 씨는 여당의 당대표를 선출하는 선거에서 컷오프의 굴욕을 당했다. 또 전○○ 씨는 공천을 신청하지도 받지도 않을 것 같다.

주목할 지점은 모든 기자들까지 나서서 "김건희 여사를 매춘부로 표현한 사람이 있다"는 제목을 큼지막하게 달아 기세등등하게 보도하던 약 10개월 전과는 달리 기자들의 분위기가 매우 바뀌었다는 점이다. 최근에는 '명예훼손'이라고만 간략하게 표시해 보도하기 일쑤다. 허수아비 때리기로 내 표현을 빌려 김건희 여사에 대한 경멸을 표시하려고 했던 기자들이 현재는 권력의 노여움을 살 것 같아 오히려 겁을 잔뜩 집어먹은 것처럼 보인다. 한편으로는 그들이 애처롭게 느껴지고, 또 다른 한편으로는 비굴하게 느껴지는 연유이다. [2023.07.30]

엑스포 홍보비 미스터리와
제3자 뇌물죄

1. 적용될 법리

뇌물죄는 돈을 받은 사람에 따라 두 가지 경우로 나뉜다.

가. 단순뇌물(형법 129조 1항) : 공무원이 직접 돈을 받을 때.

나. 제3자뇌물(형법 130조) : 공무원은 '부정한 청탁'을 받고, 돈은 제3자가
받을 때.

즉 공무원이 직접 받는 경우와는 달리 '부정한 청탁'을 받고서
제3자에게 돈을 주도록 해야만 인정되는 것이 제3자뇌물죄이다.

2. 예상되는 시나리오

사업가 A가 북한 거주 사업가 B에게 현대식 농업 사업을 제안한 다음 이를 위한 거래대금 명목으로 돈을 주었다고 한다. 수사 당국은 도지사 C가 해당 거래를 성사시키려고 노력한 흔적이 있다는 이유로 C에게 제3자뇌물죄를 적용하려는 시나리오를 짜고 있다고 한다.

3. 엑스포 유치 활동에 이 시나리오를 적용하면

그 사람들이 짜고 있다는 시나리오를 엑스포 유치와 관련해 재구성해 보자. 부산시장 P가 홍보업자 H와 엑스포 유치를 위한 홍보 영상 제작 거래를 하고서 H에게 홍보비를 지급했다. 그런데 공무원 신분인 대통령 Y가 엑스포 유치가 성공하도록 노력하고 있다고 가정해 보자. 그럴 경우 홍보업자가 영상을 만든 다음 이에 대한 대가를 받은 것이 대통령에 대한 제3자뇌물이라는 논리가 성립할 수가 있다.

내 지인들 중에는 지금의 대통령을 싫어하는 사람들이 많다. 그렇지만 그가 아무리 싫어도 지금의 대통령이 부산시의 엑스포 유치를 위해 노력했다는 이유로, 부산시가 홍보업체와 홍보 계약을 체결한 다음 업체에 대금을 지급한 것이 대통령에 대한 뇌물이 될 수 있다고까지는 생각하지 않을 것이다.

그렇다. 선출직 공무원이 자신의 관할 지역 또는 권한 범위 내에 있는 민간인들이나 관공서에서 어떤 거래가 정상적으로 성사되도록 노력했다고 하여 그 거래에서 계약 당사자들 사이에 오간 대가가 해당 공무원에 대한 뇌물이 될 수는 없다. 정상적인 거래 성사를 위해 노력해 달라는 것은 '부정한 청탁'이 될 수 없기 때문이다. 그리고 당사자 간에 오간 거래의 대가가 공무원에 대한 뇌물로 탈바꿈할 수도 없기 때문이다.

문재인 전 대통령은 한화가 이집트에 무기를 수출할 수 있도록 도와주고는 수출입은행이 이집트를 대리해 한화에 대금을 지급하도록 했다. 이에 대해 앞서 언급한 수사기관의 시나리오대로라면 문재인 전 대통령은 한화가 수출입은행으로부터 받은 무기대금 2조 원을 제3자뇌물로 수수한 셈이 된다. 심지어 이집트가 도입한 K9 자주포마저 문재인 전 대통령에 대한 제3자뇌물이 될 수도 있다. 너무 황당하지 않은가.

4. 결론

우리나라 헌법 7조는 공무원을 국민 전체에 대한 봉사자로 규정하고 있다. 윤석열 대통령은 대한민국 1호 영업사원을 자처하는 중이다. 대통령이나 선출직 공무원이 관할구역 내 기업가와 자영업자들이 운영하는 사업이 원활하게 이루어지도록 도우면 그 거래 과정에서 오간 대가가 선출직 공무원에 대한 뇌물이 된다는 아이디어, 몹시 창의적인 K-수사가 아니면 불가능한 법리라고 할 수 있다.

[2023.10.24]

찐자의 저울

이분법은
이성을 눈멀게 한다

나는 직장 생활을 하면서 훌륭하고 학구적인 상사를 많이 만났다. 반대로 자기 동기의 전관예우를 노리면서 피의자 협박 목적으로 보이는 소환 조사를 지시하는 상사도 적지 않게 보았다. 소환 통보를 받게 되면 겁에 질려 전관 변호사를 찾기 마련인 사람들의 심리를 이용하는 나쁜 관행이다.

언젠가 대기업에서 사내 변호사로 근무하는 지인의 친척이 내가 근무하던 검찰청이 소재한 지역에서 돌아가셨다. 돌아가신 분이 누워계신 장례식장으로 조문을 간 나는 그곳에서 지인을 만나 이런저런 이야기를 나눴다.

나는 텔레비전 뉴스시청뿐만 아니라 포털 검색을 포기한 지 10년이 넘었다. 검찰이 위헌적인 피의사실 유출로 피의자의 무죄 추정권을 법정 바깥에서 침해하는 사태에 TV 뉴스가 너무나 자주 동원된 탓이었다.

그런데 텔레비전에서도 보도하지 않은 소식을 지인이 내게 들려주었다. 공식적인 직책이 없는 대통령의 한 최측근 인사가 지인이 몸담은 회사로 찾아와 외유 비용을 보태달라고 요청했다는 것이다.

회사 측은 대통령 측근의 외유 비용을 함부로 지원했다가 나중에 무슨 사달이 벌어질지 모른다고 우려하며 지인에게 관련된 법률의 검토 작업을 지시했다고 한다. 지인은 이런 에피소드를 들려주면서 당시의 정부가 별로 청렴한 정권은 아니니 너무 믿지 말라는 뉘앙스로 얘기를 마무리했다.

나는 지인이 해준 얘기를 곱씹으면서, 그 무렵의 대통령이 취했던 몇 가지 조치를 머릿속에서 떠올려 보았다.

2021년에는 재벌 맞춤형 상속세법령 개정을 추진하면서 한편으로는 자영업자들을 비롯한 서민층으로부터는 알뜰하게 세금을 징수했다. 그렇게 60조 원의 세금을 더 걷고도 코로나 사태로 피해를 입은 데 대한 손실보상금을 국민들에게 풀지 않는 위업 아닌 위업을 달성했다.

2022년 2월 초에는 이집트를 방문해 2조 원대의 무기수출 계약을 체결했다. 실제로는 세금으로 운영되는 수출입은행으로 하여금 이집트로 무기를 수출하게 될 어느 방위산업체에 수출대금을 선지급하게 했었다. 이집트가 무기만 받고 대금을 안 주면 무기와 수출대금 모두 뜯겨서 전부 국민 세금 손실로 귀속될 수 있는 위험한 거래였는데도 그랬다.

한편 지인 회사의 힘을 빌려 해외여행 비용을 마련하려 했던 인사는 직전 정권과 지금 정권 모두의 킹메이커로 활동했다는 소문을 몰고 다니고 있기도 하다.

검찰의 수사와 기소를 분리하는 일은 밖으로 알려진 것과는 달리 그리 어려운 숙제가 아니었다. 나는 직전 대통령이 본인이 주재하는 마지막 국무회의에서 이른바 검수완박 법안의 공포안을 의결한다면서 기자들까지 불러서 과시하는 모습을 보고서 고개를 갸우뚱하게 되었다. 그 법안은 검찰의 직접수사 개시 규정을 없앤 것이 아니었을 뿐만 아니라 이름과는 정반대로 오히려 그 권한을 거의 무한대로 늘려주는 내용이었기 때문이었다.

그런데, 검찰의 직접수사 권한은 오로지 이재명이라는 사람을 제거하는 용도로만 사용되는 것으로 보였고, 고속도로가 휘거나 주가가 조작되는 등의 사태에 대해서는 전직 대통령이나 수사기관이나 모른 척하기는 마찬가지인 것 같았다.

나는 한동안 이 일을 까맣게 잊고 있었다. 그런데, 정권 실세 때문에 잠시나마 고민했던 문제의 대기업 그룹의 계열사가 여의도에서 요란하게 폭죽을 터뜨리는 소리가 우리 동네까지 들려오기에 그에 관계된 불쾌한 기억이 다시 떠올랐다. [2023.10.09]

형사사건 변호사비
상한제가 필요하다

수사기관은, 이를테면 같은 서류를 4~5번씩 복사해서 넣는 식으로, 마음만 먹으면 수만 쪽짜리 기록을 수백 개씩 만들어 특정인이 변호사비만 수십억 원이 들도록 유도할 수 있다.

내가 수십만 쪽에 달한다는 수사에 시달리고 있는 한 정치인의 자서전을 구매하자는 운동에 나섰던 것도 그러한 배경에서 비롯됐다. 자서전은 인세가 저자에게 직접 지급되기에 후원금 유용 시비 없이 변호사비로 사용할 수가 있기 때문이다.

특히, 이재명 대표는 자서전을 여러 권 펴냈다. 읽어보니 모두 재미가 있었다. 자서전에 등장하는 주인공은 아주 어린 시절부터 현재에 이르기까지 목표를 세운 다음 목표 달성에 필요한 최적의 방법을 효율적이고 전략적으로 찾아내는 실행의 달인이었다. 더욱이 그는 지방자치법을 포함한 다양한 실정법들에 정통한 인물이기도 했다.

대한민국은 자본주의 시장경제를 채택하고 있다. 그럼에도 공익적 요청에 근거한 사회주의적 규제와 조정이 가능하도록 헌법 119조 2항에 특별한 규정을 두고 있다. 이에 따라 국회는 일정한 직업군의 경우 보수의 상한을 법률로 결정할 수 있고, 실제로 하고 있다.(공인중개사법 32조 4항)

형사사건의 피고인은 변호인 없이 재판받지 못하기 때문에 일정한 경우 국가가 변호인을 선임해주고 있다.(헌법 12조 4항 단서) 또한 대법원에서는 "형사사건은 변호인의 인권옹호 의무와 대가관계가 있는 관계상 성공보수 약정은 무효"라는 판례를 남긴 바 있다.(2015다200111 전원합의체 판결)

이러한 취지를 모두 반영하면 형사사건에서 기록 복사비는 국가, 즉 검찰이 부담하고, 변호사비에는 상한을 정하는 입법이 가능하다.

대한민국 헌정사는 정적을 제거하려는 목적의 악의적 기소와 양심수들에 대한 부당한 사형 집행으로 얼룩져 있다. 그와 같은 불미스럽고 비극적인 일들로 발생한 비용은 물론 국가가 부담해야만 한다.

인권옹호는 변호사에게는 당연하고 핵심적인 임무이다. 변호사들이 형사사건 피의자를 변호하는 과정에서 지나치게 큰 이익을 취득해 온 그간의 구조와 관행에 확실하게 종지부를 찍을 입법 작업이 더 늦기 전에 시작돼야만 하는 까닭이다. 다만 형사사건 1건당 한 심급별 변호사비 상한으로 얼마가 적정할지에 관해서는 폭넓은 사회적 의견 수렴이 요구된다고 하겠다. [2023.09.28]

선동은 세상을 바꾸지 못한다

이균용 대법원장 후보자에 대한 부정적 글들이 많이 눈에 띈다. 소수의견을 내는 차원에서 이 후보자와 관련된 내 개인적 경험을 독자들과 공유하고자 한다.

1. 동료들 사이의 평판에 관련해

동료와 선후배들 사이에서 평판이 나쁘기로는 나도 남부럽지 않다. 그런 때문인지 구체적 사실의 뒷받침이 결여된 평판에만 의지해 사람에 대한 호불호를 판단하는 일에 나는 찬성하기 어렵다.

2. 세법 등 구체적 법률 지식과 관련해

나는 월급 외에도 소득이 있는데, 세무신고를 제대로 하지 못한 탓에 국세청으로부터 해명 요청을 수시로 받곤 한다. 핑계라도 대자면, 우리나라 세법이 매우 복잡한 데 원인이 있다. 상속증여세법, 지방세법, 소득세법 등이 세목별로 모두 다를 뿐만 아니라 각 법률에 딸린 시행령과 시행규칙이 심심찮게 변경된다.

법률가라고 하여 모든 법률을 다 머릿속에 일일이 담고 다니지는 못한다. 구체적 사건에서 당사자들이 치열하게 다투는 쟁점으로 부각될 경우나, 혹은 개별 사건에 관한 정확한 판단을 구하는 과정에서 특정 법률에 대한 상세한 숙지가 비로소 이뤄지는 경우가 많다.

나는 호기심이 강한 성격인지라 상업등기, 부동산등기, 상표등록처럼 다양한 사건들의 처리 과정에서 쟁점이 되는 절차들을 직접 실행해 보기는 했다. 그러나 대부분의 법조인들은 그와 같은 절차들을 자신이 직접 수행해 볼 시간이 없다.

3. 여성 인권과 관련해

'성인지 감수성'이란 용어가 있다. 여성의 성적 자기결정권을 부인하는 인사들과 가부장적 보호주의를 옹호해서 세금으로 보조금을 챙기려는 집단이 이 개념에 근거해 그들의 주장을 정당화하는 중이다.

나는 성인지 감수성을 전가의 보도로 사용하는 조직들과 척을 지는 바람에 공식적으로 징계를 받거나 또는 징계와 다름없는 불이익을 당해 왔다. 그럼에도 나는 '성인지 감수성'의 잣대가 법정형의 범위 안에 있다면 이 개념을 적용하는 일은 판단하는 주체의 재량에 속한다고 생각한다.

4. 재산등록 누락과 관련해

나도 명색이 법률가다. 그럼에도 배우자와 배우자의 직계존속의 재산정보에 접근할 수가 없다. 그로 말미암아 재산을 허위 신고한 것으로 간주되어 감찰과에서 조사를 받은 일도 있다. 그러나 민법상의 부부별산제 아래에서 개인정보를 함부로 조회할 수 없는 부득이한 사유가 있음이 참작되어 이와 관련된 징계를 다행히 피할 수 있었다.

5. 내가 겪은 이균용

① 영장 발부

내가 초임 검사로 근무하던 시절에 연속 무혐의 의견으로 송치된 '조달청 연쇄 납품 사기단' 사건이 있었다.

나는 의견서에 의존하는 대신에 담당 형사들과 함께 수사지휘 제도를 통해 각종 자료들을 직접 샅샅이 훑었다. 문제의 사기단이 취했던 수법은 당시까지는 조달청이 최저가낙찰 방식을 택했던 데 착안하고 있었다. 현재는 입찰가에 더해 기존의 납품 실적과 대금의 직접 지급 여부를 모두 종합하는 방식으로 바뀌어 있다.

사기단은 조달청 사이트에 하루 종일 접속해 있다가 입찰 공고가 올라오기만 하면 최저가로 입찰해 낙찰 받은 다음 하도급을 주어 이익을 챙겼다. 그들은 심지어 조달청으로부터 받은 금액을 하도급 업체에 아예 지급조차 하지 않고 통째로 떼어먹기도 했다.

사기단을 검거해 보니 통틀어 5명이었다. 그 가운데 한 명은 주범의 배우자이고, 또 한 명은 주범의 아들로 아직 대학생 신분이었다. 가족이 자금세탁에 동원된 것이었다.

검찰은 가족으로 구성된 범죄단의 경우 주범 한 명만 처벌하는 관행이 있다. 그러나 워낙 죄질이 불량했던 까닭에 가족 세 명을 모두 소환하여 차례로 한 명씩 조사하던 중 두 명이 대기실에서 달아나는 불의의 사태가 발생했다.

묵과할 수 없는 일이었다. 이들 사기단으로부터 하도급을 받은 업체 사장들 가운데는 대금을 제대로 지급받지 못해 스스로 목숨을 끊은 사람마저 있었다. 그러한 억울한 피해자를 생각해서라도 달아난 두 명의 신병을 어떻게든 확보해야 했다.

신병 관리 소홀로 주범 두 명이 검찰청에서 도망가는 장면이 CCTV로 확인되기까지 했으니, 검찰에도 불똥이 떨어진 상황이었다. 나는 핵심 주범 두 명에 대해 당시로서는 가장 긴급한 조치인 유효기간 1년짜리 구속영장을 지명수배 관련 문서와 함께 급히 작성해 이미 근무 시간이 끝난 뒤임에도 불구하고 법원에 접수했다.

그때 영장 전담 판사가 하필이면 현재 세간의 초점이 되고 있는 이균용 대법원장 후보자였다. 나는 범인들이 완전히 꼬리를 감추기 전에 신속한 지명수배가 필요하다는 의견을 개진했고, 이균용 판사는 검사인 나의 긴급한 설명을 경청한 후에 도주 장면이 담긴 CCTV 녹화 영상까지 일일이 확인했다.

원래는 구속영장이 청구되면 피의자를 불러 심문해야 한다. 그러나 이번 경우는 피의자가 도주한 상황이었다. 이균용 판사는 피의자들의 도주와 관련된 증거들을 세심하게 확인한 후에 도망한 바로 당일 영장에 서명하는 꼼꼼하면서도 신속한 일처리를 선보였다.

지명수배된 범인들은 몇 달 후 검거되어 각각 3년~5년씩의 징역형이 확정됐다. 그들은 다수의 피해자들과는 합의를 통해 피해 금액을 일부 변제했다.

② 영장 기각

나는 또 다른 사기 사건과 관련해 당시 현직 판사였던 이균용 후보자에게 계좌추적 영장을 청구한 일이 있었다. 이 후보자는 '임의수사가 원칙'이라고 부기하며 영장을 기각했다. 지금으로부터 약 20년 전의 일화이다.

만약 이 후보자가 당시의 원칙을 현재까지 견지해 왔다면 그는 무작위 및 전방위 압수수색과 관련해서 먼저 공문으로 임의제출을 요구할 것이다. 이 후보자는 피의자 등이 임의제출을 거부하거나 검찰이 피의자에게 증거를 인멸할 우려가 있음을 소명해야 영장청구 발부조건이 구비됐다고 판단할 듯하다.

③ 잠정적 결론

조달청 연쇄 납품 사기 사건의 기록은 무려 1,000쪽에 달했다. 경찰이 무혐의 의견으로 송치했기 때문에 나는 판사에게 내가 다시 수사한 내용을 일일이 설명해야만 했다.

이균용 판사는 귀찮아하는 기색 없이 핵심 사실관계의 맥락을 정확히 짚어 질문하면서 사건처리 과정에서 억울한 사람들이 생기지 않게끔 세심하게 일처리를 해나갔다. 검사인 내가 오히려 심문을 당하는 기분이 들 지경이었다. 그는 불필요하거나 임의수사가 가능한 강제수사에는 제동을 걸었다.

나는 판사 시절의 이균용 후보자처럼 성격은 까칠할지언정 직업정신이 투철한 사람들이 공직사회의 주축을 이뤄야 한다고 믿어 왔다. 그때의 이균용과 지금의 이균용 사이에 큰 변화가 없었으면 하는 바람이다.

6. 선동은 세상을 바꾸지 못한다

나는 인간으로서도, 법률가로서도 완벽함과는 거리가 멀다. 그 때문에 겸허한 자세를 유지하려고 항상 노력하는 중이다.

나는 죄형법정주의에 배치되는 '성인지 감수성'이라는 모호한 개념에 순순히 고개를 숙이지 않았다가 업무상으로 여러 번 불이익을 받았고, 지금도 받고 있다. 나는 우리 사회에 이리저리 휩쓸려 다니는 군중심리보다는 '너그러운 자유주의'Generous Liberalism와 '시민적 자제'Civil Abstinence가 널리 확산되기를 희망하고 있다.

따라서 기를 쓰고 흠집을 찾아내 이를 빌미로 자극적 소재의 특종을 내보냄으로써 특정한 공직자나 혹은 공직자 후보자를 낙마시키려는 기성 언론의 행태에 나는 무척이나 비판적일 수밖에 없다.

나는 이균용 후보자가 어떤 철학을 가지고 있는지에 언론이 관심을 기울여 주면 좋겠다. 이를테면 첫째로 이른바 '페미나치즘'을 용인할 것인지, 둘째로 이준석, 이재명, 조국 등 특정 정치인이나 유명인들에 대한 표적 수사로 보이는 행위들을 법원이 묵인할 것인지, 셋째로 수사기관의 피의사실 유출로 예단 없는 재판을 받을 권리가 침해된 피고인들의 불이익을 공소기각 등 형식판결로 반영할 의지가 있는지 등이다.

이와 같은 중차대한 원칙의 존중의사 유무가 이균용 후보자를 검증하는 실질적 잣대로 기능하기를 기대한다. [2023.09.21]

* 엮은이 주 이균용 대법원장 후보자에 대한 임명동의안은 2023년 9월 7일 진행된 국회 본회의 표결에서 재석 295명 중 찬성 118명, 반대 175명, 기권 2명의 결과로 부결되었다. 대법원장 임명동의안이 부결된 사태는 노태우 정부가 출범한 해인 1988년 7월 2일, 정기승 대법원장 후보자 임명동의안이 국회를 통과하지 못한 이래로 35년 만의 일이었다.

마하트마 간디와
검찰독재

마하트마 간디는 대영제국의 지배를 받고 있던 인도 안의 무수한 왕국들 가운데 한 곳에서 태어났다. 그의 아버지가 왕국의 총리였던 덕분에 간디는 어려움이 없는 유복한 환경에서 성장할 수 있었다. 그는 형의 권유를 받고서 변호사가 되고자 영국으로 유학을 떠났다.

변호사 자격증을 취득한 간디는 인도처럼 영국의 식민지였던 남아프리카공화국에서 본격적 사회생활을 시작했다. 그러던 어느 날, 간디는 일등석 칸의 기차표를 구입했음에도 유색인종이라는 이유로 다른 칸으로 옮겨갈 것을 요구받게 된다. 간디는 이러한 인종차별적 요구에 불응했다가 아예 열차 밖으로 쫓겨나는 수모를 겪으면서 식민지 백성이 겪어야 하는 암울한 참상에 비로소 제대로 눈을 뜨게 되었다. 그 후 고국인 인도로 돌아온 간디는 인권변호사로 활동하며 노동자들의 파업에도 동참하고, 때로는 단식투쟁도 해가면서 자신의 신념과 철학을 다듬고 강화해 나갔다.

영국은 인도가 악명 높은 신분제인 카스트 제도가 유지되고, 수백 개의 소국으로 계속 분열되어야만 식민통치를 효과적으로 이어갈 수 있음을 영악하게 눈치 채고 있었다. 간디는 화해와 통합을 추구하는 평화적 운동을 전개하며 인도의 식민통치를 종식시킬 그날을 차근차근 앞당겨 갔다.

간디는 단식과 행진 같은 평화적 투쟁방식으로 인도 독립운동의 동력을 창출해 나갔다. 그는 검약과 절제를 역설함으로써 인도인의 정신적 각성을 촉발시켰다. 이러한 성과들이 켜켜이 쌓여 제2차 세계대전 이후인 1947년, 인도는 마침내 영국으로부터 독립을 쟁취해 냈다. 하지만 간디는 독립 이듬해 한 괴한에 의해 암살당하고 말았다.

간디는 영국의 부당하고 불법적인 식민지배에 항의하는 과정에서 단지 인간이라는 이유만으로 다른 동물을 도살해 그 고기로부터 단백질과 지방과 칼슘을 섭취해도 되는가 하는 철학적 문제를 고민하게 된다. 이러한 번뇌 끝에 그는 채식주의를 삶의 방식으로 선택했다.

300년에 걸친 영국의 인도 식민통치는 잔인하고 폭력적이었다. 동시에 교활하고 지능적이었다. 간디는 영국의 폭압에 그와 정반대 방법으로 저항할 수 있음을 보여주는 비폭력 평화주의의 상징으로 자리매김했다. 간디의 사상과 업적은 미국의 인종차별 반대 운동가인 마틴 루터 킹 주니어 목사가 펼친 흑인 민권운동의 기초를 이뤘다.

독재란 다른 의견을 용납하지 않고 제거하는 방식으로 운영되는 국가 시스템이고, 그 주체가 군인이면 군사독재, 경찰이면 경찰독재, 검사라면 검찰독재라고 할 수 있다.

나는 검찰독재에 반대한다는 의견을 표시하기 위해 2019년 10월 10일에 페이스북 계정을 열었다. 그러자 극우단체를 비롯해 검찰이 주도하는 것으로 보이는 보복이 시작됐다. 그러나 나는 그들을 고소하지도, 고발하지도 않았다. 검찰독재에 반대하는 마당에 검사들의 힘을 빌려 그 사람들을 응징해 달라고 요청하는 것이 어린애처럼 유치하게 느껴졌기 때문이다.

이재명 대표의 단식이 벌써 보름 가까이 계속되고 있다. 하루하루 야위어 가는 이재명의 모습에서 나는 지금 같은 검찰독재 치하일수록 더더욱 평화와 연대의 힘이 중요함을 깨닫는다. 나폴레옹도 히틀러도 이기지 못했던 영국을 간디는 그 평화와 연대의 힘으로 인도에서 몰아냈기 때문이다.

인도를 억압하고 착취했던, 차별하고 수탈했던 영국의 현재 총리는 부모 모두가 아프리카 출신 순수 토종 인도인인 리시 수낙이다. 이는 인도가 영국을 무혈로 접수했다는 의미로도 해석이 가능하다. 오늘따라 인도의 예를 좇아 우리가 일본을 평화롭게 합병하고 일본 총리를 배출하는 날이 와야겠다는 생각이 든다. [2023.09.13]

공수처법,
희대의 대국민 사기극

존경하는 어느 기자님의 페이스북을 통해 전현희 전 국민권익위원장 겸 22대 국회의원 당선인(이하 '전 위원장')이 "공수처법상 대법원장, 대법관, 검찰총장, 판검사, 일부 고위직 경찰 외의 고위공직자에 대해서는 공소권이 없기 때문에 개정이 필요하다"는 취지의 발언을 했다는 소식을 들었다. 이와 관련해 나는 다음과 같은 의견을 피력하고 싶다.

일단 결론부터 잠정적으로 제시하자면, 이는 공수처법 규정을 잘못 해석한 주장이다. 전 위원장은 공수처법상 관련 규정에 혼란이 있도록 입법됐을 당시 여당 국회의원이었다. 지금부터 조금은 복잡하고 전문적인 내용이 포함돼 있더라도 독자들께서는 인내심을 갖고 읽어주시기를 바란다.

1. 공수처법에는 다음과 같은 규정들이 있다

-수사, 기소, 공소유지 권한 범위에 관한 규정

제20조(수사처검사의 직무와 권한) ① 수사처검사는 제3조 제1항 각 호(각 호
는 '1호', '2호'를 의미함)에 따른 수사와 공소의 제기 및 유지에 필요한 행위를
한다.

-'이첩'에 관한 규정

제24조(다른 수사기관과의 관계)

③처장은 피의자, 피해자, 사건의 내용과 규모 등에 비추어 다른 수사기관
이 고위공직자범죄등을 수사하는 것이 적절하다고 판단될 때에는 '해당
수사기관에' 사건을 이첩할 수 있다.

제27조(관련인지 사건의 이첩) 처장은 고위공직자범죄에 대하여 불기소 결정
을 하는 때에는 해당 범죄의 수사과정에서 알게 된 관련범죄 사건을 '대검
찰청에' 이첩하여야 한다.

-'송부'에 관한 규정

제26조(수사처검사의 관계 서류와 증거물 송부 등) ① 수사처검사는 제3조 제1
항 제2호에서 정하는 사건을 제외한 고위공직자범죄등에 관한 수사를 한
때에는 관계 서류와 증거물을 지체 없이 서울중앙지방검찰청 소속 '검사에
게' 송부하여야 한다.

2. 규정의 해석

'송부'는 일정한 문서를 보내주는 사실행위를 뜻하고(형사소송법 44조 등 참조), '이첩'은 사건 자체를 완전히 다른 기관의 권한으로 위탁하는 처분을 의미한다(군사법원법 제228조 참조). 이를 보더라도 이첩은 대상이 '수사기관' 또는 '대검찰청'으로 규정되어 있지만, '송부'의 대상은 서울중앙지검 소속 '검사'로 규정되어 있다. 그러므로 서울중앙지검에서 근무하는 특정 검사에게 문서를 보내주는 행위를 의미한다.

따라서 26조 1항에 따라 서울중앙지검에서 근무하는 '검사'에게 문서를 송부하려면 검사를 특정해야 하지, 서울중앙지검장에게 이첩해서 중앙지검장이 배당할 수 있도록 되어 있지는 않다. 그러므로 공수처가 26조 1항 '송부' 규정을 근거로 대법관, 검찰총장, 판검사 및 고위경찰 외의 다른 고위공직자범죄에 대해 공소권이 없다고 주장할 경우에는 그냥 일하기 싫어서 잔꾀를 부린다고 여기면 된다.

국회 의안정보시스템 상으로도 공수처는 공수처법 20조에 따라 고위공직자범죄 전체에 대해 기소할 수 있도록 마련된 기구라는 점이 명백하다.

그러나 문제는 법률가 출신인 전 위원장이 국회에 있을 당시 국회 과반을 차지하고 있던 집단이 아무런 설명도 없이 26조 1항을 집어넣어서 공수처가 핑계를 대고 사건을 서울중앙지검 소속 '검사'에게 떠넘길 수 있는 핑계를 마련해준 것을 무능하게 몰랐거나, 또는 무책임하게 방치해 놓은 데 있다.

그렇다면 전 위원장은 자신에 대해 부당한 감사를 진행한 감사원 관계자에 대해 공수처가 수사를 개시하자 이를 제대로 기소하지 않고 서울중앙지검 소속 검사에게 송부할까 봐 이제야 걱정하고 있는 셈이다.

그분에게 국민의 한 사람으로서 묻고 싶다. 전 국민의 염원인 공수처법 하나 깔끔하게 처리하지 못한 채 애매하게 만들어 놓고는 본인들이 그 법과 관련된 당사자 입장에 처하니까 뒤늦게 허둥대며 법이 잘못됐다고 주장하는 게 과연 공인으로서의 올바른 태도일까?

그러므로 나는 사태의 핵심을 이렇게 요약하고 싶다.

1. 서울중앙지검 소속 '검사'에게 문서를 송부하도록 하는 규정(26조 1항)을 누가 집어넣었는지는 나 역시 모르겠다. 그렇지만 공수처법(47조)이 준용하는 형사소송법상 용어인 '이송'이나 군사법원법에서 규정하는 '이첩'이 아니기 때문에 고위공직자범죄에 대해서는 공수처법 20조에 근거해 수사와 기소와 공소유지가 가능하다.

만일 공수처법 20조에 따라 기소했는데도 법원이 공소기각 판결(공소제기 절차법 위반시 하는 판결의 형태)을 내리고, 대법원에서 이를 확정한다면 그때 법을 개정하면 된다. 현재로서는 공수처법 20조가 공소권에 관한 명확한 규정이므로 문제의 26조 1항을 얼렁뚱땅 집어넣은 인물을 찾아내 응분의 문책을 하는 일이 필요하다.

2. 국회 안에는 공수처법 26조 1항과 같이 '서울중앙지검 소속 검사'와 이해관계가 일치하는 정치인이 있을 수 있다. 국회의원에게는 최종 가결되기 전까지는 의안 내용을 꼼꼼히 점검할 의무가 있다. 그러므로 정치인이라면 마땅히 자기가 소홀히 한 일에 대해 우선 꼼꼼히 살펴보고 결과를 시민들에게 알려주는 것이 맞다고 본다.

3. 입법 과정에서는 무책임한 사람들이나 무능한 사람들이나 모두 결과적으로는 똑같은 부작용과 후유증을 초래하기 마련이다.

최근 나는 26조 1항을 의도적으로 삽입했을지도 모른다는 징후를 한 가지 발견했다. 2021년 1월 1일 시행된 검찰사건사무규칙(법무부령 922호)에 공수처법 26조 1항에 따라 검찰이 사건을 송부 받은 것을 이첩과 동일한 의미의 '접수'로 표시하는 규정을 넣었기 때문이다.(3조 4호)

검찰사건사무규칙은 법무부령이다. 법무부 장관 권한으로 처리할 수 있었다. 그런데 입법예고 기간이 2020년 11월 17일부터 2020년 11월 28일까지였던 법무부령 제992호의 전면개정안에서 공수처법 26조 1항에 따른 '송부'를 이첩이나 이송과 동일하게 취급하도록 하는 규정(제2조 3호)을 새로 도입한 것이다.

"제2조(사건의 수리 사유) 다음 각 호의 어느 하나에 해당하는 경우에는 사건으로 수리한다."

"「고위공직자범죄수사처 설치 및 운영에 관한 법률」(이하 '공수처법'이라 한다)에 의하여 사건의 송치(공수처법 제26조 제1항에 의한 관계서류 및 증거물의 송부를 포함한다)나 이송(공수처법 제24조 제3항 및 제27조에 의한 이첩을 포함한다)을 받은 경우"

당시는 추미애 전 민주당 대표가 법무부 장관으로 있었다. 그분도 어쩌다가 2조에 공수처법 관련 규정을 넣었는지 아직 밝힌 바는 없다.

그럼에도 명문상 공수처법 20조가 여전히 건재해 있다. 난맥상의 원인으로 작용하는 26조 1항의 독소조항에도 불구하고 공수처가 20조를 잘 활용하면 모든 고위공직자범죄 등에 대해 충분히 기소할 수가 있다. 다만, 귀에 걸면 귀걸이 코에 걸면 코걸이 식의 엉터리 법률을 만들어낸 사람들이 내막을 소상하게 밝혀 다시는 같은 잘못이 반복되지 않도록 선례를 남기는 것이 필요하다는 생각이 강하다. [2023.09.09]

사면시장은
암거래 블루 오션

1. 들어가며

박근혜 정부의 청와대 민정수석비서관을 역임하기도 했던 곽상도 전 의원(이하 '곽 의원')이 며칠 전 별건으로 기소됐다는 소식이 들렸다.

2. 곽 의원에 대한 1심 무죄판결에 부쳐

곽 의원은 아들의 퇴직금 명목으로 화천대유로부터 50억 원의 뇌물을 수수했다는 혐의로 기소되었다가 1심 판결에서 무죄를 선고받았다.

나는 원래 뉴스를 보지 않고 궁금한 내용은 직접 리서치하기 때문에, 선고 직후부터 해당 사건과 관련해 여러 가지 자료를 직접 찾아봤다. 그리고 최태원 SK그룹 회장의 사면을 건의한 대가에 대한 소득세와 증여세 탈루면 몰라도 화천대유에서 뇌물을 수수한 혐의로 곽 의원을 기소한 일은 어딘가 무리하고 엉뚱한 구석이 있다는 결론을 얻었다. 나의 이와 같은 추론은 화천대유 등기부, 금감원 공시내역, 곽상도 의원의 정부법무공단 이사장 취임 사진 등을 근거로 이루어졌다.

3. 사면 관련 법률 체계

우리나라에서 사면은 대통령의 고유 권한이고(헌법 79조), 사면 검토 상신은 법무부 장관의 업무이다.(사면법 10조 1항)

대한민국은 로비에 관계된 법률이 없는 나라이다. 대통령과 장관 같은 공무원의 직무에 관해 유료로 의견을 개진할 수 있는 사람은 변호사에 한정된다.(변호사법 109조 1호 마목) 따라서 변호사가 대통령에게 특정인의 사면을 청원하는 일은 유료로 할 수 있는 합법적 업무다.

4. 시간별 정리

화천대유는 2015년 2월 6일 설립됐다. 곽상도 의원은 정부법무공단 이사장 취임일인 2015년 3월 17일 전까지는 변호사 신분이었으므로 화천대유 설립 당시에는 당연히 현직 변호사였다. 곽 의원의 아들은 화천대유자산관리가 세워진 2015년 2월 6일 무렵 해당 법인에 입사한 것으로 알려져 있다.

화천대유에 대한 금감원 공시자료를 살펴보면 킨앤파트너스가 관계사로 표시되어 있음을 확인할 수 있다. 공정위 조사 결과에 의하면 킨앤파트너스는 SK그룹의 계열사로 분류되어 있다.

계열사의 자금을 몰래 빼돌린 혐의로 2013년 1월 31일 징역 4년을 선고받고 법정에서 구속됐던 최태원 SK그룹 회장은 박근혜 정부의 8.15 특별사면 대상으로 선정되어 2015년 8월 14일 새벽에 경기도에 소재한 의정부교도소에서 구속 926일 만에 출소했다.

5. 곽 의원 50억 원 수수 사건의 전말에 대한 추론

이러한 일련의 과정을 시간 순으로 일별하면 박근혜 정부의 민정수석 출신이었던 곽상도 변호사가 당시의 박근혜 대통령에게 최태원 회장의 사면을 청원했을 가능성이 높다고 본다. 이는 최태원이 그 대가로 곽 의원에게 50억 원 지급을 약속했을 가능성이 있다는 의미이기도 하다.

곽 의원의 입장으로 잠시 역지사지를 해보자. 그가 최 회장으로부터 박 대통령에게 사면을 청원해준 수임료로 50억 원을 직접 합법적으로 수령하면 그 가운데 4할 가량인 20억 원을 소득세로 납부해야 한다. 소득세를 납부하고 난 다음의 잔액인 30억 원을 아들에게 증여하면 이번에는 그 가운데 4할인 12억 원을 증여세로 내야만 한다. 차 떼고 포 떼고 나면 결국 단돈(?) 18억 원만 아들 수중에 남게 되는 셈이다.

결국 50억 원 중에서 이런저런 형태의 세금으로 국가에 징수당 해야만 할 32억 원을 절세하려는 목적으로 아들을 화천대유에 직원으로 취업시키는 아이디어를 강구해 냈을 수도 있었으리라는 게 내 생각이다. 근로소득의 세율은 위에서 언급된 다른 세목의 세율들보다 훨씬 더 낮기 때문이다.

6. 곽 의원 아들의 50억 원은 트리플 전략

요약해 보자. 곽 의원의 아들이 받은 50억 원을 대장동과 직접 연관된 대가성 자금으로 해석하기는 힘들다. 오히려 최태원 회장의 사면을 이뤄낸 데 대한 성공보수로 보는 것이 합리적이다.

그는 아들을 화천대유에 미리 취업시킨 다음 최태원 회장이 실제로는 상당한 지분을 보유하고 있는 화천대유자산관리가 나중에 대장동 사업으로 거액의 수익을 벌게 되면 이 수익금의 일부를 아들의 퇴직금 형태로 받기로 최 회장 측과 사전에 약속했을 수도 있다. 이러한 치밀하고 정교한 설계는 3자에게 골고루 이익이 돌아가는 '트리플 윈-윈' 구조의 기획안이라고 하겠다.

① 최태원 SK 회장은 영어의 몸에서 풀려나는 동시에 계열사가 투자한 대장동 아파트 분양 사업으로 막대한 개발수익을 취득하게 된다.

② 곽 의원은 최 회장의 사면을 청와대에 청원한 반대급부로 거액의 수임료도 벌면서 그에 따라 내야 할 세금마저 내지 않는다.

③ 곽 의원의 아들은 아버지로부터 50억 원에 달하는 거액의 현금을 증여세도 제대로 내지 않은 채 성공적으로 증여받을 수 있게 된다.

7. 하필이면 왜 이 시점에

나는 2021년 연말에 문재인 전 대통령이 박근혜 전 대통령은 사면복권을 단행하면서도 정경심 동양대 교수는 퇴임하기 직전까지 가석방조차 하지 않고 무심하게 수수방관한 이유가 무엇일지 무척이나 궁금한 터였다. 대통령이 특정인을 사면하는 일에서는 법무부 장관이 당연히 관여하게 된다. 그즈음의 법무부 장관은 많은 사람들이 잘 알고 있다시피 박범계 민주당 의원이었다.

심지어 박근혜 전 대통령 사면복권은 2021년 1월에 이낙연 전 국무총리가 사전에 발설하는 바람에 유력 대선 후보군에서 완전히 탈락하는 치명적 악재로 작용한 사안이었다. 이낙연은 혼자 주도적으로 움직이는 유형의 정치인은 아니다. 과연 그가 '윗선'과의 조율을 거치지 않고 여론을 상대로 단독 플레이로 박근혜 사면복권 가능성을 타진했을까?

8. 왜 엉뚱한 죄로 기소했는가

① 곽 의원 측의 이익

엉뚱한 죄로 기소당해 무죄가 확정되면 50억 원을 빼앗길 위험이 자연스럽게 소멸된다. 판결에 의해 깨끗하게 세탁된 덕분에 범죄수익으로 추징당하지 않기 때문이다.

② 법률 기술자들의 이익

사면시장은 한국 사회의 법률 기술자들을 위한 거대한 암시장이다. 그들은 수요자인 부패한 관료나 기업인들과, 공급자인 법률 기술자들 사이에 엄청난 거액이 대가로 오가는 사면시장을 국민들의 눈에 띄지 않는 은밀한 암시장으로 계속 존치시킬 수가 있게 된다. 그러면 법률 기술자들이 과거에 받았거나 미래에 수취할 이익을 안전하게 보존하고 은폐시킬 수 있다.

아울러, 최초에는 경선 후보자를 모함해서 떨어뜨리려고 제기한 의혹에 대통령까지 철저하게 수사하라고 거들어 주면서 나서는 바람에 일이 커진 것을 애초 목적대로 특정 정치인 제거용으로 계속 활용할 수 있게 된다.

9. 정경심 교수가 문재인 정부 당시 사면되지 않은 이유에 대한 가설

2015년에 사면 청원의 대가가 50억 원이었다면, 2021년에는 재산이 많은 거물급 정치인이나 부유한 기업인을 위한 사면 청원 대가는 얼마쯤 될까? 아직은 구체적 실상이 전혀 알려지지 않고 있다.

나는 정경심 교수가 문재인 정부 말기까지도 사면되지 않은 이유는, 문 정부의 실세가 사면의 암시장에서 통할 만한 돈을 제안 받지 못한 것은 아닐까 생각하게 됐다.

10. 사면시장에 대한 탐사보도가 필요하다

나는 구체적으로 배당받은 사건에서만 적법절차에 따라 사실관계를 확인할 수 있다.

사전적 의미에서의 탐사취재는 대중에게 잘 알려지지 않은 각종 사회문제들을 집중적으로 취재하는 활동을 가리킨다. 우리나라에서는 탐사취재를 지향하는 다양한 매체들이 속속 등장하고 있다. 이참에 특정인을 위한 사면과 복권과 감형과 가석방 등을 주선해주는 한국 특유의 사면시장의 규모와 실체를 면밀하게 파헤치는 탐사취재에 공신력 있는 언론사들이 나섰으면 좋겠다. [2023.11.05]

부산저축은행 사건에 대한 이단적 시각

나는 불기소 결정을 많이 한다는 사유로 업무상은 물론이고 인사상의 불이익 조치마저 자주 받았다. 그러나 후회는 없다. 뿐만 아니라 스스로도 몹시 자랑스럽다. 나는 단지 송치됐거나 고소됐다는 이유만으로는 그 사람을 범죄자로 단정하지 않는 것에 자부심이 있기 때문이다. 그래서 일단 무죄추정의 원칙에서 출발한 후에 법리와 증거가 확실한 경우에만 공소장을 작성했다.

불기소 처분을 내리면 피의자는 전관 변호사를 선임하지 않는다. 전관들과 이런저런 연으로 얽인 상사들은 나 같은 검사가 많아지는 사태를 방지하고자 어쩌면 나를 이른바 시범 케이스로 삼았을지도 모르겠다. 그렇지만 징계를 받지 않겠다고 양심에 어긋나는 기소를 할 수는 없지 않은가?

본론으로 돌아가자. 나는 특정 사람들이 윤석열 대통령이 몸통이라고 주장하는 부산저축은행 사건도 무죄를 주장하고, 특정인들이 대장동의 몸통이 이재명 대표라고 주장하는 것도 일단은 무죄 추정의 원칙에서 출발한다. 부산저축은행이 대장동과 관련되어 있다고들 하기 때문에 더 그렇다. 구체적인 이유는 대장동 개발수익 예상치에는 세 가지 변곡점이 나타나기 때문이다.

1단계 : 분당은 물론이고 강남과도 가까운 위치인 덕분에 100퍼 센트 민간개발 방식으로 사업을 추진하면서 처음에는 엄 청난 이익이 예상됐다.

2단계 : 성남시장에 재선된 이재명이 이를 공영개발 방식으로 바 꾸려고 하니까 성남시의회가 강력히 반발해 결국은 공영 51퍼센트, 민간 49퍼센트로 개발 방식을 결정한다. 의사 결정 지분의 51퍼센트가 공영에 있다는 것은 확정액 외에 도 추가 공익환수가 가능하다는 의미였다. 그로 인해 민 간업자들의 예상 수익이 대폭 줄어들었다.

3단계 : 중앙정부가 분양가 상한 지역에서 대장동을 갑자기 제외 하면서 공영으로 환수된 다음에도 실제로는 대박급 분양 수익이 발생했다.

1단계에서 투자를 결정한 사람들의 입장으로 생각해 보자. 친서 민 시장으로 불리는 이재명 시장이 갑자기 공영개발로 선회해 우선 3700억 원을 시에서 가져가고, 나머지 추가 수익 중에서도 5000억 원을 공익으로 환수할 거라고 예상할 수 있었겠는가? 그렇다면 대다수 투자자들이 대박을 기대하며 대장동에 투자했을 것이다.

이와 마찬가지로 부산저축은행 경영진도 예금주들에게 이자를 돌려주고서도 은행에 수익을 남기려면 막대한 이익이 예상되는 사업에 투자할 필요가 있었다. '천당 아래 분당'이라는 말이 있다. 분당 바로 앞에다 대규모 아파트 단지를 조성한다고 하니 당연히 적극적으로 투자에 나섰을 것이다.

그런데 이재명의 성남시가 3700억 원을 우선 회수한다고 하니까 중간에 발을 뺀 투자자들이 많았다. 부산저축은행도 그렇게 철수한 사례에 해당하는지를 우선 검토해야 한다.

관건은 분양가 상한제도가 적용될 지역은 중앙정부가 결정한다는 점이다. 공영참여개발로 개발방식이 결정되어 다수의 투자자들이 중간에 투자금을 회수한 다음 해당 지역에서 분양가 상한제가 돌연 폐지되었다. 개발단계에서는 손실이 예상됐던 프로젝트가 막상 분양이 시작될 즈음에는 대박을 터뜨린 것이다.

주식에 투자했는데 계속 하한가이면 손절해야만 하는 법이다. 부산저축은행이 2단계 직후의 시점에서 투자를 회수한 탓에 손해를 봤다면 나중에 중앙정부가 분양가 상한제 지역에서 대장동을 빼줄 것을 예상하지 못했을 경영진 입장에서는 중도에 발을 빼는 게 합리적 선택일 수 있었다.

은행은 인건비와 시설운영비 등 고정비용이 많이 지출되는 업종이다. 수익이 없으면 그 자체가 곧 손실이기 마련이다. 따라서 손실이 장기화하는 사태를 피하려고 빨리 손절하는 바람에 손해가 났다면 이를 처벌해서는 안 된다.

공영개발 방식을 채택하기로 결정한 다음 투자한 사람들이 성남시 지분인 3700억 원을 제외하고도 많은 이익을 챙길 수 있었던 것은 조기에 손절할 시기를 놓쳤거나, 또는 분양가 상한제 지역에서 제외해 달라고 중앙정부를 상대로 로비를 펼쳤거나, 이도 저도 아니면 인내심이 많았기 때문일 것이다.

개발지분 51%인 측에서는 그러고도 수익이 많이 남으니 공원도 조성하라고 하고, 병원도 신축하라고 하고, 터널도 새로 뚫으라고 하면서 민간업자들을 다그쳤다는 점 자체는 인정한다. 이러한 행동이 강요죄에 해당하는지 여부를 단정할 수는 없지만 검토는 가능하다.

그러나 만일, 당시 시장이었던 사람을 시민들을 위한 공익환수를 위해 업자들을 다그쳤다는 혐의로 입건하면 어떻게 될까?

시민들을 위해 공익환수에 힘쓴 사람을 죄인으로 만드는 일은 그를 오히려 영웅으로 띄워주는 일밖에 되지 않는다는 것을 그의 정적들도 잘 알 것이다. 다른 도시들에서는 왜 그 시장처럼 하지 않느냐고 시청을 향해 원성이 빗발칠 것이기 때문이다.

이재명에게 제기된 혐의를 철저히 수사하라고 다그치는 대통령이나 경선을 하면서 그에게 비리 공직자 이미지를 덮어씌우려 시도하는 집단은 앞뒤 맥락을 거두절미한 채 '불법'이나 '비리'와 같은 자극적 용어들을 총동원해 사상 최대의 가치를 공익환수한 공직자가 다시는 나오지 못하도록 하기 위한 목적으로 보이는 방식으로 대중의 반감과 불신의 감정을 선동하는 것 같다. 내가 웬만해서는 텔레비전 뉴스를 시청하지 않는 까닭 중 하나이기도 하다.

그렇다면 바람직한 태도란 어떤 것일까? 시민 한 명, 한 명은 물론이고 공사의 모든 영역에서 무죄추정의 원칙을 준수해야 한다. 근거 없는 선동은 무시해야 한다. 특히 수사기관은 신빙성 높은 증거를 찾으려 최선을 다해야 한다. 최선을 다했는데도 증거가 나오지 않으면 당연히 무혐의 처분을 내려야 한다.

죄인이 많아져야 전관 변호사들이 돈을 많이 번다. 정치인들의 경우, 경쟁자를 제거하기 위해 허위 혐의를 만들어 언론에 몰래 흘리고 탈당시켜 제거하려 하기도 한다.

그러나 우리 헌법은 유죄 판결이 확정될 때까지 무죄로 추정한다는 규정을 두고 있고(헌법 제27조 제4항), 국회는 법률을 제정하는 기관이며(헌법 제40조), 정당은 국회에 소속 당원들을 보내 입법을 하게 하는 조직이다.(헌법 제8조)

그런데, 국회의원이나 정당인이 앞장서서 경쟁자를 모함하고, 그 내용을 자기가 언론에 유출한 것을 빌미로 수사 대상이 됐으니 축출돼야 한다고 주장하는 위헌적인 행태를 지속하는 것이 현재 우리나라의 현실이다. 뿐만 아니라, 선거로 선출된 한 거대 정당의 젊은 대표는 혐의도 불분명한 상태에서 수사로 위협받을 위기가 되자 나중에 '양두구육'羊頭狗肉이었다고 회고하는 활동을 벌였음을 시인하기도 했다.

나는 이런 방식의 검찰독재 방식이 몹시 싫다. 그럼에도 나는

"부산저축은행 비리에 윤석열이 연루돼 있다"는 전제를 깔고서 논의를 시작하는 사람들은 이재명 악마화 전략에 세뇌당한 사람들과 큰 차이가 없다고 생각하고 있다.

군이 이재명에게 죄가 있다면 그 죄는 다른 게 아니다. 공익환수가 이뤄질 때까지 관련 업체를 압박하여 서민들의 호민관 자세를 일관되게 견지한 것뿐이지 않을까 생각한다. 그리고 그것 때문에 건설업을 기반으로 유지되는 생태계에 공생하는 사람들로부터 두루 미움을 받게 된 것이 아닐까 추측한다.

나는 어떤 복잡한 사건에 대해 무조건 유죄를 전제하고 사건을 대하는 사람들이 독자적 판단 능력을 기르면 좋겠다. 그 길은 간단하다. 수동적으로 제시되는 뉴스에 눈과 귀를 맡기지 말고, 능동적으로 자료를 찾고, 그것을 편견 없이 연구하고 분석하면 된다. 나는 늘 독자적으로 판단하려는 사람들과 폭넓게 교류하기를 열망해 왔음을 이 글의 결론으로 갈음하겠다. [2023.09.07]

민주당 전당대회
돈 봉투 사건의 본질은

1. 내가 경험한 미국 로스쿨

내가 다닌 미국의 어느 로스쿨, 즉 법학전문대학원에서는 2년 차 학생이 1년 차 후배를 1:1로 지도하는 프로그램이 절찬리에 운영되고 있었다. 멘토 역할을 맡은 선배 학생에게는 등록금 면제의 혜택이 부여되었다.

내 사수였던 선배는 직전 학기의 헌법 과목에서 만점을 받은 학생이었다. 부러운 마음에 만점을 취득한 비결을 물었더니, 최근에 미국 대법원에서 선고된 연방정치자금법 판례를 조리 있게 분석했기 때문이라는 대답이 돌아왔다.

2. 미국 연방대법원의 선거자금법 판례

① 미합중국 규정

미국 연방선거법은 연방선거에서 기업, 조합 등의 단체가 특정 후보자나 정당의 승리 또는 패배를 목적으로 일정 기간에는 공금을 활용한 선거운동을 할 수 없도록 명시하고 있다. 그렇지만 연방선거관리위원회가 인증한 경우에는 가능하다는 규정을 갖고 있었다.(연방선거개혁법 203조)

② 대한민국 규정

우리나라에서도 이와 비슷한 법 규정이 있기는 한데, 실제로는 그와 같은 활동을 아예 금지하고 있다.(정치자금법 31조)

③ 미국 선거자금 사건개요 및 판결

미국에서는 2008년 미국 민주당 대통령 후보 경선을 앞두고 기업으로부터 제작비를 제공받은 한 단체가 힐러리 클린턴의 과거를 폭로하는 내용의 다큐멘터리를 법이 금지하는 기간 전에 선관위의 인증 없이 상영하겠다면서 소송을 제기했다. 미국 연방대법원은 2010년에 "기관의 선거자금 제한은 정치적 표현의 자유를 제한하는 것과 동일하다"는 논거를 제시하며 해당 규정을 위헌이라고 판결했다. 다만, 자금을 누가 댔는지에 대한 회계내역을 공개할 의무는 그대로 존치시켰다.(Citizens United v. Federal Election Commission, 558 U.S. 310.)

④ 판결의 영향

종전에는 고독한 개인의 힘만으로는 특정 정당이나 후보를 응원 또는 비판하는 여러 가지 홍보 활동을 수행하기 어려운 상황이었다. 그러나 2010년의 판결 덕분에 여러 사람이 모여 단체를 결성한 다음 필요한 자금을 갹출해 책이나 영화 등을 제작하여 특정 정당이나 후보자의 당선 또는 낙선을 위한 운동을 벌이는 게 가능해졌다.

⑤ 판결에 대한 의견

판결이 나올 당시에는 기업으로부터 흘러들어온 자금이 선거에 사용되면 자본주의의 천국이 될 것이라는 비판도 물론 있었다. 그러나 역으로 노동조합 역시 노동계급에 유리한 정책을 펼치는 정당이나 후보를 노조에 적립된 자금을 활용해 지지할 수 있는 터라 무기대등의 원칙이 보장된다는 반론도 있었다. 판례는 무기대등의 원칙에 입각한 것으로 해석되고 있다.

나는 그 무렵까지만 해도 '정치로의 자본유입 금지'를 지고지선의 가치로 숭배하는 정치적 백지상태였다. 그러나 로스쿨에서 만난 현지 선배의 조언과 설명을 1년간 들으며 제대로 공부를 해보니 정상적인 선거민주주의의 요체에 대해 늦깎이로나마 비로소 개안하게 되었다.

미국 연방헌법 수정 1조는 "표현의 자유는 제한하지 못 한다"고 명백하게 규정하고 있다. 연방대법원의 2010년 판결은 표현의 자유

중 가장 중요하고 핵심적인 자유는 정치적 표현의 자유임을 못 박았다. 그와 동시에 정치적 표현의 자유에는 선거운동 자금을 자유롭게 동원할 자유가 포함된다는 점을 강조했다. 연방대법원은 선거운동 자금의 동원 과정에서 국가기관의 허가 여부가 개입되면 시민들의 정치적 표현의 자유를 제한하는 결과를 초래하므로 미국 헌법 아래에서는 이는 허용되지 않는다는 다수 의견을 5대4로 냈다.

3. 나를 각성시킨 명판결

나는 선배의 조언을 따라 이 판결을 연구한 일을 계기로 타인에게 직접적 피해를 주지 않는 행위에 대한 국가기관의 간섭은 민주주의를 침해하는 것이라는 확신을 굳히게 됐다. 남에게 직접적이고 명백한 피해를 가하지 않는 한에는 시민이 자기 생활의 주인이 되어야 한다는 게 신념으로 정착된 것이다. 따라서 나는 성매매와 마약을 왜 처벌하는지 그전에도 이해하지 못했고, 지금도 솔직히 이해하지 못하고 있다.

미국 로스쿨 유학을 마치고 한국으로 귀국한 나는 국가가 형사처벌 규정을 확장해 시민들을 규제하는 행위에 대해 여러 가지 연유로 짙은 회의감을 느끼기 시작했다. 내가 그러한 회의감을 품게 된 이유와 근거를 정리해 보았다.

부작용 ①

위법이 아니거나, 사소한 위법이라도 배심제가 없는 우리나라에서는 법률가들이 트집을 잡으면 선거 결과가 바뀌어, 이를테면 국회에서의 의석 판도가 변경된다. 이는 민주주의가 아니다. 국가결정주의일 따름이다.

미국 연방대법원이 앨 고어와 부시 2세의 대통령 선거와 관련해 플로리다 주에서 재개표를 허가해달라는 연방 소송을 왜 기각했겠는가? 국가기관의 일부인 사법부가 선거에 개입해 투표 결과가 뒤집히는 전례를 남겨서는 안 된다는 취지였다. 민주주의의 자리를 가부장적 국가주의가 대신하는 것은 바람직하지 않다는 게 가장 큰 이유였다고 하겠다.

부작용 ②

수사기관과 재판기관 종사자들은 수사 건수가 많아질수록 나중에 전관 변호사로 활동하며 거액의 수임료를 손에 쥘 기회 또한 많아진다. 그 대가로 시민들은 없는 살림을 쥐어짜 변호사 비용을 마련해야 한다. 국선변호가 있기는 하지만 국선변호인에게 주는 돈 역시 결국에는 국민들이 낸 세금에서 나옴은 물론이다.

부작용 ③

국가의 개입이 잦아질수록 시민들은 감시에 대한 두려움과 처벌의 위협 때문에 표현이 위축되고 자기 검열에 들어간다. 민주주의의 토대가 뿌리째 흔들리는 것이다. 우리나라는 사건과 관련 없는 사람들이 제기하는 민중 고발이 허용되고 있다. 그 후과로 조선시대 예송논쟁의 후계자 같은 지루한 송사가 연중물로 더욱 지루하게 이어질 수가 있다. 전 국민이 재판에만 몰두하니 나라는 발전할 여력이 없어진다.

결론 : 무엇을 바꿀 것인가?

한국에서 안정적 급여와 고용이 보장된 대표적 계층은 교사와 공무원이다. 그런데 이런 직종에 종사하는 이들은 직무와 무관할 뿐더러 직권을 사용하지 않는 영역인 각종 인터넷 공간에서 했던 표현들이 꼬투리로 잡혀 무더기로 입건되기 일쑤인 것이 작금의 현실이다. 더욱이 한 명의 생활인이자 시민으로서 자신의 정치경제적 이해와 요구를 대변하는 정당이나 후보자에게 완전한 개인 자격으로조차 후원을 해주는 일이 사실상 완전히 금지되어 있다.

이는 사회의 중추이자 허리인 중산계급을 현실정치로부터 격리시키려는 식민지주의적 발상일 뿐이다. 주권자인 국민을 나라의 주인이 아닌 수동적 관리 대상으로 바라보는 비뚤어진 제국주의적 시각이 반영된 것이라고 본다.

그러므로 공무원과 교사처럼 일정한 수준의 급여를 지속적으로 지급받는 사회집단이 직권을 활용하거나 직무를 이용하지 않는 것을 전제로 개인 자격에서 하는 정치적 표현과 정치자금 기부 행위는 철저하게 보장되고 존중되어야 한다. 이와 아울러 어떠한 행위이건 간에 "허용이 원칙이고, 금지나 처벌은 예외"라는 사회적 공감대가 신속히 형성되어 광범위하게 확산되어야 한다.

나는 '법무부 검찰국장 돈 봉투' 사건도 정부조직법상 법무부 소속 외청 직원들을 격려하는 차원에서 얼마든지 가능한 행위라고 생각해 왔다. 공안통 검사들을 숙청하려는 의도에서 당시의 청와대가 이 사건의 의미와 파장을 부풀려 대중선동에 나섰을지도 모를 노릇이다.

나는 요즘 한창 시끄러운 '민주당 전당대회 돈 봉투 사건'도 이러한 시각의 연장선상에서 파악하고 있다. 문제의 본질이 불분명한 상황에서 언론의 과장된 선동과 확대해석이 극성을 부리고 있는 탓이다.

'김남국 의원 코인 투자 사건'도 마찬가지이다. 처음에는 코인에 투자한 게 문제라고 했다가, 나중에는 업무시간에 코인을 거래한 행위가 문제라고 말을 바꿨다. 그러다가 막상 그 문제를 제기한 의원들 본인은 당시 회의장에 출석하지도 않았음이 드러나는 회의출석 명단이 발표되자 그 다음에는 이해충돌이 문제라고 말을 돌렸다.

그러자, 김남국 의원은 관련 회사 종사자들과 만난 일이 없는데, 오히려 코인거래 문제를 제기한 국회의원들의 사무실에 코인업계 인사들이 방문했다는 기록이 나오게 됐다. 그랬더니 업무상 만났다고 둘러댔는데, 자기는 코인업체가 관련되는 재경위 소속이 아니기 때문에 덜 떨어진 설명이 된 셈이었다.

나는 이렇게 코인거래 등 당연한 행위를 트집 잡다가 자기 발목을 잡는 사람들은 자기의 이익을 위해서는 국가 발전의 발목도 잡을 것이라고 생각한다.

정치자금 기부는 정치적 의사 표현의 일종이다. 정치적 의사 표현과 정치자금의 기부에 대한 규제가 심해지면 심해질수록 민주주의의 공간은 축소되고, 그런 규제 강도와 비례해 수사기관에 의해 국회에서의 의석 숫자가 좌우되는 의회민주주의에 대한 노골적 침탈 행위만 더더욱 힘을 얻고 만다.

당연하고 자연스러운 일에 꼬투리를 잡아 수사기관과 한편이 되려는 사람들도 마찬가지다. [2023.08.15]

김 빼고 선수 쳐서
미안합니다

⚖️

나는 내 개인적인 이해관계를 떠나 고위공직자범죄수사처, 즉 공수처 설립에 누구보다도 적극적으로 찬성해 온 터이다.

나는 지금의 직업에 종사해 온 이후로 단 한 번도 사실관계를 왜곡한 적이 없다. 퇴직 후에 전관예우의 명목으로 거금의 수임료가 보장되는 보직이나 임지에 지원한 사실 또한 없었다. 신설될 공수처의 구성원이 되는 데 필요한 우대 조건인 외국 변호사 자격증 소지자로서 나는 고위공직자범죄수사처의 출범과 발전에 기여해야 하겠다는 각오가 뚜렷이 서 있었다.

그러므로 나는 공수처에서 일할 사람의 모집이 시작된 첫날 구체적 희망 직종을 명기해 상세한 업무계획과 함께 보냈다. 내가 제출한 서류에는 그간 인권보장과 부패방지를 위해 일한 결과들과 연구한 논문들도 포함돼 있었다.

지원 서류를 제출하고 한 달 반 가까이 경과한 2021년 3월 15일

경, 가까운 지인으로부터 우려 섞인 연락이 왔다. 공수처에 지원한 인물들 가운데 개혁 성향 지원자들의 개인정보, 이를테면 성명·주소·전화번호·주민등록번호 등을 빼돌려 언론사에 알려주는 방법으로 극우주의자들이 그들을 괴롭히거나 스토킹을 하도록 유도하고 있다는 게 지인이 내게 귀띔해 준 걱정 어린 조언이었다.

여러 경로를 통해 확인해 본 결과 지인이 들려준 얘기가 충분히 근거가 있다는 판단을 내렸다. 그래서 이튿날인 3월 16일, 지원자들에 대한 심사에 관계된 분들 앞으로 적절한 이유를 기재해 면접불출석 사유서를 제출했다.

개인정보를 빼돌려서 겁을 주려던 계획을 들킨 게 자기들 나름대로는 켕겼던 것일까? 내가 면접불출석 사유서를 제출한 후로 기자를 자처하는 사람들이 유출된 내 개인정보를 열람하지 않고서는 물어보기 어려운 질문들을 내게 해오기 시작했다.

기자 혹은 기자 호소인들은 정보를 흘린 당사자가 정확히 누구인지 모를 수도 있었다. 그래서 나는 그들이 내게 질문한 내용과, 그러한 질문의 기반이 되어준 정보의 출처를 기록한 다음 이를 출력해 공수처 설립 업무에 관여하고 있는 분들께 보냈다. 공수처 구성원들이 모집되기도 전부터 개인정보 유출이라는 공직윤리 위반 직원들이 기생하고 있으니 각별히 주의가 필요한 것으로 보인다는 우려 때문이었다.

그러나 그쪽에서는 내 연락처를 알고 있었음에도 아무런 연락이나 질문이 없었다. 그래서 나는 공수처에 대한 기대를 접었다. 지원자의 개인정보도 보호할 능력과 의지도 없는 기관이 시민들의 기본권을 보호해 줄 수 있을까? 때문에 실제로 면접에도 가지 않았다.

내가 면접이 예정된 날짜에 출석하지 않은 사실은 면접위원과 인사위원처럼 면접 관련 서류에의 접근이 가능한 극소수의 사람만이 알 수 있었다. 내가 어떤 직위에 지원했었는지도 극히 제한된 범위의 인물들만이 알고 있었음은 물론이다.

나는 전날까지만 해도 기자를 자처하는 이들이 내게 문의한 내용을 인쇄해 공수처 설립 관계자들에게 우편 또는 팩스로 발송한 다음 민감한 개인정보를 비롯한 공무상 비밀이 유출되지 않도록 주의 깊게 업무를 추진해달라고 촉구하는 정도였다. 그런데 유출된 개인정보를 악용한 괴롭힘이 오늘까지도 계속되는지라 이 사실을 더 많은 사람들과 공유해야겠다는 결심을 마침내 굳히기에 이르렀다.

자료를 고의로 유출했을 사람들은 내가 공수처에 지원했다가 보기 좋게 물을 먹었다는 식으로 나중에 나에게 크게 망신을 주고 싶었을 것이다. 그렇다면 내가 선수를 쳐서 그들의 김을 빼놓은 게 미안해야 하는데, 사실은 딱히 그렇지는 않다. [2021.04.07]

검은 유착탑은
결국 무너지는 것이 맞다

⚖️

나는 국가 수사기관이 상습적으로 자행해 온 피의사실 유출 행위가 사법살인의 비극으로 귀결될 수 있음을 지적하는 글을 썼다는 이유로 현재 새로운 징계가 청구되어 있다. 아마도 피의자나 참고인들의 생명권을 유린해서라도 실적과 승진을 챙기면 된다는 철학을 가진 사람들은 내 손목만 비틀어 막으면 된다고 생각한 모양이다.

짐 캐리 주연의 미국 영화 〈트루먼 쇼〉에는 어린 아기 때부터 광고용 리얼리티 쇼의 출연진 중 하나로 길러진 트루먼이 회의와 의심 끝에 자기가 사는 세상이 방송국 스튜디오였다는 사실을 깨닫고 탈출을 도모하는 장면이 나온다. 그러자 감독은 탈출 과정도 돈이 되겠다 계산하고 이마저 화려하고 감동적인 화면으로 생중계한다. 트루먼의 탈출로 쇼가 끝나자 방송국 제작진과 시청자들은 광고를 유치해줄 수 있는 새로운 프로그램 형식을 배고픈 하이에나 떼처럼 찾아 헤맨다.

나는 〈트루먼 쇼〉를 방불하게 할 만큼 관음증의 돌들로 높이 쌓아 올린 검은 유착탑에 단 한 번의 클릭이라도 보태지 않으려 노력해 왔다. 갑작스럽게 유명을 달리한 고 이선균 배우와 같은 연예인이나, 또는 유명인들이 불법행위와 관련되어 있다는 식으로 각종 언론매체들이 보도하는 흥미 위주의 선정적 뉴스들에 내가 그동안 눈길 한 번 주지 않았던 이유이다.

피의사실을 유출하는 수사기관과 이를 무비판적으로 맹종해 받아 적는 언론 사이의 음습한 결탁과 야합은 노무현 대통령을 사망하게 했고, 이재명 전 경기도지사 역시 그와 동일한 수법으로 끝장을 내려고 시도했다. 그러나 후자는 아마도 천성적으로 심리적인 회복 탄력성이 커 보이는 까닭에 뜻을 이루지 못한 것 같다.

전임 정부는 검은 유착탑을 허물겠다고 야심차게 약속하며 출범했다. 그렇지만 그들은 행정권력과 의회권력에 더하여 사법부 구성원의 인사권까지 전부 확보하고서도 저 야만적인 검은 유착탑을 철거하는 데 실패한 정도를 넘어 철거하려는 사람들의 노력마저 좌절시켰다.

토마스 제퍼슨은 미 합중국의 초대 국무장관이자 두 번째 부통령이자 3대 대통령을 역임한 걸출한 외교관 겸 사상가이자 정치가이다. 그는 "시민 한 명, 한 명의 수준이 그 나라 민주주의의 수준"이라는 신념을 견지하고 있었다. 나는 제퍼슨의 그러한 신념이 나에게도 투영된 것 같다는 생각이 든다.

나는 언론사나 특정 프로그램을 강제로 폐지하거나, 억지로 사장을 바꿔서 논조를 바꾸도록 한다거나, 수사나 세무조사 등 강제력을 동원해 반대 의견을 가진 사람들을 괴롭히는 행위는 시민들이 환호하거나 방관해서라고 본다.

언론과 수사기관이 합작해 하늘 높이 쌓아 올린 검은 유착탑을 지탱하는 밑돌은 두 개다. 하나는 연예인과 유명인이 몰락했다는 소식에 광적으로 흥분해 이에 관련된 뉴스를 미친 듯이 클릭하는 대중이다. 또 다른 하나는 쓸데없고 무의미한 고소, 고발을 남발해 결과적으로 수사기관에 힘을 실어주곤 하는 정치인들과 상당히 많은 수의 시민사회이다. 전자의 자제와 후자의 각성이 따르지 않는다면 무고한 사람들을 잇달아 희생시키고 있는 검은 유착탑은 지금보다도 더욱 육중하고 무시무시한 위용을 우리 사회에서 뽐내게 될 것이다.

덧붙이자면, 최근 몇몇 지인들께서 고위공직자범죄수사처가 법원에서 통과시킨 구속영장이 0건이기 때문에 공수처가 있으나 마나 한 조직이라고 비판하고 계시다. 그런데 나는 이러한 현상을 조금은 각도를 달리해 읽고 싶다.

그 행간을 자세히 살피면, 이는 "①공수처는 피의사실을 유출하지 않았고, ②구속을 유죄로 단정하지 않았으며, ③누군가의 인신구속에 지나치게 열광하는 시민들의 말초적 심리가 아직 사라지지 않았다"는 세 가지 의미로 판독되기 때문이다.

우리나라는 구속으로 해가 뜨고, 압수수색으로 해가 지는 수사

공화국처럼 움직이는 상태이다.

　노무현 대통령은 인기가 최악이던 임기 말에도 형사소송법에 불구속 수사가 원칙이라는 규정을 대못처럼 박아 넣었다.(형사소송법 198조 ①피의자에 대한 수사는 불구속 상태에서 함을 원칙으로 한다.)

　그러나 작금의 현실은 남을 가두고 고통을 주는 일에 기뻐하고 환호하는 오도된 가학적 심리가 국가운영의 원리에까지 고스란히 반영되고 만 형국이다.

　민주주의의 장점은 국가의 잘못된 제도와 시스템을 투표를 통해 교정하고 개선할 수 있다는 점이다. 피의사실이 유출된 사건에 연루된 공무원들은 수년간 승진에서 누락되고, 아울러 특별활동비 지급도 중단되는 제도가 조속히 마련될 필요가 있다. 그래야 돈과 권력을 위해 황색언론에 비루하게 영혼을 파는 범죄적 행위들이 최소한 공직사회에서만은 영원히 추방될 수 있기 때문이다. [2023.12.26]

형사 3권을
분리하기 위한 방법

⚖️

헌법재판관 몇 명만 바뀌면 헌법상 검사의 영장신청 권한 규정을 근거로 검사가 헌법상 수사기관이라는 결정이 가능할 수도 있겠다는 글들이 여럿 보인다. 지금까지 내려진 헌법재판소의 모든 결정들은 "수사권한을 누구에게 부여할 것인지는 국회가 결정할 사항"이라는 취지로 판시를 해왔다.(94헌바2, 2007헌마1468, 2017헌바196, 2020헌마264 등)

나는 최근 법무부 장관이 검사의 수사권은 헌법상 권한이므로 제한하는 것은 위헌이라는 헌법소송을 제기했다는 글을 읽게 됐다. 그리고 차라리 잘된 일로 평가하고 있다. 최종적 목적은 수사와 기소의 분리에 있기 때문이다.

검사가 헌법상 수사기관이라면 검사를 경찰과 동등한 수사기관으로 만든 다음, 공소청법을 신설해 공소제기와 유지에 관한 업무는 모두 공소관에게 이전시키면 될 것이다. 어차피 국가수사본부장도 검사 출신이 담당할 수 있는 마당에 수사를 중복해서 할 필요는 없다. 따라서 각 경찰서들마다 검찰청 수사부서를 설치하는 방법도 채택 가능할 것이다.

검사가 반드시 법과대학 졸업생일 필요도 없다. 경찰과 동일한 기준으로, 어쩌면 더 문턱을 낮추어 신체검사와 면접으로만 선발해도 충분해 보인다. 우리나라 헌법에 검사의 선발에 관한 요건은 전혀 없기 때문이다. 더 나아가 기소 또한 반드시 검사만이 할 필요가 없다는 게 현행 형사소송법과 경범죄처벌법 체제의 특징이기도 하다.

그러므로 검사는 경찰처럼 수사만 맡고, 기소는 공소관이 담당하는 역할 분담도 가능할 것으로 판단된다. 참고로, '공소관'은 공소청법을 신설할 경우 공소를 담당할 법률가들의 명칭으로 예시된 용어임을 밝혀두는 바이다.

검사 출신 대통령이 이에 대해 거부권을 행사할 우려가 상존함은 물론이다. 예상되는 대통령의 거부권 행사를 돌파하려면 전체 원내 의석의 3분의 2에 해당하는 200명 이상의 찬성이 필요하다.(헌법 제35조 4항)

나는 여러 가지 이유로 헌법 개정에 몹시 반대한다. 하지만, 헌법을 개정한다면 헌법에서 두 번 등장하는 '검사'라는 용어를 아예 뺄 수도 있다.(헌법 제12조 3항, 제16조) 헌법에서 검사라는 단어를 삭제하려고 하는데 설마 헌법재판소가 검사의 수사권한은 500년 조선왕조 시대부터 면면이 계승되어 온 관습헌법의 일부라고 강변하며 딴지를 걸기야 하겠는가?

검사가 헌법상 수사기관이라는 취지로 판례가 변경되면 공소권을 분리해 검사는 수사만 담당하도록 하면 된다. 공소청법을 새로 만들어 공소제기와 공소유지 업무를 독립된 공소관들에게 일임시키면 되기 때문이다. 이로써 수사-기소-재판의 형사 3권 분리가 완성될 수 있게 된다.

수사 과정에서 피의사실을 유출하는 등의 행위를 통해 무기대등 원칙과 무죄추정 원칙을 침해한 사실이 확인되면 공소제기를 하지 않을 수 있도록 만드는 규정도 추가할 필요가 있다. 언론까지 총동원한 표적 수사로 아무리 장난을 쳐봤자 그 어떤 효용도 없도록 대못을 박을 수 있기 때문이다. [2023.03.27]

* 엮은이 주　헌법재판소는 2023년 3월 23일 검사의 수사권한을 축소하는 검찰청법 등 법률에 대하여 법무부 장관이 청구한 부분에 대해서는 법무부 장관은 헌법기관이 아니라는 이유로 각하, 검사가 청구한 부분은 수사기관은 국회의 입법사항이라는 이유로 기각했다.

엿장수 마음대로인
선택적 정보공개

최근 위법하게 피의사실을 유포하는 방식으로 수사하는 것으로 추정되는 검사들의 이름을 시민들이 공개하자 그 자체를 수사하겠다는 엄포가 들려온다.

2007년 2월 무렵의 일이다. 나는 뇌수술을 받고 병원에 다니고 있었다. 그런데, 자신이 기자라고 신분을 밝힌 사람들로부터 난데없이 지금 어디냐는 질문을 받고서 얼떨결에 서울대병원이라고 대답했다. 기자들에게 내 실명과 전화번호를 알려준 사람은 어느 대검찰청 관계자였다.

대검은 그즈음 한 검사의 피의자에 대한 거친 언행이 녹음되어 한창 곤욕을 치르고 있었다. 대중의 시선을 이 불미스러운 사건으로부터 돌리기 위해 수술에서 회복하는 중인 나를 미담의 주인공으로 갑자기 소환한 모양이었다.

치료를 마치고 집으로 돌아오는 길에 검찰총장으로부터 전화를 받았다. 총장은 앞길이 창창한 내게 언론에 의해 '뇌종양 여검사'라는 타이틀이 붙도록 해서 미안하다고 말했다. 내가 농담으로 "말로만요?"라고 대꾸하자 소정의 격려금이 계좌로 입금되었다. 액수는 알려주기 어렵다. 최근 등장하는 특활비 수십억 원에 비하면, 개인정보와 질병정보가 공개되고, 이름이 팔린 대가로는 너무 헐값에 넘어간 것이 분해서라고 정리해 두고 싶다.

다시 본론으로 돌아와서, 청목회, 즉 전국청원경찰친목협의회 입법로비 사건이 불거지자 검찰이 당시 서울 북부지검의 담당 검사는 물론이고 간부 검사들의 이름과 사진과 경력까지 소개해가며 수사 진행 상황을 대대적으로 홍보한 적이 있었다. 반면에 힘없는 약자인 청원경찰들은 검찰이 펼치는 여론몰이의 희생양이 된 까닭에 사회적 지탄을 면하지 못했다.

청목회 사건뿐만이 아니다. 검찰은 수사선상에 오른 이들을 여론전을 통해 미리 유죄로 단정해 놓고는 수사를 주도한 검사들에게 '○○○사단'과 같은 병영국가식 호칭을 붙여주며 추켜올리기 바쁘다.

지금 대통령도 박근혜 대통령을 수사한 특별검사팀 내 구성원이었는데, 당시 박○○ 사단이라고 몇 달간 대서특필됐었다.

검사는 음지에서 일하고 양지를 지향하는 국가정보원 직원이 아니다. 우리나라의 공공기관의 정보공개에 관한 법률 제9조는 비공개 대상 정보를 규정하고는 있으나, 직무를 집행하는 공무원의 소속과 이름과 직위는 비공개대상 정보로 분류하고 있지 않다. 따라서 오로지 검사만이 특정 사건을 수사하는 담당 검사의 정보에 대한 공개 여부를 결정할 수 있다는 주장은 매우 잘못된 의견이라고 본다.

[2022.12.27]

검찰총장 윤석열
탄생의 비밀은

민주주의는 법률과 정책을 결정할 선출직 공직자를 시민들의 선거로 뽑고, 이렇게 뽑힌 선출직 공직자가 자신과 호흡이 맞는 공무원들을 선발하여 국정을 운영한 뒤, 그 결과를 다음번 선거에서 심판받는 제도를 의미한다.

우리나라 헌법은 대통령의 인사권과 관련해 다음과 같이 규정하고 있다. 인용문이 좀 길더라도 현직 대통령이 5년의 임기 동안 얼마나 막강한 인사권을 행사할 수 있는지 공부하는 차원에서 독자들께 일독을 권유하는 바이다.

제78조 대통령은 헌법과 법률이 정하는 바에 의하여 공무원을 임면한다.

제98조 ①감사원은 원장을 포함한 5인 이상 11인 이하의 감사위원으로 구성한다.

②원장은 국회의 동의를 얻어 대통령이 임명하고, 그 임기는 4년으로 하며, 1차에 한하여 중임할 수 있다.

③감사위원은 원장의 제청으로 대통령이 임명하고, 그 임기는 4년으로 하며, 1차에 한하여 중임할 수 있다.

제104조 ①대법원장은 국회의 동의를 얻어 대통령이 임명한다.

②대법관은 대법원장의 제청으로 국회의 동의를 얻어 대통령이 임명한다.

제111조 ②헌법재판소는 법관의 자격을 가진 9인의 재판관으로 구성하며, 재판관은 대통령이 임명한다.

③제2항의 재판관 중 3인은 국회에서 선출하는 자를, 3인은 대법원장이 지명하는 자를 임명한다.

④헌법재판소의 장은 국회의 동의를 얻어 재판관 중에서 대통령이 임명한다.

제114조 ②중앙선거관리위원회는 대통령이 임명하는 3인, 국회에서 선출하는 3인과 대법원장이 지명하는 3인의 위원으로 구성한다. 위원장은 위원 중에서 호선한다.

즉 대법원장, 대법관, 헌법재판관 3명, 중앙선관위원 3명, 감사원장, 감사위원을 원칙적으로 대통령이 임명하는 구조이다.

대통령이 임명권을 행사하는 게 어째서 당연한 일인가? 대통령은 시민들이 선거로 뽑은 사람이다. 그가 대선공약을 준수하기 위해 지시한 일에 대해 담당 공무원이 딴전을 피우거나 공공연히 항명할 경우 대통령은 본인의 잘못이 아님에도 불구하고 부정적 평가를 받게 되기 마련이다.

이와 아울러 우리나라 법률에는 추천위원회를 꾸리는 일과 관련된 규정들이 많은데, 추천위원회를 구성하는 추천위원은 유권자인 국민과는 아무런 직접적인 관련이 없다. 따라서 국민에 대해 아무런 책임을 지지 않는다. 선거로 심판받는 존재도 아니고, 국민에 의해 선출되는 존재도 아니기 때문이다. 단지 특정인에게 보답하는 보은인사 차원에서 세금으로 활동비가 지급되어 한두 자리를 차지하는 경우가 상당히 많다.

2021년 1월 16일로 기억된다. 그날은 노무현 전 대통령이 대검찰청으로 공개리에 소환되던 당시에 대검청사 건물 안에서 아래쪽을 바라보며 박장대소하던 한 사람을 추천위원회가 감사위원으로 추천했는데도 문재인 대통령이 거부권을 행사하지 않고 그대로 임명했던 날이었다. 나는 그날따라 몹시 역겹고 가증스러웠다.

이뿐만이 아니다. 문재인 대통령의 퇴임 직전 개최된 검찰총장 추천위원회에서 이성윤 당시 서울고검장을 추천하지 않았을 때 문 대통령이 일단 거부권을 행사해 위원회가 추가 추천을 하도록 촉구하지 않은 일에도 나는 깊은 실망감을 느꼈다.

선출직 공직자는 그가 임명한 공무원이 일을 못 하면 선거로 심판을 받는다. 그렇지만 추천위원이나 기타 제청권자는 개인적 인맥이나 청탁에 의해서 추천을 하더라도 아무런 책임을 지지 않는다. 나는 민주주의의 기본적 구성요소인 표현의 자유와 언론의 자유는 물론이고 공직 후보자에 대한 국가기관의 검증 의무마저 마구 후퇴하는 작금의 상황에 크나큰 환멸감이 밀려온다.

지금은 표현의 자유가 후퇴하고, 공적 탄압주의가 재생되는 느낌이 역력한 시기이다. 더욱이 대법관, 헌법재판관, 감사위원, 중앙선관위 등 국가가 보장하는 표현의 자유의 척도를 좌우할 수 있는 공직자들의 임명을 앞둔 상황이다. 이러한 시기에 그나마 표현의 자유를 철저히 보장할 것으로 보이는 대법관 후보자들에 대한 거부권 행사는 대한민국을 군사독재정권 시절로 퇴행시킬 우려가 있는 상황일 수도 있어 보인다.

그럼에도 선출직 공직자의 당연한 권한을 제한하려는 각종 규정은 훈시규정으로 간주해야 한다는 내 입장에는 변함이 없다.

전임 대통령은 헌법상 대통령의 공무원 임명권이 가지는 중요성의 의미를 심사숙고하지 않았다. 그는 추천된 공직 후보자에 대해 거부권을 행사하지 않고서 막도장 찍듯 임명했다. 이로 말미암아 거의 매일 압수수색이 자행되는 나라가 되고 있다.

추천받은 그대로 임명한 감사원장이 보수 정당의 후보자로 보궐선거에 나가 국회의원이 되기도 했다. 추천받은 곧이곧대로 임명한 검찰총장 또한 보수 정당의 후보로 출마해 대통령에 당선됐다. 방금 언급된 두 가지 사례 전부 당시 대통령이 추천위원회의 결정을 그대로 수용했기 때문일 듯싶다.

개개의 인물에 대한 철학과 과거 과오에 대한 검증 없이 추천받은 대로 임명하고, 자기 판단을 배제하면 고위공직자에 대한 선거 제도가 무의미해진다. 어찌 됐든, 로마시대 검투사 경기에 열광하듯 사람들이 구속 수사에 열광한 결과 그 인기를 그대로 가져온 대통령이 민주주의 원칙에 따른 선거에서 당선됐고, 민주주의의 원칙을 반영해 자신의 철학과 반대되는 판결을 해 온 것으로 보이는 대법관이 후보로 추천되자 역사상 처음으로 거부권을 행사했다.

물론 나는 표현의 자유의 미래가 걱정되기는 한다. 하지만 한편으로는 민주주의 원칙에 따라 당선된 대통령이 자기의 권한을 시원하게 행사함으로써 지지자들에게 투표 효능감을 보여주는 일 또한 중요하다고 믿는다. 때문에 이 사례가 널리 학습되는 것도 바람직한 측면이 있다고 본다. [2023.06.04]

생각으로부터의 도피

서재에서 잘 보이는 곳에 꽂아두면 집을 방문한 손님들 앞에서 집주인이 괜히 민망해지는 책이 하나 있다. 《사랑의 기술》이다. 이 책의 저자는 독일 출신의 사회심리학자 에리히 프롬이다. 《자유로부터의 도피》는 에리히 프롬 사상의 진수가 담긴 또 다른 역작이다.

프롬은 《자유로부터의 도피》에서 전체주의적 국가폭력에 자발적으로 복종하는 대중심리의 기제를 통찰력 있게 분석했다. 그의 관찰 대상에는 개인심리와 집단심리가 모두 포괄된다. 프롬은 중세의 종교적 권위로부터 해방된 결과로 얻어진 자유의 감정에서 초래되는 고독감과 무기력감을 대체하기 위해 대중이 선택한 것은 종교의 힘 못지않게 더 거대하고 강력한 국가의 힘이라고 봤다.

로크 등 낭만주의 사상가들의 견해와 달리, 인류 사회는 평등했던 시기가 단 한 번도 없었다는 것이 현재의 지배적인 학설이다. 자본주의 사회에서는 자본이 많을수록 지배계급이 된다.

프롬에 따르면, 나치즘으로 대표되는 전체주의는 개인으로서는 보잘것없는 존재들이 외관상 강해 보이는 집단에 자신의 정체성을 투사함으로써 자기의 무너진 자존감을 회복하려는 심리에서 비롯되었다고 한다. 강수돌 교수는 니체의 이론을 빌어 이러한 심리를 '강자동일시'라고 명명하기도 했다. 이러한 체제의 최상층부에는 자본의 힘과 선동의 기술을 교대로 활용해 대중을 지배하려는 계급이 자리하고 있다.

이런 관점에서 프롬은 관료화한 국가와 정당 체제가 실제로는 민주주의를 방해한다고 봤다. 정당들은 명목상으로는 시민들이 당의 주인으로 있지만, 실제로는 소수의 간부들에 의해 관료제 방식으로 통제되고 있기 때문이다.

그러나 뿔뿔이 파편화되어 고립감과 공포심으로 위축된 시민들은 질서에 내포된 이러한 맹점과 모순을 좀처럼 눈치 채지 못한다. 대중의 이러한 무지와 공포 덕분에 규모가 크거나 힘을 휘두를 수 있는 집단들은 명맥을 계속 유지해 나갈 수 있는 것이다. 나는 알면서도 번번이 당하기만 하는 시민들의 피학증 성향을 '매 맞는 아내 증후군'에 비유한 저자의 날카로운 안목에 찬탄을 금할 수 없었다. 저자는 결론적으로, 이성과 자유의 주체로서 소중하게 지켜야 할 독립성을 포기한 채 남을 괴롭히는 가학적 권위에 복종하려는 도피 심리가 대중에게 만연하면 결국은 여러 형태의 전체주의가 창궐하게 된다고 단언하고 있다.

내가 어떤 글을 게시하면 "강력하게 처벌해야 한다"는 둥, "콩밥을 먹여야 한다"는 등 무조건적 엄벌주의를 요구하는 댓글이 달리는 경우가 왕왕 있다. 나는 그러한 취지의 댓글을 읽을 때마다 섬뜩함을 느낀다.

우리나라는 현재 배심제도陪審制度·Jury system를 채택하지 않고 있다. 그 때문에 검찰과 경찰과 법원 등의 국가공권력의 힘을 적절히 이용하면 다른 사람을 얼마든지 괴롭힐 수 있다. 국가의 등 뒤에 숨어 남에게 잔인한 해코지를 가할 수 있는 제도적 환경이 구조적으로 마련된 것이다.

이런 환경에서는 태블릿 PC 한 대로, 표창장 한 장으로 특정한 인물을 파렴치한 범죄자로 단정하는 야만적 선동이 언제든 가능하다. 아이러니하게도 우리는 그러한 선동적 흐름의 한가운데 있던 사람을 나중에 국가원수로 선출하였다. 시민들이 갖고 있는 판단의 자유를 수사기관의 구성원들이나 미디어 산업의 종사자들에게 너무나 쉽게 위탁한 탓이다. 시민들이 그들이 마땅히 짊어져야만 할 판단과 선택의 부담을 외부의 권위에 무책임하게 떠넘긴다는 측면에서 2020년대의 한국은 1920년대 바이마르 공화국 시절의 독일과 놀랍도록 유사하다.

독일의 자본가 계급은 그들의 이익을 대변해 줄 대리인으로 히틀러의 등장을 전폭적으로 환영했다. 미국에서 촉발된 대공황이 가져온 극심한 생활고에 시달리던 일반 민중은 그들을 구원해 줄 구세주로 히틀러를 맹목적으로 지지했다. 자본가와 민중 모두 독일이 또 한 차례의 세계대전에서 비참하게 패배해 완전한 잿더미가 되고 나서야 자기들이 잘못된 판단과 선택을 했음을 깨달았다. 에리히 프롬은 수많은 독일인들이 그러한 미망에 빠져든 심리를 세밀하게 해부하고 있다.

나는 미디어의 선동에 휘둘리지 않고자 2010년대 초반부터 한국의 주요 포털 사이트들과는 달리 뉴스 서비스를 제공하지 않고 있는 구글을 인터넷 초기 화면으로 설정해 놓고 있다. 이른바 표창장 사태로 나라 전체가 시끌시끌하던 2019년 10월 무렵에는 '수사만능 야만국가'의 출현을 막는 데 조금이나마 힘을 보태려고 페이스북 계정을 개설했다. 나는 그 후로 페이스북을 통해 특정한 주제들과 관련해 그때그때 내 개인의 견해를 꾸준히 피력해 왔다.

그 과정에서 황당한 음해를 여러 차례 겪기도 했고, 각종 불이익에 휘말리기도 했다. 나는 대부분의 사안에서는 반박글을 올리는 방식으로 대응해 왔다. 도저히 참아서는 안 되겠다는 판단이 섰을 경우에는 민사소송이나 행정소송을 제기했다.

그러나 나를 공격하고 모해하는 사람들을 검찰의 손을 빌려 응징하려는 시도는 하지 않았다. 의견을 달리하는 사람들을 감옥에 보내 콩밥을 먹여 제압하려는 살벌한 폭력적 정치문화가 사라지기를 오래전부터 기원해 왔기 때문이다.

동서고금을 막론하고 역사에는 공통적으로 반복되는 몇 가지 법칙이 존재한다. 결정적 순간마다 강력한 권위에 의존하려는 전체주의적 심리가 발동하곤 했다는 점이다.

나는 전임 정부의 수장 또한 그러한 야만적 공포에 굴복한 까닭에 자신의 후계자로 수사기관의 수장 출신이 선출되도록 최선을 다했다고 판단하게 됐다.

현 정부의 최고책임자는 지난 정부에서 피의사실 흘리기를 통한 피의자의 무죄추정권 침해와 구속 수사로 유명한 사람이었으나, 시민들의 직접 선거에 의해 선출됐다.

나는 이 또한 프롬과 강수돌 교수가 언급한 '위탁 심리'와 '강자 동일시' 현상의 일종이라고 생각한다. 그를 선택한 시민들의 기대대로 그는 비판이 두려워 당연히 해야 할 일을 하지 않았던 전임 정부와 달리, 눈치를 보지 않고 이중과세 논란이 컸던 종합부동산세를 과감하게 삭감했으며, 의료계 인력 보강을 위해 의과대학 정원을 대폭 증가시키는 정책을 추진하고, 파업하는 의사들의 면허를 박탈하겠다고 공언하는 중이어서 투표 효능감은 매우 높을 것이라고 예상한다. [2023.08.07]

담쟁이 왕국의
적자생존

내가 사는 집에는 담쟁이가 많다. 담쟁이는 담이나 다른 나무에 가시를 박은 채 타고 올라가면서 습기와 양분을 흡수한다. 그래서 소나무에 붙어 있는 담쟁이들은 더 이상 자라지 못하게끔 단도리를 해놨더니 다른 담쟁이 넝쿨이 맹렬하게 생장하는 중이다.

종전의 담쟁이는 바닥을 통해 벽으로 기어올랐다. 반면에 이번 넝쿨은 아예 높이 솟아올라 자기 자신을 줄기로 감아서 몸집을 불린 다음 중력을 이용해 다른 나무에 쓰러지는 방법을 택했다. 그러한 방식으로 치고 올라가니 이파리가 예전 담쟁이 잎새의 두세 배 정도 면적으로까지 커지면서 숙주가 받아야 마땅할 햇빛까지 모조리 차단해 독식하고 말았다.

역대 법무부 장관과 검찰총장의 대부분은 공안통 출신이었다. 이들은 국가보안법, 선거 관련법, 노동 관계법, 그리고 집시법 등의 영역에서 수사와 기소를 전담하며 승승장구했었다.

오랑캐를 오랑캐로 제압한다는 이이제이^{以夷制夷}라는 말처럼, 담쟁이를 담쟁이로 다스리려는 뜻이었을까? 전임 정부는 황교안 전 국무총리가 속했던 것으로 알려진 계보인 '공안통'들을 밀어내고 그 자리를 현재 대통령이 속했던 것으로 알려진 계보인 '특수통'들로 채웠다. 이 과정에서 기수를 건너뛰는 파격적 승진 인사가 특수부 검사들 위주로 단행되었다.

획일성의 반대말은 다양성이다. 그런데 내가 종전 담쟁이를 잘라낸 자리를 차지한 새로운 담쟁이 종은 종전의 담쟁이 종자 못지않은 획일성을 과시하며 백화가 만발해야 할 정원의 생태계를 무자비하게 파괴하는 중이다. 정원의 생태계가 황폐해지는 것을 보니, 표현의 자유로 불리는 낭만적인 풀벌레 소리마저 지금은 덩달아 사라지는 현실이 더 아프게 다가온다. 참으로 슬픈 현실이다. [2023.06.05]

형사처벌 만능주의가
우리 사회를 망가뜨린다

형사처벌 만능주의의 부작용은 무엇일까? 수치심과 죄의식을 마비시키는 것을 가장 먼저 들 수 있다. 형사처벌 만능주의는 모든 문제를 사회의 자율적 정화작용에 맡기는 대신에 수사기관과 친하냐 소원하냐 여부로 환원시킨다.

오늘 외국 대학 쪽지시험 커닝 등 사건의 2심 판결이 있었다. 반면, 영부인의 사주와 관상 관련 논문이나, 예술가 관련 논문들은 학위 취소는 물론이고 수사나 기소조차 되지 않았다. 현 대통령의 배우자가 썼다는 논문들이 그만큼 학문적으로 훌륭하고 가치 있는 내용이어서 수사도 하지 않은 것일까?

어떠한 논문이 제기하는 주제와 전개하는 논리의 타당성과 정확성은 동료들의 관련 논문 인용 횟수와 후속 논문의 개수 등에 의해 자율적으로 판단되는 것이 원칙이다. 누군가가 학사나 논문 작성 과정에서 윤리적으로 허용되지 않는 행위를 했다고 해서 그것이

교육적인 방법 대신 형사처벌로 과잉 대응할 필요가 없는 것도 그 때문이다.

많은 사람들이 수사도 하고 형사처벌도 되어야 한다고 보는 듯하나, 실제로는 그렇지 않은 사건이 또 있다.

명품 백을 수수한 김건희 여사는 현직 공무원이 아니다. 이른바 '생활공동체설'을 가져다 엮더라도, 최소한 뇌물죄로나마 처벌하기 위해서는 청탁이라는 것을 받았어야 한다. 그런데 최재영 목사가 어떤 청탁을 했는지가 구체적으로 나타나 있지 않다. 따라서 나는 영부인의 행위를 범죄로 단정하기 어렵다는 견해를 피력하고 싶다. 영부인이 뇌물죄로 처벌받게 되면 최재영 목사도 증뢰죄로 처벌받아야 되는데, 영부인이 밉다고 해서 아무런 청탁도 하지 않은 사람을 범죄로 엮어 넣는 것이 옳을까?

김영란법과 관련해서도 마찬가지다. 공무원 가족이 받은 선물에 대해서는 금지 규정이 없다. 공무원이 그러한 사실을 알았을 경우 상급자에 대한 보고 의무가 있는데, 대통령은 최상급 공무원이다. 자기가 자기 자신에게 보고해야 하는 의무가 있다는 이론을 내세울 수도 없는 것이, '불명확할 때에는 피의자의 이익으로'라는 법리가 형사사건의 대원칙이기 때문이다.

결국, 형사처벌 만능주의에만 입각한다면 대통령 부인이 청탁을 받지만 않으면 명품 백, 고가 자동차 등 사치품 수수 행위가 무제한 허용될 수 있다는 이상한 결론이 도출되게 된다.

그러나 해외 언론을 포함한 많은 사람들이 김건희 여사의 행위는 그 자체로 부끄러운 것이라고 생각하고 있는 것 같다. 결국, 지금부터 2,500년 전에 공자가 경고한 바대로 형사처벌 만능주의는 "들키지 않으면 되고, 일단 들키면 전관을 쓰면 된다"는 후안무치한 풍조를 조장할 뿐이다.

더 나아가, 형사처벌권을 휘두르는 게 능사는 아니다. 국회는 현재 각종 행정법령에 지방자치단체장 또는 세무서장의 권한으로 규정되어 있는 행정압수수색권 및 조직법령제정권, 예산승인권과 유사한 국회 행정압수수색권, 즉 국회 조사권을 국회법, 인사청문회법, 국정감사 및 조사에 관한 법률, 국회에서의 증언 감정 등에 관한 법률에 추가하는 방법으로 직접 사실관계를 확인할 수 있다. 위법행위를 자행한 기관(공금으로 보조받거나 공금 보조로 거주하는 기관 포함)에 대해 직접 행정압수수색을 실시하고 그 결과를 분석하여 예산과 조직개편법률에 반영하는 적극적 활동을 펼쳐야 마땅하다.

우리나라 검찰 제도는 일제강점기에 식민통치를 편리하게 하려는 목적으로 도입되었다.(1912년 조선총독부령 제11호 조선형사령) 그 부끄러운 오욕의 유산을 청산하지 못한 채 수사기관에 맹종하며 자기들과 관련된 검찰 캐비닛만은 열지 말아 달라고 비굴하게 애원해 온 것이 우리나라 국회의 역사였다.

특검도 수사기관에 의존한다는 측면에서 굴종적이기는 도긴개긴이다. 나는 외유나 다니며 특활비 가져다 쓰고, 수사기관과 친하게 지내면서 자신의 일신만 보전하려는 사람들이 득세하는 국회를 보고 싶지 않다. 적극적이고 능동적으로 사회 곳곳의 부조리를 직접 조사하고 알림으로써 시민들이 투표권을 정당하게 행사할 수 있도록 보장하는 제대로 된 국회가 구성되기를 바란다.

이 글을 쓰고 있는 지금 세칭 '감찰무마' 부분에서 유죄판결이 선고됐다는 소식이 들려왔다. 독립성이 인정되는 법관 담당 사건에 대한 다른 법관의 의견 표명은 의견을 표명한 법관에게 부여된 직권 분야가 아니기 때문에 유죄가 될 수 없다는 것이 대법원 판례다.(2021도11012)

이와 마찬가지로, 금융위원회설치등에관한법률 15조 1항, 금융위원회와 그 소속기관직제 규정 12조 2항, 국가공무원법 78조 4항상 금융위원장의 권한인 금융위원회 정책국장에 대한 징계 여부에 대해 청와대 소속 민정수석이 의견을 표시했다고 하더라도 그 역시 민정수석에게 부여된 직권 분야가 아니기 때문에 직권남용으로 인정되어서는 안 된다고 본다.

검사 출신인 한 증인은 재판정에서 대통령비서실직제 규정 7조 2항에 따라 수사기관에 수사를 의뢰하거나 수사기관으로 이첩했어야 한다고 증언했던 것 같은데, 증인은 의견을 진술하는 사람이 아니다. 때문에 그러한 증언으로 법리가 결정되는 것은 아니다. 뿐만 아니라, 대통령비서실직제 규정 7조 1항상 특별감찰반은 대통령의 직접 지시를 받는 조직이고, 같은 규정 2항, 3항, 4항상 수사의뢰는 행정관인 특별감찰반장이나 특별감찰반원의 권한일 뿐 민정수석비서관의 업무가 아니다. 때문에, 다른 법관의 권한인 판결 내용에 대해 고위 법관이 의견을 표시했다고 하더라도 직권남용이 될 수 없다. 이와 마찬가지로 특별감찰반에 대한 지시 권한이 없는 민정수석이 감찰반장 등에게 수사의뢰나 이첩이 필요하지 않다고 의견을 표명했다 하더라도 직권남용이 될 수 없다고 본다. 이러한 법리에 따라 해당 부분은 대법원에서 파기 환송될 것으로 기대한다.

[2024.02.08]

디올백은
죄가 없다

디올이 제작해 판매하는 가방들 가운데 가장 유명한 제품이 있다면 아마 Cannage Lady일 것이다. 디올은 이 가방을 영국의 다이애나 왕세자비가 생전에 즐겨 착용했다고 하여 이름을 아예 레이디로 명명해 팔고 있다.

유명 브랜드들은 출시하는 가방마다 상품명을 달리해 왔다. 모나코의 왕비였던 그레이스 켈리가 즐겨 사용했던 사다리꼴 모양의 가방은 여왕의 이름을 따서 켈리백으로, 여배우 제인 버킨을 위해 만든 가방은 버킨백으로 각각 명명했다. 윗면 중앙을 지퍼나 단추로 여미고 양면에 손잡이를 단 뒤 옆면을 둥글게 만든 백은 보스턴백이라고 하며, 각 브랜드마다 서로 다른 이름으로 출시하는데, 루이뷔통은 이 가방에 크기별로 스피디, 킵올 등의 이름을 붙였다.

검찰이 김건희 여사에게 디올백을 전달한 한국계 미국인 목사를 주거침입죄로 수사할 방침이라는 소식을 들었다. 과연 압수수색의 나라다운 기상천외하고 엽기적인 발상이다.

과거에 대통령 선거 국면에서 지역감정을 선동해 이용하자는 발언이 녹음되어 방송을 타자 여당에 충성하던 당시의 수사기관이 녹음한 사람들을 주거침입죄로 입건해 대법원에서 유죄가 확정된 적이 있었다.(대법원 95도2674) 그러나 건물에 들어간 방법이 평화롭고 동의에 의한 것이면 주거침입죄로 처벌할 수 없다는 취지로 4년 전에 판례가 바뀌었다. (대법원 2020도12630 전원합의체 판결)

나는 유튜브나 TV를 보지 않는다. 때문에 직접 확인하지는 않았지만 '서울의소리'가 유튜브에 올린 동영상에는 최 목사가 가방을 사서 간다는 내용으로 김 여사와 사전에 나눈 카카오톡 문자메시지 송수신 내역이 뚜렷이 확인되는 것으로 알려져 있다. 경호원들로부터 짐 검사를 받는 것을 전제로 레이디 백을 들고 영부인을 만났던 셈이다. 최재영 목사가 공권력에 겁을 잔뜩 집어먹고 소심하게 위축될 성격이었다면 김건희 여사를 아예 만나지도 않았을 것이라는 뜻이다.

시대도 바뀌고 판례도 바뀌었다. 4년 전에 변경된 대법원 판례를 고려하면 검찰이 최 목사를 주거침입죄로 기소하는 일이 오히려 직권남용 행위에 해당할 수 있다고 본다. 지금은 만사를 수사로 해결하려다가는 도리어 제 꾀에 제가 넘어갈 수 있는 세상인 것이다.

[2024.02.01]

2부

/

족보 없는
리더를 멸시하는
당신에게

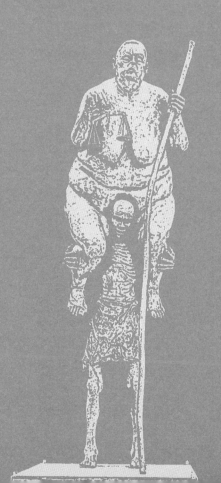

우리나라에 학벌이 좋은 사람들은 많다.

고등학교 졸업 학력의 김대중, 노무현 대통령과

소년공 출신의 정치인보다 경력과 이력이

화려한 인사들도 많다. 그러나 그들에게는 없는 게 있다.

공익에 대한 투철한 헌신과 국민을 위한 이타적 봉사이다.

그와 같은 콤플렉스가 소년공 출신의 정치인에 대한

시샘과 질투의 원천이 되어온 것이 아닐까?

차라리 놀고싶당을 창당하든가

민주주의라는 건 한자로 '民主主義'로 쓰고, 시민이 주인이 되는 이념을 의미한다.

오늘, 흙수저 두 사람이 징역 3년을 선고받았다는 우울한 소식이 들려왔다. 우리나라 공직선거법에서는 출마할 수 없는 사람에 관한 규정이 존재하고 있다.

제19조(피선거권이 없는 자) 선거일 현재 다음 각호의 어느 하나에 해당하는 자는 피선거권이 없다.

1. 생략

2. 금고 이상의 형의 선고를 받고 그 형이 실효되지 아니한 자

3. 법원의 판결 또는 다른 법률에 의하여 피선거권이 정지되거나 상실된 자

4. 「국회법」 제166조(국회회의 방해죄)의 죄를 범한 자로서 다음 각 목의 어

느 하나에 해당하는 자(형이 실효된 자를 포함한다)

㉮ 500만 원 이상의 벌금형의 선고를 받고 그 형이 확정된 후 5년이 경과되지 아니한 자

㉯ 형의 집행유예의 선고를 받고 그 형이 확정된 후 10년이 경과되지 아니한 자

㉰ 징역형의 선고를 받고 그 집행을 받지 아니하기로 확정된 후 또는 그 형의 집행이 종료되거나 면제된 후 10년이 경과되지 아니한 자

이는 출마가 원천적으로 봉쇄되는 네 가지 범주 가운데 무려 세 가지 범주가 법원의 판단에 따라 결정된다는 의미이다.

진정한 민주주의 국가라면 "이러이러한 사건에서 이러한 형을 선고받고 그것이 확정됐다"는 내용을 시민들에게 알리고, 그럼에도 불구하고 시민들이 전과 내용을 보고도 선택할 수 있도록 판단의 여지를 주는 것이 옳다. 즉 공직 후보자의 자격 여부에 대한 판단의 주체는 관료들인 수사기관이나 법원이 아니라 시민들이어야 한다는 입장이라는 의미다. 유권자들이 주인의식을 가지고 특정 인물을 낙선시키거나 당선시킬 수 있도록 선거에 출마할 자격 자체는 박탈하지 않는 것이 민주주의의 핵심이기도 하기 때문이다.

그렇지만 현실은 딴판이다. 검찰이나 법원과 친한 인물들이나, 전관 출신의 변호사를 고액의 수임료를 주고서 고용할 자금력이 있는 인사들은 죄를 저질러도 적당한 감경을 받아 출마하는 경우가 비일비재하다.

왜 이런 어이없는 맹점이 발생하는가? 우리나라가 선거에 입후 보할 수 있는 자격을 법원이 최종적으로 결정할 수 있는 선거제도 를 운용해 온 것도 그 원인의 일부라고 생각한다. 파행적 관치주의 로 칭해져야 마땅하다.

물론 이렇게 시민들의 선택을 사전에 박탈하고 관료들의 손에 의해 좌우하려고 하는 시도가 우리나라에만 존재하는 것은 아니다. 그러나 민주주의의 역사가 깊은 나라에서는 관료 자정주의도 함께 작동하는 것 같다.

최근 미국 버지니아연방법원 등 전국 각지의 연방법원은 트럼프 전 대통령이 올 연말 선거에 특정 주에서 출마할 수 없도록 후보자 자격을 박탈하려는 반대 정당 소속 시민 또는 법원, 검찰청의 조치 에 대해 엄격한 잣대로 심판하고 있다.

재산뿐만 아니라 인맥도 세습되기 마련이다. 그러므로 조부모 시절부터 형성된 인맥을 활용할 수 있는 사람들만 안전하게 출마할 수 있는 현행 제도를 근본적으로 손질할 필요가 있다. 사법 엘리트 들과 연줄이 닿지 않는 사람들도 정치적 표현의 자유를 충분히 보 장해 주고, 뒤늦게 관료들에 의해 당선 자격이 상실될 우려 없이 당 선된 후 소신껏 일할 수 있는 쪽으로 바뀌어야 한다.

그러나 우리 국회는 아예 법률로 출마 자격 자체를 수사기관과 법원에 위탁함으로써 그런 사람들의 출마를 출발선에서부터 차단 해 왔다. 일할 사람은 뽑지 못하게 가로막고, 일할 능력이 안 되거나 세비로 외유를 다니는 사람들이 더 유리해지는 이유가 그것이다.

나는 이런 사람들만 뽑히도록 만드는 데 앞장서 온 분들이 이참에 아예 놀고싶당을 창당해 그들이 오매불망 염원하는 다당제의 소망을 꼭 이루기를 바란다. [2023.11.29]

상대방을 알고 나를 알면 백전백승이야요

한 저명한 원로 기자가 오늘 어떤 사건의 2심 판결을 주제로 문학적 해석을 한 글을 소셜 미디어에 남겼다. 그러자 어느 누리꾼이 "우리 진영에 도움이 안 되니 자제해 달라"는 취지의 댓글을 달았다.

지피지기知彼知己란 말이 있다. 이는 기원전 6세기 무렵 맹활약한 오나라의 장수이자 병법가인 손무가 저술한 불후의 병법서《손자병법》가운데 전쟁터에서의 피해를 최소화할 방법에 관한 부분에 등장하는 전략이다. 이 말은 "상대방을 알고 나를 알아야 싸움이 벌어져도 위태롭지 않다"는 뜻을 지닌 '지피지기 백전불태'知彼知己 百戰不殆라는 문장의 축약이기도 하다.

나는 궁금하다. 댓글을 단 누리꾼이 상정했을 '우리 진영'이라는 단어의 정체가. 그래서 몇 가지 사건을 기억의 창고에서 끄집어내어 위에 쌓인 먼지를 털어봤다.

1. 2021년 1월의 '문재인 정부의 검찰총장' 발언

문재인 대통령은 2020년 12월 중순 무렵 대검찰청 공무원을 동원해 판사를 사찰했다는 혐의를 받고 있는 윤석열 검찰총장에 대한 징계안에 서명했다. 그런데 그로부터 한 달 뒤인 2021년 1월 중순에는 같은 사람에 대해 '문재인 정부의 검찰총장'으로 부르며 자신이 임명한 검찰 총수를 향한 각별한 애정과 신뢰를 표시했다.

2. 2021년 10월의 '대장동 철저수사 지시' 발언

2021년 10월 10일은 이재명 경기도지사가 더불어민주당의 대선 후보로 공식 확정된 날이었다. 문재인 대통령은 그날로부터 겨우 이틀이 지난 2021년 10월 12일에 대장동 수사를 철저히 할 것을 지시했다. 그 무렵에는 이미 대장동 사업에서 공익환수액이 5000억 원이 넘는다는 이재명 후보의 토론회상 발언에 대해 허위가 아니라는 대법원 판결도 확정된 상태였고, 어떤 범죄가 새로 저질러졌는지 아무런 특정이 되지 않은 상태였다.

문제는, 당시의 문재인 대통령은 당시 검찰총장의 지시에 의한 판사 사찰 혐의에 대해 직접 징계서면에 서명하는 과정에서 내용을 알고 있었음에도 판사 사찰과 관련해 수사를 철저히 할 것을 지시하지는 않았다는 점이다.

더 나아가 문재인 대통령은 "전직 판검사들이 상당수 포함된 속

찐자의 저울

칭 '50억 클럽'의 멤버들이 대장동 아파트 개발 사업에 참여한 사업체들로부터 50억 원씩 받았고, 마치 부정한 금원수수인 것"처럼 보도되는데도, 내 기억으로는 이와 관련해서도 또한 아무런 수사 지시를 내리지 않았다.

물론, 나는 국가에서 가장 강력한 권한인 수사권 의존 만능주의에 반대하고 수사 대신 국회의 조사권한으로 사실관계를 조사하는 것이 민주주의의 원칙에 부합한다는 철학을 가지고 있다. 때문에 문재인 대통령이 특정 사안에 대해 수사를 지시하지 않은 것에 대해서는 찬성한다.

그러나 그렇게 하려면 표적이 누가 됐든 수사를 지시하지 않아야 공정하고 형평성에 맞다. 그럼에도 의혹의 대상자가 이재명 도지사 또는 대통령 후보였을 때만 수사를 지시하는 모습을 보였기 때문에 그 편파성의 원인에 대해 호기심을 가지지 않을 수 없었다.

3. 소속 정당 구성원들도 가담한 이재명 체포동의안 국회 본회의 표결 통과

우리나라 국회는 피의사실 공표를 금지하고 있다. 그런데도 많은 국회의원들이 특정인이 재판을 받기 전에 국회에서 피의사실을 장황하게 공표한 장관에 동조하고, 비호하며 이재명 대표 체포동의안을 가결시켰다.

문제는 특정인을 겨냥한 수사기관 수장의 불법행위에 자기 소속 집단 이름을 '민주'라고 칭하는 사람들도 적지 않게 동참했다는 점에 있다. 원래 국가기관의 폭압을 수단으로 생각하는 집단은 그러한 조치가 디폴드(기본 설정)이기 때문에 누구나 짐작할 수 있지만 민주주의와 표현의 자유를 보장한다는 집단에서 무죄추정 원칙과 자기들이 신처럼 모시는 노무현 대통령 시절 입법된 불구속 수사 원칙을 침해하는 행위에 동조하는 것은 모순이다.

지금은 중국 송·원 교체기나 명·청 교체기처럼 피아 식별이 용이한 시대가 아니다. 춘추전국시대처럼 누가 아군이고, 누가 적군인지 수시로 혼동이 되는 세상이다. 음험한 계략과 야비한 권모술수가 난무하는 상황일수록 탄압과 핍박을 받는 사람이 자기들의 목적 달성에 방해되는 존재라면 같은 집단 소속이라도 등에 칼을 찌를 수 있음을 보여주는 사람들이 많은데 과연 '같은 진영'이라고 일반화하는 것이 이성적인 판단일까?

4. 전임 정부와 현재의 제1야당은 어떤 존재일까

한국의 수사기관들은 빈번하게 피의사실공표 금지 원칙을 노골적으로 위반하면서까지 언론에 수사와 관련된 정보를 상습적으로 유출해 피의사실공표의 공범, 법률용어로는 간접정범이 되어 왔다.

내가 바라는 바는 간단하다. 예단과 선입관 없는 공정한 재판을 받을 시민들의 기본적 권리가 위법한 피의사실 유출 행위로 말미암아 번번이 침해되어 온 현실이 나라 전체 차원에서 개선되는 일이다. 전임 대통령과 현재의 야당은 '속칭' 검수완박을 하겠다는 내용의 책까지 펴냈다. 그런데, 하루가 멀다 하고 검찰은 수사를 개시하고, 그 내용을 유출하고, 그 과정에서 많은 사람들이 자살하고 있다.

이런 현실을 보면, 그때의 약속은 당장의 선거에서 이겨 정권을 잡기 위한 얕은 잔꾀였다는 말인가? 하는 의문을 가지게 된다.

《손자병법》은 역시나 하나도 거를 내용이 없는 책이다. 나의 이러한 의문을 풀어줄 구절이 책의 앞부분에 고맙게도 나오기 때문이다.

병자궤도야兵者詭道也.

이게 무슨 뜻이냐? '전쟁은 곧 속이는 일'이란 의미이다.

그들은 단지 선거에서 승리하려는 목적 하나로 당선된 다음에는 성실하게 실천하지도 않을 공약을 대선과 총선에서 두 번이나 내세운 것으로 판단된다. 덕분에 공무원임면권, 수천 개에 이르는 공공기관 임직원 임면권, 예산편성 및 집행권, 각종 의전을 받을 권한, 법률안 제정권 등을 차례로 차지할 수 있게 됐다.

국민이 손에 쥐어 준 권력으로 다양한 개혁 과제의 추진에 전방위로 착수했다면 오죽이나 좋았을까? 한때 183석까지 달했던 거대 의석을 갖고서 실제로 한 일은 수사권을 동원해서 안희정, 박원순, 이재명 등 자기가 소속된 집단의 유력한 정치적 잠재력을 가진 사람들을 제거하거나, 제거하려고 시도했다가 실패하거나, 현재 진행하는 것뿐으로 보인다.

내가 특히 분노하는 지점은 헌법이 아래와 같이 규정하고 있고, 우리나라에서는 코로나19를 빌미로 특히 더 과도하게 자영업자들의 영업 방법과 시간을 제한하여 영업 부진으로 폐업하고 배달업으로 전환하는 사람들이 속출했는데도 영업권 손실보상에 대해 아무런 입법도 하지 않고, 60조 원 가까이 남은 예산을 재난지원금 명목으로 사용하는 것조차 하지 않았다는 사실이다.

헌법 제23조

①모든 국민의 재산권은 보장된다. 그 내용과 한계는 법률로 정한다.

③공공필요에 의한 재산권의 수용·사용 또는 제한 및 그에 대한 보상은 법률로써 하되, 정당한 보상을 지급하여야 한다.

이쯤 되면, 전임 대통령은 같은 정당 소속 후보자가 다음 정부의 수장으로 선출되는 것을 막기 위해 최선을 다했다고 해도 이상하지 않을 정도다.

그럼에도 여전히 많은 사람들이, 특정인들이 실제로 본인들을 위해주는 것으로 믿으면서 비판해서는 안 된다는 양상이다. 내가 보기에, 속인 사람들은 속은 사람들을 동지는커녕 호구로만 여기는 것 같은 기색인데도 그러한 감싸기와 편들기는 여전히 이어지고 있다.

나는 '진영 논리'를 주장하는 사람들이 불쌍하기도 하다. 어차피 보수적인 사람들과 기댈 곳 없는 사람들은 돈과 권력을 숭배하기 마련이다. 자산가들은 자산을 지키기 위해 사람을 고용할 수 있고, 무산가들은 자산가들을 의지하고 동경하기 때문이다. 그러므로 이해관계가 엇갈릴 일이 거의 없다.

반면, '우리 진영'을 무조건 옹호해야 한다고 주장하는 사람들은 누가 자신을 이용만 하고 버리는지, 실제로는 자신이 원하는 정책을 실현할 의지와 능력이 있는지 여부도 잘 검토하지 않은 채 진영에 대한 소속감에 의존하는 현상이 자주 보인다.

나는 바둑이나 체스를 잘 두는 사람을 좋아한다. 그렇지만 바둑을 두면서 '병자궤도야'의 술책을 체득하는 사람이라면 진짜 질색이다. 그들은 수단과 방법을 가리지 않고서 대중을 농락하고 기만할 능력이 있기 때문이다. 겉으로는 민주주의를 숭상하는 것처럼 행세하지만 실제로는 강제력을 숭상하고, 그 집단의 비호에 의존하는 나약한 사람들을 좋아하지 않기 때문이기도 하다.

그런 사람들은 결정적으로, 원칙과 소신이 있는 삶을 살려는 지도자가 탄생하지 못하도록 어떻게든 집단적으로 괴롭혀 끝장을 내려 든다.

프랑스 혁명의 상징과도 같은 흙수저 변호사 로베스 피에르가 그렇게 희생됐고, 로베스 피에르의 둘도 없는 친구였던 언론인 장폴 마라도 그렇게 희생됐다. 미국 헌법상 평등 원칙을 구현하려던 링컨 대통령은 암살당하기까지 했다. [2023.10.26]

뮤턴트

스릴러 영화 시나리오를 구상하는 중이다.

훈훈한 외모와 인자한 미소로 유명한 뮤의 계획은 앞에서는 아무것도 하지 않는 자신의 캐릭터를 속편에 해당하는 〈뮤턴트 2〉에서도 일관되게 유지하는 것이었다.

그는 전편인 〈뮤턴트 1〉의 끝부분에서 민주식품의 차기 대표이사를 선출하는 투표가 종료된 이틀 후에 "장금동 대리점을 조사하라"고 감찰실 직원들에게 은밀히 지시한다. 다음번 경영자를 선출하는 주주총회의 승자인 딸기잼이 종전 주주총회에서 뮤의 비리를 적나라하게 발표했던 것에 원한을 품고 이번 주주총회 결과를 아예 번복시키려는 시도였다.

2편에서는 회사의 정관을 대놓고 위반하는 뮤턴트의 모습이 그려진다. 그는 영세 대리점들에게 영업권이 과도하게 제한된 데 대한 보상을 해줘야 한다고 정관 23조 3항에 명시돼 있음에도 불구하고 대리점들의 연쇄 부도를 나 몰라라 방치한다.

　회사가 망하면 그 책임을 딸기잼이 억울하게 뒤집어쓸 수도 있다는 위험성을 감지한 소나무 이사는 딸기잼이 영세 대리점들을 위해 봉사할 기회를 갖도록 이사직까지 내던지면서 고군분투한다. 하지만 뮤턴트 휘하의 구사대는 아무것도 하지 않아야 영세 대리점들을 더 쥐어짤 수 있다며 멀쩡한 딸기잼을 쫓아낼 궁리를 한다.

　딸기잼은 소비자의 두뇌 건강을 지키려면 당이 원활히 공급돼야 함을 인식하고서 원활한 당 공급을 위한 생산시설 확충에 박차를 가한다. 딸기잼은 그와 동시에 어떻게 해야 적당한 당을 꾸준히 섭취할 수 있는지에 대한 무상교육을 실시하는 데 필요한 자금을 조달할 계획을 짜느라 눈코 뜰 새 없다.

　그러나 뮤턴트의 구사대는 마음씨 좋은 출판인으로 교묘히 변신한 뮤턴트의 신화를 급조하는 한편, 지난 주주총회에서 제거하지 못한 딸기잼을 회사에서 아예 완전히 몰아낼 새로운 주주총회를 열 음모를 꾸미느라 없다. 이러한 불순한 음모를 날카롭게 눈치 챈 영세 대리점주들의 영웅이 있었으니…….

표정은
힘이 세다

지금은 거의 독립적 학문으로 정립될 정도로 연구가 많아진 '비언어적 소통'Non Verbal Communication은 진화론의 창시자 찰스 다윈이 인간과 동물의 상호 교류 방법을 관찰하면서 시작된 분야이다. 최근의 연구 결과에 의하면 인간은 전체 의사소통의 70퍼센트 정도를 비언어적 방법으로 수행한다고 한다.

이를테면, 말로는 "너 정말 예쁘구나"라고 이야기하면서도 '풋' 하는 바람 빠지는 소리와 함께 한쪽 입꼬리가 올라가는 경멸적 표정을 지을 경우에는 언어적 표현이 아닌 얼굴과 행동에서 화자의 본심이 드러난다고 하겠다.

단식은 비언어적 소통 방식의 대표적 사례이다. 결코 물러서지 않겠다는 결연한 의지의 표현이기 때문이다. 단식하는 사람 곁을 앞장서서 지켜주는 일도 비언어적 소통의 일종일 것이다. 단식하는 사람이 표방한 대의에 대한 동의와 지지의 표시인 이유에서이다.

단식 장소에 다른 사람들이 다 다녀간 뒤에야 느지막이 나타나는 것 또한 비언어적 의사 표시로 해석될 수 있다. 내심으로는 단식에 찬성하지 않음에도 타인의 눈치를 의식해 억지로 들른 속내가 묻어나기 때문이다.

아예 아무런 관심도 표현하지 않는 것 역시 비언어적 의사소통 방법임은 물론이다. 무시는 단식에 전혀 공감하지 않는다는 가장 강력한 신호이기 때문이다.

나는 장편소설 《초록 대리석》의 독자 모임에서 추미애 전 법무부 장관의 폭탄선언 아닌 폭탄선언을 직접 듣고서 슬픔과 비장감이 동시에 엄습함을 느꼈었다. 이후 추 전 장관은 이재명 대표가 단식하는 곳을 앞장서서 지켜줌으로써 이 대표를 향한 무언의 강력한 연대감과 동지 의식을 표명했다. 추미애 장관 특유의 호방하고 진취적인 대륙적 기상이 돋보이는 광경이었다.

추미애 전 법무부 장관 같은 비언어적 소통의 달인은 한 사람 더 있다. 개인적으로 내 대학 선배이기도 한 송영길 전 민주당 대표이다. 송 전 대표는 자신의 지역구를 양보하는 형식으로 이재명 대표와의 굳건한 동지애를 증명했기 때문이다. [2023.10.02]

자발적 노예를 지향하는 국회의원들

2023년 9월 18일, 대법원은 최강욱 국회의원에 대해 의원직을 상실하도록 규정된 형을 선고한 원심을 확정했다.

국민이 선출한 대리인이 일정한 형량에 달하는 형이 확정되면 그 자격을 상실하도록 하는 법을 만든 주체는 해당 대리인이 소속되어 있는 국가기관, 곧 국회이다. 이는 입법부에 대해 사법부가 우위를 점하도록 만든 당사자가 바로 국회라는 뜻이다.

우리나라 국회는 법을 만들고, 예산을 결정할 권한이 있다. 따라서 국회는 입법부가 사법부의 판결이 아닌 주권자인 국민이 선택할 수 있도록 하는 방향으로 법률을 개정할 힘을 갖고 있다.

우리나라 모든 선출직 공직자는 어차피 임기가 정해져 있다. 그러므로 시민들의 투표로 선출직 공직자가 그 직무수행에 대한 평가를 받는 시스템이 명실상부하게 정착되어야 민주주의가 좀 더 탄탄한 반석 위에 올라설 수 있다.

그런데 현실은 정반대이다. 한국의 국회의원들은 시민들의 신뢰에 기대지 않는다. 검찰과 법원의 손에 자기의 운명을 자발적으로 맡겨 놓고 있다. 영락없이 스스로 노예가 되기로 작정한 모양새이다.

혹자들은 "범죄자가 공직에 있는 게 맞냐?"는 단순한 논리로 사법기관의 국회 통제를 정당화한다. 그러나 수사기관이 마음만 먹으면 언제든지 입건해 만들어낼 수 있는 게 범죄자이다. 일례로 후보자가 토론회에서 "아니오"라고 대답한 사소한 문제를 꼬투리 삼아 몇 년 동안 괴롭히기조차 했다. 그러나 생태탕을 먹지 않았다고 말한 사람은 거짓말일 것이라고 인정하면서도 기소하지 않았다.

반면, 어떤 경우에는 실제로는 중대범죄자인 인물이 검찰과 법원에서의 인맥이 오겹살처럼 두툼한 덕분에 오랫동안 공직에서 기생해 왔다.

국회의원의 정치생명이 유권자들의 심판이 아닌 수사기관의 기소와 법원의 판결에 좌우되도록 이끄는 법률 조항들이 계속 존속하는 한 정치인의 자발적 노예화 현상에는 좀처럼 마침표가 찍히지 않을 전망이다.

더 큰 문제는 의회가 예산 배정은 물론이고 국정조사나 국정감사 업무 수행에 필요한 행정수색 권한을 스스로에게 부여하지 않고 그마저 수사기관에 위탁하고 의존하는 상황이다. 국회의 위상과 권능이 마치 법무부 산하의 일개 자문위원처럼 전락해버린 셈이다.

지금의 우리나라 국회에는 본인이 뭘 해야 하는지를 모르는 사람들이 너무 많은 것 같다. 국회를 사법부의 자발적 노예제로 만들어 놓고 있는 기존의 규정들을 개폐하고 대체하기 위한 입법 작업이 절실하게 요구되는 까닭이다. 오죽하면 대법원이 사소한 말실수를 구실로 삼아 민주주의 원칙을 훼손하려는 불순하고 한심한 사태에 대해 아래와 같이 판시를 하겠는가?

"선거를 전후하여 후보자 토론회에서 한 발언을 문제 삼아 고소·고발이 이어지고, 이로 인하여 수사권의 개입이 초래된다면 필연적으로 수사권 행사의 중립성에 대한 논란을 피할 수 없을 뿐만 아니라, 선거 결과가 최종적으로 검찰과 법원의 사법적 판단에 좌우될 위험에 처해짐으로써 국민의 자유로운 의사로 대표자를 선출한다는 민주주의 이념이 훼손될 우려도 있다."(2019도13328)

정치인을 판검사의 노예로 만드는 제도와 관행에 단호하게 마침표를 찍으려는 의지와 결기로 충만한 인물들이 더 많이 국회로 진출하기를 바란다. [2023.09.19]

그들이 흙수저 리더를
제거하려는 이유는

지난 대통령선거 직전에 속칭 '정권재창출'을 한 당사자들이 흙수저 출신 정치인에 대해 '사법리스크'라는 용어까지 만들어 가면서 공직에서 제거하려는 동기는 공통적으로 민중을 온순하고 무기력한 노예로 만들기 위함으로 보인다.

우리나라는 거의 모든 법률을 일본으로부터 수입했지만 거의 유일하게 일본 헌법과 달리, '무죄추정 원칙'을 헌법에 규정해 넣었다.(헌법 27조 4항)

이것은, 공적 영역과 사적 영역 등 생활의 모든 영역에서 유죄의 형사판결이 확정될 때까지 형사절차에 연루되지 않은 사람과 동일하게 취급하라는 원칙이다.(90헌가48 등)

지배계급이 민중을 노예로 만들려면 사람들에게 절망만 남겨야 한다. 버락 오바마가 왜 대통령 선거의 캠페인 구호로 "Hope, Change"를 표방했겠는가? 미국 전체 인구의 겨우 13퍼센트에 불과

하면서도 교도소 수감자의 무려 8할을 차지하는 흑인에게도 희망이 있다면, 미국민 모두에게 희망이 있다는 메시지를 대통령 선거에서 투표할 유권자들에게 전달하기 위함이었다.

우리나라의 한 흙수저 정치인은 가난 탓에 초등학교 졸업 이후 공장에서 일을 해야만 했다. 그는 학비가 없어 중학교에 진학하지 못한 채 공장에서 거의 하루 종일 일해서 번 돈을 가족의 생계비로 써야만 했다.

그렇지만 그에게는 남들에게는 없는 그 무엇이 있었다. 고작 14살밖에 되지 않은 어린 꼬마가 공장에 다니면서도 더 나은 인생과 미래를 개척하는 데 필요한 길을 찾아야겠다는 의지를 불살랐다는 점이다. 그는 "너 따위가 공부해봤자 잘될 줄 아냐?"는 주변의 차가운 냉대와 멸시에 기죽지 않고 낮에는 일하고, 밤에는 단칸방에서 홀로 불을 켜고 공부하며 검정고시를 준비했다.

그는 공장에 다니면서 입은 부상들 때문에 몸이 불편한 장애인이 되었다. 그럼에도 문자 그대로 주경야독을 불사하며 중학교와 고등학교 검정고시를 차례로 통과했다. 그리고 대입 학력고사에서 우수한 성적을 거뒀다.

그는 세칭 명문대를 가는 대신에 전액 장학금에 생활비까지 보장하는 대학교에 입학했다. 그는 대학에서 받은 장학금과 생활비를 형에게 회계사 시험공부 비용으로 보태주기까지 했다. 그를 변함없이 응원한 사람은 "너는 잘될 테니 항상 열심히 하라"고 늘 격려해준 어머니가 사실상 유일했다.

그의 집념 어린 신화는 이후에도 계속되었다. 그는 대학교를 졸업한 해에 사법시험에 합격했다. 물론 대학교 재학 중에 합격하는 사람들도 있기는 하다. 그러나 우리가 주목해야만 할 사실은 그가 흙수저였다는 점이다. 가족의 도움을 받기는커녕 오히려 식구들 생활비까지 대주며 공부했다는 것은 그의 집중력이 얼마나 대단한지 증명하는 것이라고 본다.

나도 사법시험을 치렀다. 같은 입장이었기에 수험생활에 필요한 집중력의 정도를 잘 알고 있다. 나는 산만하기 때문에 아예 학교에 왔다 갔다 하지 않고 시험 준비에만 집중할 수 있도록 졸업한 후에야 시험 준비를 시작했다. 그래서 한편으로는 가족의 생계를 책임지면서도 또 다른 한편으로는 재학 중에 시험을 준비해 결국 졸업 직후에 합격한 그의 의지와 집중력에 더더욱 감탄하지 않을 수가 없다.

그가 사법시험에 합격했을 무렵에는 사시에 붙었다 하면 이름만 대면 알 만한 내로라하는 부잣집들과 쟁쟁한 집안들에서 혼담이 쉬지 않고 들어왔다. 중매쟁이들로부터 수없이 전화가 왔다.

그런데 그는 그 편안한 길을 단호히 뿌리쳤다. 그는 노동운동에 헌신하고자 사법연수원 시절 노동법학회에 가입해 적극적으로 활동했고, 연수원을 졸업한 뒤에는 노동변호사로 명성을 날렸다. 그러므로 그가 성남시장에 재선된 다음 공익환수에 즉각 착수해 5000억 원이 넘는 경제적 이익을 성남시민들에게 돌려준 일은 선출직 공직자가 된 후에도 공익을 우선하는 정책을 지속할 것이라는 특징을 보여준 대표적 사례라고 할 수 있다.

나는 그와 노동법학회 활동을 함께했던 변호사님으로부터 그에 대한 이야기를 자주 들을 기회가 있었다. 변호사님은 그가 무척이나 명석하고, 특히 구체적 사안들에 매우 강했다고 회상했다. 두루 뭉술한 총론보다는 디테일을 중시한다는 부분에서 이재명 대표와 생전의 박원순 전 서울시장은 굉장히 비슷하다.

정치를 하려면 돈이 필요하다. 때문에 역사상 정치는 자금과 떨어져 본 적이 없는 관계다. 자금 제공자들은 민중에게 희망을 주려고 애쓰는 독립적 인물들을 지독히도 경계하고 증오한다. 나는 그러한 미움과 경계심이 지난 몇 년 동안 끊임없이 전개되어 온 대중적 정치인에 대한 혐오 확산 노력의 원인으로 작용해 왔다고 생각한다.

김대중 대통령은 《대중경제론》이라는 책을 써 내기도 한 사업가 출신 정치인이었다. 그도 또한 노태우 대통령으로부터 수수한 20억 원의 정치자금을 포함해 소액 다수의 후원으로부터 자유롭지 않았으나, 시민들의 각성을 촉구하고, 군부독재와 타협하지 않은 성향 탓에 수십 년간 증오의 대상이 됐다.

우리나라에 학벌이 좋은 사람들은 많다. 고등학교 졸업 학력의 김대중, 노무현 대통령과 소년공 출신의 정치인보다 경력과 이력이 화려한 인사들도 많다. 그러나 그들에게는 없는 게 있다. 공익에 대한 투철한 헌신과 국민을 위한 이타적 봉사이다. 그와 같은 콤플렉스가 이재명에 대한 시샘과 질투의 원천이 되어 왔음은 물론이다.

이재명은 고단한 삶을 살아왔다. 그러기 때문에 힘든 인생을 살아가고 있는 수많은 국민들에게 그는 희망의 등불이 되어 왔다. 희망의 교과서와도 같은 존재인 그를 매장하려는 집단들이 꾸미는 이재명 제거 공작은 앞으로도 상당 기간 동안 전방위적으로 펼쳐질 것으로 전망된다. [2023.09.17]

믿고 거를
정치인들은

나는 세간의 오해와 달리 진보 성향의 검사가 아니다. 이명박 정부는 나를 미국 유수의 법학전문대학원으로 유학을 보내줬다. 내자랑 같아 쑥스러운 얘기겠으나 우리나라 검찰조직에서 미국의 로스쿨로 유학 가는 일은 그리 쉬운 게 아니다. 박근혜 정부는 내가 여성을 대상으로 한 성범죄 수사와 관련해 합리적인 제도개선 방안을 많이 제시했다고 여러 차례 상을 주었다. 나는 초임 시절부터 부당한 지시를 거부해 왔기 때문에 출세와 거리가 멀었어도 그랬다.

그런데, 문재인 정부에서는 차장검사 등 간부들의 위법행위에 대해 규정에 정해진 절차에 따라 감찰을 청구했다가 두 차례의 보복성 징계 및 징계에 준하는 처분을 받았고, 무죄추정원칙에 위반되는 박원순 시장에 대한 변태몰이에 반대했다는 이유 등을 엮어 새로이 중징계도 받았다.

문재인 정부는 진심으로 검찰개혁을 목표로 했던 것일까? 아니면 참여정부의 후계자를 자처하며 정권을 한 번 더 잡는 데만 만족했을까? 이 질문이 가뜩이나 복잡한 내 머릿속에서 여전히 맴돌고 있다.

검찰 공안부는 보통은 선거 사건에서나 힘을 쓰기 마련이다. 2017년 더불어민주당 대선후보 경선에서 패배한 인물들은 거의 대부분 페미니스트들의 공격을 받아 몰락하거나 고초를 겪었다.

게다가 현재 대한민국은 검찰공화국이다. 조직과 적당히 타협해 월급 챙기고 나중에 연금을 수령하면 그만이다. 그렇지만 위선자들과 배신자들이 민중이 낸 세금으로 호의호식하면서 특정 정치인들을 갖은 핑계로 괴롭히는 일에 공모하는 꼴은 차마 가만히 앉아서 보지 못하겠다.

나는 지금은 변절자로 손가락질을 당하고 있는 노동운동가 출신의 극우 정치인인 김문수 전 경기도지사가 내 사무실 앞에서 확성기를 크게 틀어놓고서 나와의 만남을 어째서 그토록 거칠고 집요하게 요구했는지 그의 심정을 조금은 이해할 수 있을 것 같다. 김문수 입장에서는 장기간의 옥살이까지 감수하며 피 터지게 싸워서 대통령 직선제 개헌을 관철했더니만 김대중과 김영삼 두 거물 정치인이 분열해 군사쿠데타 공범의 한 명인 노태우에게 어부지리를 안겨줬으니 속으로 얼마나 열불이 났겠는가? 군사정권이 합법적 외양을 갖추고서 연장되는 광경을 목도하면서 김문수는 자기가 왜 힘들게 옥살이까지 하며 군부독재에 맞서 투쟁해야만 했는지 그 허탈감이 이만저만 아니었을지 모른다.

이재명 대표는 민주주의의 복원과 진정한 법치주의의 실현을 요구하며 죽음을 불사하는 단식을 벌이고 있다. 그런데 한편에서는 다른 정당도 아니고 민주당에 소속된 정치인들이 출판기념회에 가서 희희낙락하면서 사진을 찍는 역겨운 장면을 연출하고 있다.

개혁 입법의 산실로 기능해야만 할 국회 법제사법위원회를 너무 쉽게 나무늘보파들에게 넘겨준 이들도, 검찰청법 개정 마지막 순간에 딴죽을 건 국회의장도, 비대면 회의가 널리 보편화한 이 시대에 일본 정치인들과의 친선과 만남이 중요하다며 기를 쓰고 외유를 나간 이들도 일말의 양심이나마 남아 있다면 이제는 정계은퇴를 진지하게 고려해야만 한다.

무조건 페미니스트들 편만 드는 정치인들도 역시 걸러내야 옳다. 나도 여성이다. 그러나 국가의 손을 빌려 남성들을 무작정 응징하려는 일에는 단호히 반대한다. 무엇보다도 페미니즘이 헌법 위에 군림해서는 안 된다. 더 흥분할까 걱정되어서 이쯤에서 이번 글은 멈추기로 하겠다. [2023.09.17]

박근혜 탄핵에 대한
수정주의적 접근

일본은 미국으로부터 핵폭탄 두 방을 히로시마와 나가사키에 차례로 얻어맞은 며칠 후인 1945년 8월 15일에 일왕 히로히토의 육성이 담긴 라디오 방송을 통해 연합군에게 무조건 항복했다.

그런데 실제로 항복문서에 서명한 날짜는 같은 해 9월 2일이다. 내가 9월 2일을 기념일로 지정해야 한다는 소신을 갖게 된 배경이다. 중국은 중국 대륙을 침략해 점령한 일본군 부대로부터 항복을 받아낸 9월 3일을 중일전쟁 전승기념일로 정해 축하해 오고 있다

박근혜 전 대통령의 선친인 박정희 전 대통령은 미국 대통령 지미 카터가 주한미군을 완전히 철수하려는 움직임을 보이자 자주국방 기반을 확립하려는 목적으로 1974년부터 은밀히 핵개발을 추진했다. 그러나 곧 발각되고 말았다. 이는 도널드 그레그 전 주한미국대사가 증언한 내용이기도 하다.

미국은 독자적 핵무장에 나선 박정희 정부를 용인하지 않겠다

는 공공연한 신호로 의회에서 '코리아 게이트' 청문회를 열었다. 그 전부터 세간에서 회자되던 박정희 정부의 난맥상을 미국이 요란하게 들춰낸 이유는 무엇일까? 한국이 핵무기를 가져서는 안 된다는 명백한 경고였다. 나는 김재규 중앙정보부장이 미국의 그러한 동향에 고무되어 박정희 대통령을 암살하기로 마음을 먹지는 않았을까 조심스럽게 추측하고 있다.

박근혜는 미국이 아버지를 얼마나 괴롭혔는지 곁에서 직접 지켜본 인물이다. 그러한 경험이 박근혜가 대통령 취임 직후부터 '한반도 신뢰 프로세스' 정책을 추진하며 미국과 중국 사이에서 균형 외교를 추구하도록 이끈 동력이었을지도 모른다.

한·중 관계는 박근혜 집권기에 그야말로 황금기를 구가했다. 우리나라에 5억 원 이상 투자하는 중국인들에게 영주권을 주는 정책이 실시됐고, 그러한 정책의 파급효과로 국내 면세점들은 중국 관광객들로 엄청난 특수를 누렸다. 엘시티를 포함한 우리나라 부동산 시장 또한 중국 특수로 인해 활황기에 접어들었다.

그러한 일련의 과정에서 박근혜 전 대통령은 2015년 9월 3일 베이징에서 치러진 중국의 전승절 열병식에 참석하게 됐다. 미국은 이 일과 관련해 물밑에서 우리나라 정부에 매우 강력하게 항의했다고 한다. 그로부터 1년 후 미국 대사를 역임한 경력이 있는 인물이 사실상 오너로 있는 한 방송국에 의해 출처도 불분명한 태블릿 PC가 발견된 사건을 계기로 박근혜를 겨냥한 무자비한 마녀사냥과 무차별적 인신공격이 본격적으로 개시됐다.

박근혜 정부의 정책에 비판적이던 사람들은 이에 발맞춰 일제히 거리로 뛰쳐나와 탄핵을 요구했고, 보수와 진보를 망라하는 거의 모든 언론매체들이 이러한 요구를 내건 시위와 집회를 거의 매일 생중계하기에 이른다. 미증유의 공세를 견디지 못한 박근혜는 결국에는 대통령직에서 파면되고 말았다.

이 일련의 흐름을 복기하면 처음부터 정답을 정해 놓은 다음 박근혜를 범죄자로 몰아간 게 아닌가 생각된다. 당시 단군 이래 최악의 범죄자로 묘사되던 박근혜는 몇 년 후 감옥에서 풀려났고, 박근혜를 석방시킨 당사자는 그 탄핵으로 인해 어부지리를 차지한 대통령이었다.

나는 몇 년 뒤 풀어줬다는 이 대목에 밑줄을 쫙 긋고 싶다. 이는 처음부터 범죄자로 만들기로 작정한 터라 구체적으로 무슨 죄를 저질렀는지는 그리 중요하지 않았다는 뜻이기 때문이다. 일단 쫓아낸 뒤 감옥에 가둬 소기의 목적을 달성했으므로 더는 가둬둘 필요가 없었을 터이다.

박근혜 대통령의 균형 외교가 탄핵으로 끝장난 것과 거의 동시에 반중을 넘어 혐중의 정서마저 묻어나는 각종 영상과 창작물들이 온라인상에서 유행하기 시작했다.

우리나라는 문재인 정부 당시 지소미아GSOMIA, 곧 한일군사정보보호협정을 종료하기로 한 결정에 불만을 품은 일본의 경제보복에 대항해 국내 소부장(소재+부품+장비) 기업들을 육성하고, 지소미아를 이참에 완전히 종결해야 한다는 목소리가 잠시 기세를 얻었다.

그렇지만 불과 두 달 만에 어디로부터 어떤 압박을 받았는지는 몰라도 지소미아 폐기 방침이 슬그머니 철회되고, 일본에 굴복하지 말아야 한다는 의견을 냈던 청와대 민정수석비서관은 이후 법무부 장관에 취임했다가 입시비리 파렴치범으로 엮였다.

자주적 균형외교가 사라진 자리에는 미국을 큰형님으로, 일본을 작은형님으로 각각 모시고서 새로운 패권적 세계질서에 순순히 복종하겠다는 사람들이 밀어붙이는 굴욕외교가 들어섰다. 그로 말미암아 지구에서 가장 거대한 해양, 즉 태평양은 돌이킬 수 없는 전쟁과 오염의 바다로 전락하는 중이다.

언론과 수사기관 간의 결탁과 담합은 진즉부터 존재해 온 현상이다. 나는 박근혜 탄핵을 요구하는 촛불시위의 열기와 규모가 최고조에 달했을 즈음에 광화문 광장과 가까운 곳에 살았다. 그래서 싫어도 어쩔 수 없이 정치 고관여층이 되었다.

세상을 이분법적인 흑백논리로 재단하면 당장은 시원할지 몰라도 종국에는 두고두고 고생하게 된다. 박근혜를 절대악으로 몰아가고, 박근혜 대통령 수사에 관여한 사람들을 정의의 사도로 찬양한 결과 지금 우리는 대통령이 참석한 자리에서 피켓을 들고 항의만 하려고 해도 입이 틀어 막혀 끌려 나가는 사회에서 살게 됐다.

시민들이 특정한 언론사나 특정 국가기관을 정직하고 충성스러운 내 편이라고 순진하게 믿는 순간 누군가가 조종하는 운동에 동원되어 자기도 모르는 사이에 꼭두각시로 이용당하고 마는 법이다.

나는 근자에 각종 '부족주의'를 주제로 하는 여러 종류의 책들과 다수의 논문들을 진지하게 숙독하고 있다. 그리고 자신들끼리 동질적 문화를 공유하면서도 다른 부족에 대해선 배타적 정체성을 가진 사회가 존속한다는 결론을 도출했다. 그에 따르면, 신라는 나당연합에서 드러났듯이 외세를 끌어들여서라도 이익을 챙기려는 부족성을 지닌 것으로 파악된다.

고구려는 수나라와 당나라 같은 강대한 외세의 잇따른 침략에 정면으로 맞서려는 진취적 속성을 띠었다. 이러한 속성은 고구려 멸망 후에 그 후계자격인 발해에 의해 계승되었다. 발해는 그 모태인 고구려보다도 넓은 강역을 영유했다. 고구려와 발해의 유전자는 초강대국 미국의 위협에 핵개발로 대응하는 북한의 호전성 속에서 살아남은 것으로 보인다.

백제는 드넓은 곡창지대를 가진 나라였다. 따라서 공격성보다는 방어적 성격이 두드러졌다. 전주 이씨 출신인 이성계는 고려 우왕이 내린 요동정벌 명령에 불복해 위화도에서 회군했을 정도였다.

그러나 옛 백제 지역의 방어성을 수동성으로 오해하거나 폄하해서는 곤란하다. 호남은 민족의 자주성이 유린되었을 때는 광주학생운동으로 일어섰고, 전두환의 신군부가 민주주의를 압살하려 기도하자 1980년 광주민중항쟁으로 이에 결연히 응전했기 때문이다.

[2023.08.27]

.

미·일 동맹의
대중국 정신승리

국치일의 날인 8월 29일이 다시금 무심하게 다가오고 있다.

주말에 지인의 집에 잠시 놀러 갔다가 호기심을 이기지 못하고 넷플릭스에서 찜찜한 할리우드 영화 한 편을 기어이 보고야 말았다.

영화 제목은 〈배틀쉽〉Battleship. 우리말로 전함이라는 뜻을 가진 이 영화는 버락 오바마가 미국 대통령으로 재선될 무렵인 2012년에 제작되었다.

미국과 일본의 '연합함대'가 엄청나게 발달한 기계 문명으로 무장한 외계인들의 지구 침략에 맞서 태평양 인근의 해상에서 벌어진 장대한 전투에서 통쾌하게 승리를 거둔다는 내용이 이 영화의 줄거리이다. 마치 태평양은 미국과 일본의 공동통치구역이란 메시지를 던지는 것 같은 느낌의 오락영화였다.

영화 시작 무렵부터 전범기인 욱일승천기를 부지런히 보여주는 유치찬란함이 너무나 노골적이어서 나는 영화를 보는 내내 시쳇말로 썩소가 끊이지 않았다.

단연 유치찬란한 장면은 따로 있었다. 외계 생명체가 지구로 보낸 기계들 중 하나가 홍콩섬에 추락하면서 건축계의 노벨상으로 불리는 프리츠커상 수상자이자 저 유명한 루브르 피라미드의 설계자인 I.M. 페이의 작품인 'Bank of China Tower'를 단번에 붕괴시킨다는 설정이었다.

페이는 공교롭게도 중국계 미국인 건축가이다. 영화 제작자들은 개혁개방에 성공한 중국의 국력이 아무리 굴기해도 미국과 일본의 동맹 앞에선 수레 앞의 한 마리 사마귀에 불과하다는 악담 섞인 예언을 무척이나 하고 싶은 눈치였다. 그런데 내게는 이게 미국과 일본의 치졸한 정신승리로 여겨질 따름이어서 한마디로 손발이 오글거렸다.

미국은 민주당 소속 후보가 대통령에 당선되면 일본과 밀착하고, 공화당이 정권을 잡으면 중국과 가까워지곤 했다. 우리나라는 참여정부 집권 시기에 노무현 전 대통령이 미국의 이라크 파병 압박에 대해 전투병력 대신에 평화재건 부대를 파견함으로써 부시의 체면을 세워주면서도 아랍 세계와는 쓸데없이 척을 지지 않는 슬기로운 실리 외교를 선보인 바 있다. 전략적으로 사고할 수 있는 리더가 필요한 시기에 고등학교 졸업 후 스스로 인생을 설계해 온 인권 변호사 출신 대통령이 떠오른다. [2023.08.24]

제주도 보궐선거를
둘러싼 의구심

제주도에서 햇수로 3년 정도를 살았었다. 그러다 보니 한때는 제주에서 벌어지는 일들이 남의 일처럼 느껴지지 않았다. 그러므로 그 당시 현근택 전 대변인과 김○○ 같은 분들이 야당의 지역구 보궐선거 후보자를 선출하는 경선전에 출사표를 던졌다는 소식이 들려왔을 때 나는 공정한 경선이 당연히 이뤄질 것으로 기대했다.

현근택 변호사는 특정인이 어떤 정당의 대통령 후보로 선출됐을 때 그의 대변인으로 활동했다. 경쟁자인 김○○은 문재인 정부의 청와대에서 근무한 경력이 있었다. 그런데 경선 없이 후자를 전략공천했다는 보도를 접하고 나는 깜짝 놀랐다.

김○○은 김남국 의원의 코인 투자가 마치 거대한 범죄라도 되는 양 김 의원 징계에 앞장서기도 했다. 문제는 오히려 내로라하는 가상자산을 발행하는 기업의 관계자가 김○○의 사무실을 방문했다는 사실이 알려진 것이다.

사무실 방문이 곧장 비리가 있었다거나 이해충돌이 발생했음을 뜻하지는 않는다. 그러나 김남국 의원의 해명을 요구하던 당사자가 이번에는 자기가 해명을 해야만 하는 궁색한 처지에 빠진 모습은 왠지 처연하면서도 우습다.

김남국 의원은 자진탈당 형식으로 소속 정당에서 쫓겨났다. 나는 이재명 대표를 견제하기 위한 계획이 민주당 안에서 얼마나 치밀하고 꼼꼼하게 진행되고 있는지를 김 의원의 탈당으로 간접적으로 확인할 수 있었다. 더불어 이 계획에는 반개혁적 성향의 언론매체들이 관여하고 있을지도 모른다는 의구심이 샘솟았다.

이재명이 대표로 선출되기 이전의 민주당은 겉으로 내건 당명과는 달리 그리 민주적으로 운영되지 않았던 것으로 보인다. 제주도 보궐선거 당시에 어째서 경선이 생략되고, 왜 전략공천이 강행됐는지 그 내막을 소상히 아시는 분이 계시다면 내게 연락을 주시기 바란다. [2023.08.14]

토사구팽당한
잔 다르크와 정치개혁

불체포특권 포기가 정치개혁의 중요한 시발점이라는 단견을 서슴없이 드러내는 세태가 하도 어이가 없는지라 그에 대한 반론으로 몇 글자 보태도록 하겠다.

현대에 이르러서까지도 그러한 경향이 이어지고 있지만, 특히 과거 유럽, 아메리카, 중앙아시아, 근동 지역에서는 각 부족들이 잔인하고 적나라한 물리력을 앞세워 땅을 뺏고 영토를 넓히고, 어느 정도 자리가 잡히면 왕국을 세웠다. 그나마 문명이 발달하고 경제가 중요한 사회적 가치사슬로 떠오르면서 파괴와 살상을 최소화하려는 노력이 경주되기 시작했다.

싸움의 욕망과 파괴의 본능은 인간 고유의 특성일지도 모른다. 스포츠는 이러한 욕망과 본능을 온건하게 순치된 형태로 배출시키려는 목적으로 고안되었다. 전쟁이 정치의 연장이라면, 스포츠는 전쟁의 대체물인 셈이다.

국가주의의 발흥과 자본주의의 성장은 스포츠 시장을 엄청나게 확대시켰고, 그 결과 경기장에서 활약하는 스포츠 스타는 신화 속의 신들처럼 대중의 숭배를 받고 있다. 바야흐로 연예인과 더불어 운동선수가 인기인의 대명사로 각광을 받는 세상이 도래한 것이다.

인간은 에너지를 절약하고자 뇌를 최소한으로만 사용하려는 성향이 있다. 이분법이 기승을 부리는 배경이다. 아군과 적군이 명확하다는 측면에서 정치와 스포츠는 이분법적 사고에 최적화된 시스템을 갖고 있다는 공통점이 있다.

우리는 왜 스포츠에 열광하는가? 첫 번째 이유는 대결욕구의 대리만족에 있다. 두 번째 이유는 좋아하는 운동선수의 활약상을 직간접적으로 구경하려는 목적에 있다. 따라서 내로라하는 유명 선수가 출전하는 시합은 경기장에 관중도 많이 올뿐더러 텔레비전 중계방송의 시청률도 높기 마련이다. 따라서 막대한 수익을 보장하는 광고들도 수없이 붙는다.

〈머니볼〉은 미국 메이저리그 야구팀을 소재로 만들어진 영화다. 〈머니볼〉에 등장하는 야구팀처럼 구단의 주도면밀함과 코치진의 적절한 작전구사 덕분에 강호로 자리매김하는 경우도 있다. 하지만 대부분의 강팀들은 잉글랜드의 프로축구 리그인 프리미어 리그의 토트넘 홋스퍼 FC에서 붙박이 주전 공격수로 뛰고 있는 손흥민 같은 걸출한 스타플레이어를 보유한 덕분에 좋은 성적을 거두기 마련이다. 때로는 팀보다 강한 선수도 있는 법이다.

그러한 스타 선수의 일거수일투족을 놓치지 않고 보려고 팬들은 기꺼이 입장료를 지불하고서 경기장에 들어온다. 중계방송 중간마다 귀찮고 짜증나게 끼어드는 상업광고들도 인내심을 가지고 견뎌낸다.

정치도 스타플레이어가 필요함은 물론이다. 그래야 당의 분위기가 밝아지고, 시민들의 뜨거운 지지도 얻어낼 수 있기 때문이다. 그런데 우리나라 정치는 스타의 탄생을 돕기는커녕 오히려 방해하기 일쑤이다.

축구 경기를 한번 예로 들어보자. 특정 선수만 계속 골을 넣으면 팀의 화합과 단결이 깨진다며 한 경기에서 특정한 선수가 2골 이상을 넣을 경우 남은 경기 시간에는 동료 선수들이 해당 선수에게 패스를 넣어주지 않는다면 어떤 일이 생기겠는가? 승패도 승패려니와 응원하던 팬들부터 당장 등을 돌릴 게 뻔하다. 내가 골을 넣지 못하면 동료 선수도 골을 넣어선 안 된다는 놀부 심보가 선수들 사이에 퍼진 팀은 머잖아 팀의 존립마저 위태로워질 수가 있는 것이다.

영국과 프랑스가 벌인 백년전쟁은 영국과 프랑스 사이의 국제전이자 프랑스의 독자성을 강조하는 오를레앙파와 영국과 밀착된 부르고뉴파의 내전이기도 했다. 잔 다르크는 영국군에게 연전연패하던 프랑스군을 중요한 전투마다 용감히 선봉에 서서 승리로 이끎으로써 망국의 위기에 처했던 조국을 구해냈다. 잔 다르크가 없었다면 오를레앙 파의 수장이었던 샤를 7세는 프랑스 국왕으로 즉위할 수 없었을 게 분명하다.

화장실 들어갈 때와 나올 때의 마음이 다른 건 동양과 서양이 차이가 없는 모양이다. 국왕에 즉위한 샤를 7세는 소기의 목적을 달성했다고 생각했는지 영국과의 전쟁에 더는 적극적인 열성을 보이지 않았다. 그는 잔 다르크가 소수의 결사대를 지휘해 영국군과 싸우다 포로로 잡혔음에도 불구하고 프랑스의 영웅을 구출하려는 노력을 철저히 방기했다. 프랑스 왕에게 토사구팽을 당한 잔 다르크는 19세의 어린 나이에 끔찍한 화형에 처해지고 말았다.

나는 제2차 세계대전 초기에 유럽의 보석으로 불리던 수도 파리를 독일군에게 무기력하게 내주고 괴뢰정부를 수립해서 4년간 나치에 협력한 일부 프랑스인들의 행태가 잔 다르크를 넘겨주고 무서운 영국에 잘 보이려고 했던 샤를 7세의 비겁함과 의뭉스러운 짓거리와 너무나 닮았다고 생각한다.

그런 성향의 사람들이 한국이라고 해서 없을까? 단지 과거에 누구와 가까웠다는 사실만으로 편하게 공천을 받은 정치인들이 과연 진정으로 나라 걱정을 하고 있을지 궁금하다.

우리나라 선거법은 일찌감치 출마를 선언하고 지지를 호소하는 인사들을 사전선거운동으로 처벌하고 있다. 선거법이 꾸준한 준비보다는 막판의 벼락치기를 조장하고 있는 셈이다.

나는 평상시부터 열심히 공익적 활동을 수행해 온 실제 공익주의자들이 많이 등장할 수 있도록 허용되는 방향으로 현행 선거법이 개정되기를 바란다. 아울러 고만고만한 인물들만 눈에 띄는 정치권에도 탁월한 스타플레이어들이 많이 배출되었으면 좋겠다.

[2023.07.18]

코인 투자,
비판만 하면 장땡일까

MZ세대는 1980년부터 2000년 사이에 출생한 사람들을 의미하는 신조어이다. 이들 세대는 기성세대와는 판이하게 임금을 저축해서 내 집을 마련할 여건도, 법으로 정해진 정년까지 회사를 다닐 수 있는 환경도 되지 않고 있다.

그래서 MZ세대의 미래는 우울한 잿빛으로 그려지고 있다. 대개는 학자금 대출 때문에 빚을 안고 사회생활을 시작하기 일쑤이다. 설상가상으로 노동의 종말이 운위되는 시대에 MZ세대는 직장인으로서 첫발을 떼고 있다.

반면 이들은 기성세대는 갖지 못한 장점을 가지고 있다. 그 어떤 세대보다 정보의 취득 및 교환에 신속하다는 사실이다. 따라서 기존에 알려진 전통적 사업 아이템들 대신에 약간의 목돈에 의지해 머리싸움과 손놀림만 잘하면 큰 수익을 올릴 수 있는 이른바 고위험-고수익High Risk, High Return 투자에 있어서 MZ세대는 이전 세대가 지니지 못한 변별력과 차별성을 확보한 터이다.

비트코인은 2008년 무렵부터 전 세계를 강타하기 시작한 금융 위기에 대한 대응책으로 종전의 중앙집권형 통화시스템을 대신할 전자화된 통화 수단을 민간 차원에서 만들어 사용하자는 아이디어로 탄생했다. 지구촌의 MZ세대는 비트코인으로 대표되는 가상화폐들이 시카고 선물시장에 대거 상장될 정도의 히트 상품으로 성장시켜 온 주역이었다.

의정활동과 더불어 코인 투자 역시 활발히 해온 1980년대생 야당 국회의원을 다짜고짜 파렴치한 범죄자로 매도하고 단정한 국가기관과 언론세력에 동조해 아직 명백한 사실관계가 규명되지 않았음에도 불구하고 해당 의원을 국회 윤리위원회에 제소해야 한다고 목청을 높인 인물이 있다. 그에게는 우리나라 헌법에 보장된 정당한 방어권은 아예 안중에도 없는 듯하다.

대한민국 헌법에는 수사를 받고 있는 사람에 대해서는 유죄판결이 확정될 때까지 무죄로 추정해야 한다는 규정이 분명히 실려 있다. 이러한 내용은 헌법뿐만 아니라 형사소송법에도 명시돼 있다. 특히, 헌법상 무죄추정 원칙은 하필이면 가장 악명 높은 전두환 군부독재 시절에 명문화되었다.

수사 대상이 된 사람은 묵비권을 활용해 자신에 대한 방어를 시작하기 마련이다. 징계의 시효에 관한 문제가 아니라면 징계사건에서도 묵비권을 행사해야 형사사건에서와 같은 방어권이 효과적으로 보장될 수 있다. 따라서 압수수색 등 강제수사가 이미 개시돼 어차피 기소될 것으로 예상되는 상태에서의 징계절차는 수사와 재판이 완전히 마무리될 때까지는 진행하기가 힘들다.

그런데도 기를 쓰고 징계를 주장하는 부류들이 여전히 있다. 이들은 수사기관이 정보를 흘리고 언론이 이를 받아쓴 내용을 무비판적으로 받아들인다. 게다가 개인의 인권과 무죄추정의 원칙까지 마구 무시해 가며 젊은 야당 의원을 징계할 것을 요구하고 있다.

이렇게 안이하고 무책임한 자세의 정치인들이 검찰의 기소권과 수사권을 분리하는 목적을 과연 책임감 있게 관철해 낼 수 있을까? 나는 몹시 회의적이다.

제대로 된 정치인이라면 권력기관과 기득권 세력이 사나운 말벌들처럼 달려들어 시민들의 안위를 위협하고 권리를 유린하면 민중을 보호하는 일에 적극적으로 나서야 마땅하다. 그런데 정치인들, 특히 야당 정치인들 중 상당수는 현대의 호민관 역할을 자임하여 시민의 편에 서기는커녕 자신들의 출세와 성공만을 좇고 있다. 이 무지하고 몰지각한 정치인들께서는 민심이 그들을 계속 지지해줄 것이라는 착각에서 이제 그만 깨어나기 바란다. [2023.05.20]

헌법 23조 ③항을
아시나요

⚖️

나는 코로나19 바이러스가 한창 기승을 부려 영업이 제한되던 시절에 수많은 영세 자영업자들이 공동체의 이익을 우선시하며 국가가 강요하는 각종 통제정책에 군말 없이 순종했던 모습을 생생히 기억하고 있다. 우리 사회의 약자 중의 약자일 영세 자영업자들의 자발적 헌신과 희생은 실로 눈물겨울 정도였다.

그러나 국가는 헌법 23조 ③항에 명시된 "공공필요에 의한 재산권의 수용·사용 또는 제한 및 그에 대한 보상은 법률로써 하되, 정당한 보상을 지급하여야 한다"는 내용을 정면으로 위반했다. 예산이 60조 원이나 남은 상태임에도 시민들에게 재산권의 일종인 영업권 제한에 대한 피해 보상을 제대로 해주지 않았다. 설상가상으로, 서민들의 약을 기어이 올리겠다는 심사인지 대출금리 상승이 빤히 예상되는데도 고율의 빚을 내서 쓰라고 무슨무슨 포인트 행사 같은 소갈머리 없는 마케팅까지 국가가 나서서 직접 진행했었다.

우리나라나 미국, 영국처럼 양당제가 고착화된 국가에서는 거대 정당에서 공천만 받으면 장땡인 상황이다. 그 결과 시민들을 표 찍는 기계쯤으로 생각하는 오만방자한 사람들이 여당에도, 야당에도 너무 많아졌다. 그들은 시민들을 속여 그 고혈을 뽑아내려는 데만 혈안이 되어 있다.

자본의 이익을 드러내놓고 대변하는 집단은 내심과 행동이 외려 선명하게 일치하기 마련이다. 그들은 자신들을 선택한 사람들의 기대와 바람을 웬만해서는 배신하지 않는다. 그들은 강자를 숭배하는 일에서도, 약자를 멸시하는 짓에서도 쉽사리 예측이 가능하게끔 일관되게 꾸준히 움직이고 있다.

문제는 겉으로는 서민들을 엄청나게 위해주는 척하면서 실제로는 시민들의 소박한 정의감과 선량한 공동체 정신을 이용해 자신들의 사익을 취하는 부류이다. 민중에게 기생충처럼 찰싹 달라붙어 단물만 빼먹는 자들을 너무 늦기 전에 깔끔하게 솎아내야 한다. 그래야 나라가 제대로 다스려지고, 천하가 태평해진다. 이는 춘추전국시대부터 이미 검증된 불변의 진리다.

그런데 집안을 단속하고, 나라를 다스리며, 세상을 안정시켜야 할齊家治國平天下 이 중요한 시국에 나는 눈치 없이 보일러 온수의 온도 조절에 실패하고 말았다. 고로 수신修身, 아니 때 빼는 세신洗身은 일단 다음 기회로 미루련다. [2023.03.18]

기회주의가 우리 국회의
근성이 되어서는 안 된다

《악령이 출몰하는 세상》은 과학저술의 신기원을 이룬《코스모스》로 천문학의 대중화를 연 칼 세이건이 생애 거의 마지막 시기에 쓴 책이다. 이 책은 제목에 '악령'이 들어가는 까닭에 심령술에 관한 책으로 종종 오해를 받고 있다. 그러나 진짜로 다루는 세 가지 주제는 합리주의, 교육, 민주주의이다.

내가《악령이 출몰하는 세상》에서 인상 깊게 읽었던 대목을 몇 가지 간추려 소개하도록 하겠다.

칼 세이건은 미국 헌법이 과도한 수사와 압수수색을 금지하고 있음에도 불구하고 미국의 사법 당국이 '마약과의 전쟁'이나 '범죄와의 전쟁'을 구실로 사람들의 인신을 함부로 무자비하게 구속하고 있다고 비판했다. 그는 겉으로는 표현의 자유가 존중되는 것처럼 보이지만 대중은 실제로는 이질적 이념을 극도로 꺼린다면서 다양성을 억압한 결과는 더 적은 수의 사람들의 손에 더 많은 권력을 집중시키는 방향으로 언제나 귀결되어 왔음을 지적했다.

칼 세이건은 회의주의자가 된다는 것은 위험분자로 낙인찍히는 위험을 기꺼이 감수하는 일임을 역설했다. 그렇기에 미국 건국의 아버지들 중 하나이자 미국의 제3대 대통령을 역임한 토머스 제퍼슨은 아무리 인기 없는 정책이라도 입에 담을 수 있는 사회가 되어야 한다며 표현의 자유의 가치를 옹호했다.

그는 시민이 사회의 구성원으로서의 책임을 온전히 다하려면 회의주의적으로 사고하고 판단하는 습관을 반드시 길러야 한다고 믿었다. 칼 세이건은 교육에 투자하는 비용은 정치를 늑대들에게 맡기는 바람에 치러야 하는 무지의 대가에 비하면 하찮은 액수에 지나지 않음을 날카롭게 강조했다.

나는 칼 세이건의 《악령이 출몰하는 세상》의 책장을 처음으로 펼치기 직전에 《진실과 정의에 대한 성찰》이란 제목의 책을 펴낸 바 있다. 이 책은 기성 미디어가 주입하고 선동하는 통념과는 다른 방향으로 질문하고 생각하는 방법에 관한 책이었다.

우리는 사람들이 이제껏 선이라고 믿었던 것이 선이 아닐 수도 있음을, 악이라고 성토해 온 것이 악이 아닐 수도 있음을 깨달아야 한다. 그러한 각성의 계기가 다행히 최근 들어 우리 사회에서 자주 나타나고 있다. 다른 가능성에 마음을 열어놓고 사안별로, 이슈별로 판단하려는 분들에게 칼 세이건의 역작과 나의 졸저가 큰 도움이 되었으면 좋겠다.

나는 칼 세이건이 얘기한 내용을 국회의원들에 대한 체포동의안

표결 과정에서 벌어진 일련의 일들에 비춰보고 싶다.

국회의원은 민주주의 원칙에 의해 선출된다. 국회의원을 구금하면 입법 활동을 수행할 수 없으므로 민주주의 원칙이 정면으로 훼손되기 마련이다. 우리나라 헌법에서 국회의원에게 불체포 수사를 받을 자격과 국회 내에서 직무상 행한 발언과 표결에 대한 면책 자격을 부여한 이유가 여기에 있다.

검사는 공소장으로 승부하고, 법정에서 증거로써 싸워야 한다. 전 세계적으로 특종에 눈먼 언론과 출세에 혈안이 된 검사들이 유명인들의 불행한 소식에 목말라하는 대중과 함께 피의사실을 유출해 가면서 시민 개개인의 헌법상 권리인 무죄추정권을 정면으로 유린하는 경우가 적지 않은데, 우리나라는 특히 더 두드러진다.

며칠 전 서민들의 희망과도 같은 한 국회의원에 대해 같은 정당 소속 의원들이 대거 찬성표를 던진 가운데, 체포동의안이 가결된 일이 있다. 가결이라는 결과에 분노한 시민들이 속칭 '가결유다'들을 색출해서 징계로 응징해야 한다는 목소리를 높이고 있는 것으로 보인다.

나는 구속 수사에 열광하는 국회의원과 일반 시민들이야말로 독재에 항거하기 위해 인신구속에 영장주의가 도입된 영국 헌정 제도의 연혁과 우리나라 헌법의 연혁에 무지한 한량이라고 생각한다.

그러나 나는 체포동의안을 찬성한 의원들을 당이 징계하는 데는 동의하지 않는다. 그 이유는 크게 두 가지다. 첫째, 해당 정당이 투표 불참 당론을 정하지 않은 채 국회 표결에 임했기 때문이다. 둘째, 그 정당은 충분한 원내 다수 의석을 확보하고 있음에도 기명투표를 의무화하는 쪽으로 국회법을 개정하는 일을 하지 않았기 때문이다.

민주주의의 요체는 정치인을 정치인이 심판하는 데 있지 않다. 사법관료가 심판하는 데도 있지 않다. 국민이 심판하는 데 있다. 그래서 적어도 누가 표결장에 들어가고, 누가 가결 표를 행사했는지 시민들이 알 수 있도록 하지 않는 한, 시민들이 의원들의 업적과 과오를 평가하기 어렵다. 아마도 알려지면 비난을 받을 여지가 높아서 공개주의 원칙에 반해 비공개로 처리하고자 하는 규율을 유지하는 것 같은데, 그러한 기회주의가 우리 국회의 근성이 되어서는 안 된다고 본다. [2023.09.25]

사법과잉 사회와
탐욕의 시스템

나는 다른 사람과의 인간관계를 시작하기 전에 명리학적 분석을 습관적으로 시도해 보곤 한다.

명리학은 사람에게 자신의 근본 본성을 다스릴 수 있는 요소들이 있는지에 따라 귀천이 엇갈리며, 그러한 요소들의 조화와 갈등의 결과로 운명이 달라진다고 생각하는 이론 체계이다. 명리학에 의거하면 인간의 운명에는 무려 12만 가지에 달하는 경우의 수가 존재한다고 한다. 지난 1,500년 동안 실로 어마어마하게 방대한 데이터가 꾸준히 축적되어 온 셈이다.

명리학에 따르면 사람 중에서도 귀한 인격, 즉 귀격貴格을 타고난 사람들이 있다. 나름대로의 연구와 관찰 결과, 이들은 맹자의 이론인 사단四端을 두루 갖춘 사람들을 지칭하는 것으로 판단된다. 즉 측은지심惻隱之心·수오지심羞惡之心·사양지심辭讓之心·시비지심是非之心을 모두 구비한 사람들을 귀인으로 분류한다는 의미다. 이런 특성을 모두 종합하면 '공동체를 위한 자기절제 능력'이라고 볼 수 있다.

오늘 새벽, 서울중앙지방법원 영장전담판사가 이재명 민주당 대표에 대해 검찰이 청구한 사전구속영장을 기각했다. 검찰이 이재명 대표를 겨냥해 청구한 구속영장이 기각되자 국회 본회의장에서 피의사실을 천연덕스럽게 낭독하여 공소제기 전 피의사실을 공표한 법무부 장관을 즉각 탄핵해야 한다는 목소리가 생겨났다.

개인에게 명리가 있듯이, 국가와 같은 공동체에도 명리가 있지 않을까? 나는 시민 개개인의, 국회의원 개개인의, 국무위원 개개인의, 수사기관과 사법기관 구성원 개개인의, 탐욕에 대한 자제와 절제의 총합이 국가의 귀격을 결정한다고 생각한다.

우리는 헌법에서 무죄추정 원칙을 규정하고 있고, 그 원칙은 불구속 수사와 재판을 받을 권리를 의미한다는 것이 헌법재판소의 일관된 판례이며, 노무현 대통령은 퇴임 직전에 불구속 수사를 수사의 기본 원칙으로 규정해 놓았다.

그런데도 로마 시대 검투사 경기에 열광하는 민중들처럼, 수사기관은 공동체주의자인 국회의원을 가둬놓으려는 시도를 계속하고 있고, 국회의원들은 그 공동체주의자를 가둬놓으려는 시도에 동조하고 있다.

문제는 구속 수사에 열광하는 시민들이 구속 수사를 전문으로 하는 사람을 대통령으로 선출했다는 것이다. 그 바탕에 헌법 정신에 반하는, 구속 수사가 원칙인 것처럼 통용되는 야만적 심리가 일상화되고 있음을 알 수 있다. 추가적 문제는 그러한 극단적이고 야만적 심리에 대한 분노를 탄핵이라는 또 다른 극단적 수단으로 보복하려는 심리라고 볼 수 있다.

왜 우리나라에서 이른바 엘리트로 불리는 나이 먹은 사람들은 자신들의 문제를 스스로의 힘으로 해결하지 못하고 걸핏하면 검찰이나 법원으로 달려가는 것일까? 마치 아이들이 엄마에게 쪼르르 달려가 친구와 있었던 일들을 미주알고주알 일러바치는 것처럼 말이다. 이러한 의탁 풍조는 대한민국이 성숙하지 못한 유아적 단계에 계속 머물도록 하는 결과를 초래해 왔다.

국무위원은 그 성격상 본질적으로 정무직 공무원이다. 따라서 사법기구를 통하기보다는 시민들이 직접 심판하는 것이 바람직하다. 문제의 국무위원이 나중에 선거에 출마하면 민심의 힘으로 낙선시키면 된다. 운 좋게 당선됐다면 국회의원으로서 의정활동을 잘 수행하고 있는지 지속적으로 감시하면 된다.

대한민국이 영원히 유아기에 머물면 궁극적으로 누가 이익을 볼까? 선출되지 않은 권력을 누려온 기득권 사법 엘리트들과 거대 미디어 종사자일 수밖에 없다.

거물 정치인 한 사람에 대해 법원이 구속영장을 발부하느냐, 아니면 기각하느냐에 따라 기사의 인터넷 조회 수가 요동친다. 언론은 이 문제를 마치 검투사들의 간의 목숨을 건 시합이나 월드컵 축구대회 중계하듯이 다루며 독자들의 클릭을 유도해 왔다. 자원봉사에 나선 뜻 있는 일부 변호사를 제외한 전관 출신의 유명 변호사들은 사법 과잉의 사회 덕분에 수임료로 지갑을 두둑이 채우기 일쑤다.

이런 구도에서는 시민들이 독립적이고 자율적인 판단의 주체로 서기 어렵다. 동원된 관객이나 광고수익을 늘려주는 호구 신세로 끝나기 쉽다. 신성한 공론장이 자본주의적 흥행몰이의 도구로 악용되는 이 미욱하고 탐욕스런 시스템으로부터 우리는 과연 언제쯤 벗어날 수 있을까? [2023.09.27]

형벌로 다스리면
얼굴만 두꺼워진다

"형벌로 다스리면 얼굴만 두꺼워진다." 齊之以刑 民免而無恥

논어 2장 '위정' 편에 나오는 명언이다.

최근 조민 씨의 최후진술이라는 글이 여기저기서 많이 눈에 띈다. 나는 극단적 뇌물과 부정이 개입하지 않은 한에는 입학, 채점, 학점 부여, 논문심사와 같은 일들은 헌법 22조 1항에서 인정되는 대학이나 교육자의 자율적 영역이자 학교 고유의 문제라고 생각한다. 지방자치단체의 개발과 복지 등의 정책도 헌법 117조 1항에 근거해 주민들이 선출한 자치단체장과 지방의회의 자율영역에 속한다는 법률가적 입장을 지니고 있기도 하다. 그러므로 수사기관의 시도 때도 없는 개입에 강력하게 반대해 왔다.

부끄러운 고백일 테지만 나는 중학교 2학년 때 전교 1등을 하고 싶어서 답안지를 바꿔치는 대담한 잘못을 저질렀던 일이 있다. 그러한 행위가 들통 난 까닭에 선생님과 면담하는 과정에서 깨우친 바가 있어 그 후로는 내 노력의 결과물이 아닌 일로부터는 즐거움을 느끼지 못하는 성격으로 완전히 바뀜으로써 나 자신을 더 자랑스럽게 생각하는 경험을 하게 됐다. 잘못과 교육적인 훈계로 인해 스스로 깨달은 덕에 행동 패턴 자체가 바뀐 것 같다.

당시의 경험이 워낙 강렬했던 탓인지 나는 심지어 청소할 때조차 기계의 힘을 빌리지 않고 내가 직접 대걸레로 닦아야 즐거워지는 습관이 몸에 완전히 배었다.

일을 할 때도 경찰관이나 수사관이 요약해주는 브리프를 참조하지 않고 항상 법률, 시행령, 시행규칙, 고시까지 모두 찾아보고 판례를 검색해 법리부터 확인한 다음 증거를 찾는다. 증거도 직접 증거가 아닌 것은 배제하고 직접 증거를 중심으로 관련자들에게 내가 직접 전화하고 녹음으로 확인하고, 녹음된 음성을 분석해서 거짓말할 때 나타나는 멈춤, 떨림이 있는지 살펴보는 습관이 생겼다. 관련자들을 대면할 때도 조서작성 대신 영상녹화 후 녹화 필름을 통해 표정과 말투, 손 떨림이나 방어자세 유무 등을 확인하는 방식으로 진실을 직접 탐구하는 것이 일상이 됐다.

이게 얼마나 심각했는지 알려주는 일화도 있다.

미국에서 뉴욕 변호사 시험Bar Exam을 준비할 때였다. 학과 공부가 5월에 끝나면 변호사 시험이 치러지는 7월 말까지 딱 두 달간 연방법 18과목 정도, 뉴욕 주법 10개 정도에서 주요 규정을 암기해 객관식, 에세이식, 실무문서작성 시험을 준비할 시간이 주어진다.

변호사 시험을 준비하는 대부분의 학생들이 전국 단위 모의고사 시험을 볼 수 있는 시기는 6월 말인데, 채점을 해서 결과를 보내주기 때문에 자기의 객관적인 위치를 알 수 있다.

그래서 나는 5월 말부터 한 달 뒤에 시행되는 전국 모의고사 준비를 위해 공부에 매진했다.

그런데, 막상 모의고사 문제를 보니 시험 전날 기출문제집에서 푼 문제와 거의 동일한 주제여서, 내가 모범답안을 알고 있는 상태였다.

그렇게 되면 내 객관적인 실력을 알 수가 없게 된다. 정답을 알고 풀어서 100점 맞으면 뭐 하겠냐, 그게 내 실력이겠냐 싶은 생각에 문제를 보는 순간 너무 허탈해지고 말았다.

그래서 이미 알고 있는 정답을 대충 성의 없이 적어 넣고 시험 결과는 확인하지도 않은 채 남은 한 달 중 한 주일을 무념무상으로 보내고 말았다.

다행히, 무념무상으로 보내면서 단순한 호기심에 평소 내가 좋아했던 연예인의 음반계약 관련 논의와 실제 계약서를 찾아볼 기회가 있었는데, 몇 주 뒤 실제 시험에서 연예인과 음반사 사이에서 연예인 측의 요구를 반영한 음반계약서를 작성하라는 문제가 출제돼서 익숙한 계약서 양식에 따라 신나게 연예인 측이 원하는 내용으로 계약서를 작성해 제출한 끝에 변호사 시험에 합격하게 됐다.

다시 본론으로 돌아와서, 현재 우리나라는 형사행정기관이 편을 들어주는 집단과 편을 들어주지 않는 집단으로 나뉘어 있다. 형사행정기관이 뒤를 봐주는 집단은 들통 나지 않은 부정행위에 대해 부끄러움을 모르는 천박한 상태로 치닫고 말았다. 당하는 집단역시 정상적 심리는 아니다. 그들은 '나도 당했는데, 너도 당해봐라' 하는 이판사판의 너 죽고 나 죽자는 심정으로 만사를 특검 등의 형사처벌로 해결하고자 하는 원시적 복수심에 사로잡혀 있다. 그러자 비호를 받는 집단은 보복이 두려워 아예 형사행정기관 수장을 나라의 권력자로 세워버렸다.

"만사를 형벌로 다스리면 사람들의 낯짝만 두꺼워진다."

공자는 노나라 등 춘추시대 각국의 정치를 돌아보며 깨달은 바를 이러한 교훈으로 정리해 제자들에게 열성적으로 가르쳤다. 다산 정약용은 공자의 이와 같은 가르침을 깊이 새겼다. 그가 대표적 저술인 《목민심서》에서 소송은 최소화되어야 하고, 소송을 최소화하려면 목민관이 향리에게 일을 맡기지 말고 직접 업무를 처리해야 하며, 혼자 있을 때마저 스스로 모범을 보이는 것이 가장 중요하다고 거듭해 강조한 배경이 그것이다.

이런 측면에서 수시로 특검법을 제정해 수사기관에 문제 해결을 위임하는 행태는 바람직하지 않다. 그보다는 국회 차원의 행정 압수수색 권한 규정을 신설해 시민들이 알아야 할 정보를 직접 확보하여 공개하고, 그러한 정보공개를 방해한 기관에 대해서는 예산을 부여하지 않는 것이 낫다. 국회의 감독과 견제를 거부하려는 공무원 직급을 폐지하자는 의미이다. 그러한 자체적 금융치료법을 입법하고 실행함으로써 국회가 스스로 국민의 알권리를 확실하게 보장

하는 명실상부한 민심의 대표기관으로서의 역할을 제대로 해주길
바란다. [2024.01.28]

속인 사람보다 속은 사람이
더 미운 경우가 있다

금융기관의 입출금 담당자들은 고객들에게 규정된 점검표에 나온 질문을 하나씩 일일이 묻고서 고객이 모두 "아니다"라고 대답한 다음에야 계좌에서 돈을 인출해준다. 그런데도 보이스피싱 피해자들은 출금한 돈을 보이스피싱 범죄자들에게 곧바로 홀라당 건네주기 일쑤이다. 그들은 "모르는 사람이 송금해 달라고 하던가요?"라는 질문에 "아니라니까요!"라고 신경질적으로 대답하고 나서까지도 한사코 사기를 당했다고 우긴다.

지난 정부에서 지금의 윤석열 대통령을 '문재인 정부의 검찰총장'이라 감싸고, 코로나 방역에 협조한 소상공인과 영세 자영업자들에게 영업제한 조치에 따른 손실보상금을 지급하는 대신에 빚이나 더 지라는 식으로 냉대했던 인사들이 선거철이 돌아오니 "나도 속았다"면서 공천만 주면 잘하겠다고 떠들어대는 모양이다.

보이스피싱 사기를 당한 피해자들의 처지가 안타깝다고 하여 그들이 잃어버린 돈을 국가가 무조건 메워줄 수는 없다. 이와 마찬가지로 속았다고 해서 공직선거에서 후보자로 추천해 주어야 하는 것도 아니다.

그들은 추미애 전 법무부 장관이 쫓겨날 무렵 사태가 어떻게 돌아가고 있는지 알고 있었을 것이다. 추 전 장관이 법무부에서 나가고 정권이 바뀌기 전까지 1년 가까운 시간이 있었다. 문 대통령이 책으로도 써낸 것처럼 검찰의 수사와 기소를 완전히 분리하는 입법을 완성하기에 충분한 기간이었다. 그러나 그들은 뭐가 그리 두려운지 수사와 기소 분리라는 검찰개혁 공약을 흐지부지시켰다. 진짜 몰랐다면 스스로의 무능함을 자인하는 꼴이다.

그런 바보들의 행진이 펼쳐지는 정당이 매년 수백억 원에 달하는 거액을 당비나 국고보조금 형태로 거둬가고 있다. 국민을 우습게 알지 않으면 차마 할 수 없는 짓이다.

힘이 있을 때는 비겁하게 숨어 있다가, 누군가가 혈혈단신으로 돌파해 무너진 집을 겨우 고쳐놓으니 숟가락 한 개 달랑 들고 슬며시 나타나 감 놔라, 배 놔라 잔소리하는 기회주의적 인간 군상들은 공천 과정에서 시민들의 힘으로 도태되기를 희망한다. 시민들은 정치 자영업자들의 부귀영화를 위해 숨 쉬는 현금자판기가 아니기 때문이다. [2024.02.07]

선조가 원균을
총애한 이유는

1. 들어가며

《난중일기》와 《이순신 장군 평전》을 관심 있게 읽으면 청와대 같은 궁정정치 전문가들과 실제로 전쟁을 책임진 유능한 장수들 간의 갈등을 실감 나게 간접 체험할 수 있다.

선조는 임진왜란 초기인 1592년의 한산대첩 무렵부터 전투에는 재능이 없으면서도 백성들을 수탈하고 착취하는 데는 능했던 원균을 막무가내로 비호하기 시작했다. 급기야 선조는 정유재란이 발발한 직후인 1997년 3월에는 삼도수군통제사로 있던 이순신을 체포해 한양으로 압송하여 혹독한 고문을 가한 뒤 사형에 해당하는 형벌을 내리고서 감옥에 가둔 뒤 그 자리를 원균에게 줬다.

그런데 원균의 전략이라는 것이 권율 원수가 이끄는 육군이 먼저 지상에서 일본군과 치열하게 교전하여 적을 무찌르면 수군이 도주하는 왜군을 바다에서 격멸하겠다는 작전으로, 남이 밥을 다 지어놓으면 숟가락을 얹겠다는 내용이었다.

이순신은 4월 1일 가까스로 석방되었다. 그는 권율이 지휘하는 육군에서 백의종군하라는 명령을 받았으나 아직 완전히 사면된 신분은 아니었던지라 상당한 거리를 도보로 걸어서 임지로 향해야 했다. 이순신은 전장으로 향하는 중에 모친의 부고 소식을 접하고 어머니의 장례를 대충 치른 뒤인 5월에야 권율 원수의 군영에 도착했다. 그러나 권율과 만나지 못하고 한산도로 내려갔다.

2. 1596년 5월 8일 자 난중일기

"원균은 이경신이 데려온 하인을 곡식을 사오라는 구실로 육지로 올려보내고 그 아내를 겁탈하려 했으나, 아내가 기를 쓰고 달아나 고래고래 소리쳐서 실패했다고 한다. 원균이란 자는 온갖 계략을 써서 나를 모함하니, 이 또한 내 운명이로다. 말에 실어 보내는 뇌물이 한양으로 가는 길에 잇달았으며, 나를 헐뜯는 것이 날이 갈수록 심해지니 그저 때를 잘못 만난 것이 아쉬울 따름이다."

3. 선조야말로 칠천량 패전의 진짜 배후

결국 육군에 의한 선제타격론을 고집하며 선조의 궁실에 온갖 뇌물을 바치던 원균은 삼도수군통제사 직책을 꿰차는 꿈을 마침내 이루었으나, 1597년 7월 15일 새벽에 왜군 함대의 기습공격을 당하자 배를 버리고 달아나다 육지에서 적군에게 비참하게 피살당했다. 조선 수군은 12척의 전함들만 빼고 나머지 모든 함선들이 격파되거나 자침하는 막대한 손실을 입었다.

4. 통찰

선조가 무책임하고 황당한 선제타격론밖에 모르는 원균을 중용한 결과로 조선 수군은 거의 궤멸되다시피 했다.

지금도 마찬가지다. 공산권 국가에 대한 선제타격과 정적에 대한 압수수색밖에 모르는 집단이 행정권과 공무원임명권을 확보하게 됨으로써 경제성장률은 25년 만에 1980년대 이후 저성장의 늪에 빠진 일본보다 뒤처지게 됐고, 부동산 담보대출 미변제에 따른 금융기관이나 채권자의 임의경매 신청 건수가 11년 만에 최고치를 갱신하는 상황이 됐다. 그런데, 응찰자들이 거의 없는 상태다.

나는 여태껏 매우 궁금한 터였다. 전임 정부가 손실보상금 60조 원을 자영업자들에게 지급하지 않은 이유가. 공권력을 동원해 법관을 사찰했다는 의혹에 휩싸인 당사자를 '문재인 정부의 검찰총장'이라고 직전 정권의 실력자들이 맹목적으로 감싸고 돈 이유가.

이순신을 까닭 없이 미워하고, 원균을 대책 없이 아꼈던 선조의 한심한 작태를 역사책에서 읽으니 내가 지녀온 궁금증들이 서서히 풀리는 듯싶다. [2024.01.06]

정치에서의
여성 할당제를 반대한다

최근 누릴 만큼 누려온 사람들이 정당의 공천에서 여성 할당제를 주장한다는 소식이 들린다.

대한민국은 1980년대 이후 40년 이상 교육에서 남녀평등이 충실히 진행돼 왔다. 노태우 정부 시절인 1990년에 가족법의 개정이 실현되면서 혼인과 결혼 및 상속지분에서도 여성에게 균등한 기회가 보장되었다. 그러므로 현재 30세 이상인 분들의 경우 여성을 우선시하는 할당제는 전혀 필요하지 않다.

남성들은 법률에 입각해 강제적으로 수년간 군 복무를 해야 함에도 군 가산점 제도가 위헌으로 선언되어 폐지되었다. 반면, 낙태죄가 헌법에 합치하지 않는다는 선언(2017헌바127)을 받은 현재 여성들에게 출산은 강제적 의무사항이 아니며, 전적으로 개인의 선택에 맡겨두고 있다. 이와 같이 여성은 사회생활과 가정생활 양면에서 완전한 자율권이 주어져 있고, 남자는 오히려 약간은 불리한 출발선상에 놓인 것이 객관적 현실이다.

이제는 여성도 당당히 경쟁해서 승리해야 한다. 남들이 이룩해 놓은 제도에 무임승차해서 유권자들의 선택이 아닌 할당으로 국회에 진출하는 특혜를 부여해 달라는 역평등 주장은 성숙한 어른의 자세로 봐주기 어렵다.

추미애 전 법무부 장관과 손혜원 전 의원, 전여옥 전 의원 같은 인물들은 판사로서, 사업가로서, 기자로서 여성 할당제의 도움 없이 스스로의 힘만으로 사회에서 성장하고 성공했다. 더욱이 추 전 장관은 당대표로 재임하며 각종 선거를 승리로 견인했다. 심지어 나경원 전 의원은 장애인 자녀를 두고도 사회적 성취를 이뤄나갔다.

외국, 그것도 대중음악 분야로 시선을 돌려보자. 세계적 아티스트로 맹활약해 온 마돈나, 머라이어 캐리, 테일러 스위프트는 각종 방송과 공연에서 여성 할당제를 주장하지 않았다. 그들은 시청자와 팬들의 선택에만 온전히 의지해가며 최고의 자리를 당당하게 쟁취해 냈다.

이와 대조적으로 인종 할당제를 과도하게 내세운 영화 〈인어공주〉 실사판은 관객들의 철저한 외면 아래 흥행에서 대참패했다. 이로 말미암아 디즈니사는 무려 25년 만에 처음으로 연간 박스 오피스 1위 자리를 유니버설 스튜디오에 내주는 굴욕을 자초하고 말았다.

여성 할당제를 주장하는 여성들은 자신의 행동이 스스로 자립하고 쟁취하고자 하는 다른 대다수 여성들에 대한 모독이자 훼방임을 명심하면 좋겠다. 시민들은 여성, 남성, 트랜스젠더 등 성적 정체성에 구애받지 않고 자신이 선호하는 후보자를 선출할 권리가 있다. 그 누구든 성별을 앞세워 시민들의 정당한 참정권을 함부로 제한하지 말아야 한다. [2024.01.18]

낙선운동은 유권자의
정당한 권리

우리나라 현행 선거법은 어떻게 하면 더 많은 시민들의 정치적 표현의 자유를 억압하고 제약할 수 있는지를 오랫동안 치밀하게 궁리해 온 결과물처럼 보인다. 걸핏하면 전가의 보도로 동원되는 형사처벌이 그 단적인 예이다.

이로 말미암아 유권자인 시민들은 누가 진짜 나쁜 후보인지 충분한 정보가 없는 상태에서 언론보도나 선거홍보물만 보고서 투표장으로 향해야 했다. 왜냐? 누가 진짜 나쁜 후보인지 알려주는 사람들을 엄격하게 처벌해 왔기 때문이다.

이처럼 꽉 막힌 상황에 돌파구를 연 인물이 나중에 서울시장에 당선된 박원순 당시 참여연대 사무처장이었다. 박원순은 학생운동에 관여했다는 이유로 서울대학교에서 제적을 당했다. 그는 이후 사법시험에 합격해 잠시 검사로 임용되었다가 검사직을 1년 만에 사직하고 인권변호사의 길로 나섰다.

박원순이 낙천낙선 운동을 주도할 무렵만 해도 엄중한 형사처벌의 위험을 무릅써야만 했다. 그는 결국 사법처리를 당했지만 박원순의 이러한 희생과 노력 덕분에 대한민국 국민들은 수십 년에 걸쳐 강요되어 온 비민주적인 깜깜이 선거의 모순에서 비로소 해방될 수가 있었다. 박원순이 시민운동가 시절에 용감하고 선도적으로 전개한 낙천낙선 운동은 일반 시민들도 낙천낙선 운동을 벌일 수 있도록 허용하는 방향으로 선거법이 개정되는 결정적 계기가 됐다.

우리나라 선거법은 개인 수준의 낙선운동을 금지함에 더하여 집단적 차원의 낙선운동도 불허해 온 터였다. 그러다가 작년에 시민단체와 같은 일정한 모임이나 결사체가 해당 조직의 이름으로 펼치는 낙선운동을 금지하는 법률은 위헌이라는 헌법재판소 결정이 드디어 나오게 되었다.

〈나는 꼼수다〉로도 잘 알려진 김용민 평화나무 이사장이 입법실적과 표결기록과 발언내용 같은 정치인의 그동안의 활동 이력을 국민들에게 알려주는 일을 최근에 활발히 벌이는 중이다. 김용민 이사장의 이러한 움직임은 박원순 전 시장이 형사처벌의 위험을 감수해가면서까지 시민들의 알권리를 신장시키고 정치적 표현의 자유를 보장하기 위해 헌신했던 모습을 연상시키고 있다.

자신의 이력과 행적에 부끄러운 오점이 많은 기성 정치인들이 팬덤정치를 몰아내야 한다는 구실 아래 유권자들의 정치적 표현의 자유를 옥죄려고 시도하는 경우가 더욱더 잦아지는 추세이다.

우리나라 국회 구성원들은 스스로를 나라의 법률을 제정하고 행정을 감시하는 독립된 헌법기관으로 인지하고 있을까? 아니면, 일제강점기에 민족을 배신하고 일본에 빌붙은 조선인 부역자들처럼 검찰과 경찰과 국정원 등의 수사기관에 종속된 하수인으로 생각하고 있을까? 나는 국민의 한 사람으로서 이 점이 매우 궁금하다. 따라서 나는 선량이 될 자격이 없는 인사들이 국회의사당이 아닌 집으로 가도록 동분서주하고 있는 김용민 이사장의 활동상이 널리 알려졌으면 좋겠다는 생각을 하고 있다.

우리나라는 18세 미만 국민들의 경우 낙선운동을 벌이는 것은 물론이고 선거운동에 참여하는 것조차 금지하고 있다. 그러므로 이론상으로는 어린 자식을 데리고 선거유세 현장에 가는 부모는 어린 아이가 선거운동을 하도록 교사 또는 방조한 책임을 지고 형사처벌을 당해도 항변할 여지가 없는 셈이다.

이런 케케묵은 낡은 제도를 고집하는 나라가 미래세대인 어린이와 청소년들이 민주주의적 시민교육을 받으며 성장하기를 바라는 국가일지, 아니면 식민지 노예 신세로 살면서 최저임금에 감지덕지하며 계속 노동탄압이나 받기를 원하는 국가일지, 나는 도무지 종잡을 수 없다.

국회는 자주적이고 자율적인 국가 최고 의사결정기구이자 감독기관으로 확고히 자리매김해야만 한다. [2023.05.25]

리더는
왜 존재하는가

내가 무려 다섯 번씩이나 본 영화들이 있다. 범죄 느와르 영화의 대명사 〈대부〉 시리즈와, 티모시 샬라메 주연의 역사극 〈더 킹:헨리 5세〉(원제 'The King')이다. 그렇게 반복해 감상한 영화가 또 있겠지만, 뚜렷이 기억나는 작품은 아직은 이 두 개뿐이다.

〈더 킹〉의 줄거리를 요약하면 대략 이렇다.

헨리 5세는 동생과 그 조력자들을 비롯한 정적들이 자멸한 후에 잉글랜드의 왕위에 오른다. 즉위 초 권력 기반이 취약했던 그는 후원자인 주교와, 선왕 시절의 가신들에 휘둘려 무모한 정복 전쟁을 개시한다. 그러나 헨리 5세의 지략과 담대함으로 결국은 이들을 전부 제거한 다음 홀로서기에 성공하는 것으로 영화는 대미를 장식한다.

이 영화에는 동서고금을 관통하는 권력의 속성이 고스란히 압축적으로 함의돼 있다. 힘없는 강화도령이 등장하고, 희생적이고 헌신하는 충신이 나타나며, 권력에 기생해 이익을 챙기려는 모리배들의 수작과 추태가 난무한다.

현재 최고의 전성기를 구가하고 있는 주연 배우 티모시 샬라메, 카메오 역할로 반짝 출연임에도 불구하고 존재감 있는 최고의 명연기를 보여준 로버트 패틴슨이 스크린 속에서 빚어내는 우아하면서도 힘 있는 앙상블은 영화의 매력과 흡인력을 더해주고 있다.

영화의 거의 마지막 대목에 이르러 어린 왕을 그동안 그릇된 길로 이끌어왔음이 백일하에 들통 나는 악당은 인상 깊은 대사를 뱉어낸다.

"약속은 지켜야 합니다."

그렇지만 우리는 영화 중간쯤에 묘사되는 아쟁쿠르 전투에서 숭고한 희생정신을 발휘해 프랑스군과 장렬하게 싸우다가 전사함으로써 잉글랜드군이 승기를 잡도록 하는 충신 존 팔스타프의 명언만 기억하는 걸로 충분할 성싶다.

"전하, 꼭 이기십시오. 왕은 병사들을 위해 존재하고, 그것이 병사들이 왕을 위해 희생하는 이유입니다." [2023.12.02]

3부

/

고무호스로도
때리지 마라

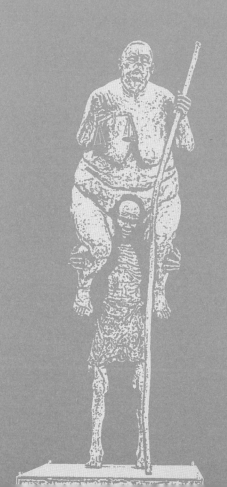

나는 대통령이 된 그분이
"다 큰 뒤에도 아버지에게 고무호스로 맞았다"고 얘기한 것을
이러저러한 계기를 통해 여러 차례 들은 바 있다.
그에 대한 반응들 가운데에는 맞을 만했으니 맞았을 것이라는
내용도 있었는데, 그런 사고방식도 선동의 산물이라는 생각이 든다.
세상에 맞을 만한 사람은 아무도 없다.
꽃으로든 호스로든 사람을 때리는 일이
대한민국에서 더 이상은 없기를 바란다.

영화는
영화일 뿐이다

'서울의 봄'은 군사쿠데타로 권력을 잡고 개헌으로 장기 집권한 박정희 대통령이 암살된 후 잠시 표현의 자유가 복원되었다가 재차 군사쿠데타를 일으킨 전두환이 대통령에 당선된 후 다시 군부독재를 시작하기까지의 짧은 순간을 의미하는 용어로 쓰인다. '프라하의 봄'을 따라서 지은 이름으로 알려져 있다. '서울의 봄' 당시에는 호기롭게 가두시위에 나섰다가 신군부의 무력이 두려워 서울역 회군을 결정한 인사들과, 그리고 신군부의 반란을 진압할 권한과 의무가 있음에도 불구하고 이를 방기한 사람들의 합작으로 말미암아 때 이른 마침표가 갑작스럽게 찍히게 되었다.

1987년에 이르러 전두환 정권은 박종철 열사와 이한열 열사의 잇따른 사망으로 불타오른 시민들의 분노와 미국으로부터의 압박에 안팎으로 직면하였다. 그러자 대통령 전두환은 체육관 선거의 강행을 포기하고 직선제 개헌안을 전격 제시하면서 친구이자 2인자인 노태우를 유력한 차기 대선주자로 부상시켰다. 노태우가 대통령에 당선되면 자신이 퇴임한 후에도 안전을 보장 받을 수 있으리라고 계산했기 때문이라는 것이 다수의 의견이었다. 결국 전두환 정권이 기획한 6.29 선언과 김대중과 김영삼 양김의 분열은 신군부가 합법적 선거의 외피를 쓰고서 재집권에 성공하는 길을 열었다.

박근혜 전 대통령은 취임 직후인 2013년 국가공무원법 개정안을 공포해 선거에 선출되었거나 각부 장관 같은 정무직 공무원들은 정당의 경선에 관한 의견을 표현할 수 있도록 했다. 법무부 장관을 비롯한 정부조직법상 국무위원에 해당하는 인사들도 특정 정당의 당무에 관여할 수 있게끔 규정이 바뀐 것이다.

직권을 이용해 선거의 공정성을 해치는 행위를 하는 것을 금지하는 규정은 물론 따로 있다. 그러나 복수의 정당들이 경쟁하는 선거와, 같은 정당 내의 후보자들이 경합하는 경선은 명백히 다른 개념일 뿐만 아니라 평화로운 방법으로 당무에 적극 참여하는 것은 정당제 민주주의 국가에서 너무나 당연한 일이다.

윤석열 대통령이 자신이 당원으로 소속된 정당의 대표자에게 특정 사안에 대해 의견을 표명하는 모습을 보고서 윤 대통령이 당무나 경선에 개입하는 일은 불법이라고 주장하는 분들이 여럿 보인다. 그분들은 2013년에 법이 바뀌었음을 모르고 있을 뿐만 아니라 선출직 리더는 당을 통해 정책을 형성하는 것이 역할이라는 민주주의의 기본 원칙도 이해하지 못한 채 '규제 만능주의' 마인드로 국가를 개혁하겠다면서 중책을 맡기도 했다.

나는 이런 규제 위주의 마인드가 조선시대 의견이 다르면 삼족을 멸했던 당파싸움의 민족적 밈은 아닌지 심하게 우려된다.

지금은 영화 〈서울의 봄〉을 관람했다는 사실로 자기 위안을 삼을 때가 아니다. 대통령 선출 방식이 간선제에서 직선제로 바뀌었는데도 내란의 핵심 주모자들 가운데 한 명이 대통령에 뽑혔다는 점에서, 군사반란에 가담했던 자들이 법원에서 유죄판결을 받았음에도 나중에 대다수가 사면 복권되어 잘 먹고 잘 살았다는 점에서 뼈저린 역사적 교훈을 얻어야 할 때이다. [2023.12.18]

초록대리석 위의
장하리

넷플릭스가 드라마로 각색해 제작해도 전혀 손색이 없을 소설일 《장하리》의 저자 특강이 내가 평소에 다니던 절에서 열린다고 하기에 오늘 그곳으로 나들이를 다녀왔다.

장편소설 《장하리》는 유라시아 대륙의 거의 동쪽 끝에 해당하는 한반도 남쪽의 지리산 기슭에서 패기와 진정성, 희생정신과 측은지심을 갖고 태어난 어느 여성 법률가 출신의 정치인이 민주주의를 수호하기 위해 독재세력과 벌이는 한판 대결을 섬세하고 실감나게 그리고 있다.

소설에서는 주인공이 일원인 빛의 세력이 기회주의적인 회색 부족에 의해 악의 무리에게로 팔아넘겨지는 과정이 다수의 개별적 사건들에 대한 촘촘한 서술과 함께 생생하고 고통스럽게 묘사되어 있다.

나는 책을 읽다가 분노와 체증이 차례로 밀려와 자다 깨다를 반복해야만 했다. 스포일러를 무릅쓰고 책의 결말을 잠깐 소개하자면, 마지막 부분에서는 악의 무리가 자행한 거듭된 치졸한 도발이 실패로 끝난 사태가 평범한 시민의 상식적 시각에서 일목요연하게 정리되어 있어 막혔던 속이 시원하게 뚫리는 느낌이었다.

나는 민주주의는 선동과 각성이 치열하게 변증법적으로 격돌하는 극장이라고 생각한다. 《장하리》는 최근 몇 년간 펼쳐진 거대한 역사의 격동을 현장에서 직접 경험해온 저자가 선동에 굴복하기를 선택한 비겁한 회색 부족의 존재를 처음으로 용기 있게 드러낸 창작물로 평가될 수 있다.

이 책을 좀 더 흥미롭고 박진감 넘치게 음미하는 방법이 한 가지 있다. 전체적으로 먼저 한 번 빠르게 읽은 다음 개별 사건들을 하나씩 반추함으로써 민주공화국이던 대한민국이 어떻게 최김순실의 나라로 굴러떨어졌는지 그 원인을 차분하게 통찰하는 것이다. 그러면 악의 무리에게 자신들의 영혼은 물론이고 나라의 주권마저 팔아넘긴 회색 부족들을 말끔하게 퇴치하려면 어떠한 처방을 내려야 할지가 명쾌하게 밝혀질 것이다. [2023.12.01]

인도판 넘버 3,
화이트 타이거를 아시나요

넷플릭스에서 동명의 영화로도 제작된 바 있는 인도 출신의 소설가 아라빈드 아디가^{Aravind Adiga}의 소설 《화이트 타이거》를 며칠에 걸쳐 게걸스럽게 탐독했다. 명불허전이라고, 맨부커상 수상작답게 치밀한 짜임새에 날카로운 해학이 가미된 수작이었다. 그러니 소설을 각색한 영화도 명품인 게 당연한 듯싶다.

이 책은 민주주의 정신과 문화가 충분하게 체득되지 못한 국가의 정치가 왜 실패할 수밖에 없는지와 그러한 국가의 시민들이 '남들도 범죄를 저지르니까 나도 괜찮아'라며 자기정당화를 하는 과정을 다루고 있다.

주인공 가족은 딸 한 명을 결혼시키려고 가족 구성원 전체가 몇 년간 뼈 빠지게 벌어야 하는 거액의 지참금을 값비싼 패물과 함께 시댁에 지참금으로 보낸다. 역설적 사실은 주인공 가족이 피해자인 동시에 가해자라는 점이다. 그들은 딸을 가진 다른 집을 쥐어짜기 위해 혼기에 이른 젊은 여성이 있는 집안을 찾아 나선다.

한편 주인공 가족은 마을의 지주들에게 토지와 도로의 사용료는 물론이고 심지어 낚시터를 이용하는 요금마저 혹독하게 착취를 당한다. 그렇다고 지주들이 순수한 의미의 가해자는 아니다. 그들 또한 피해자이기도 하다. 위대한 사회주의자 정당을 비롯한 이런저런 정당들이 농민들을 착취할 권리를 보장해 주겠다는 보호비 명목으로 지주들로부터 꾸준히 상납을 받아왔기 때문이다.

주인공은 돈벌이를 강요하는 가족들의 채근과 압박으로 말미암아 초등학교를 그만둬야만 했다. 그는 학교에 다니던 시절에 명석한 두뇌로 선생님의 찬탄을 수시로 자아냈다. 선생님은 그를 한 세대에 한 명만 나온다는 탁월한 인물을 은유하는 백호White Tiger로 부르며 격려했다. 그는 힘들 때마다 선생님의 예언과도 같은 얘기를 되뇌며 신분 상승의 꿈을 포기하지 않는다.

인도 사회에서는 운전사가 제빵사보다 상위 계급으로 대우받는다. 그래서 운전사로 직업을 바꾸려고 운전면허를 취득한 주인공은 미국에서 살다가 귀국한 아들을 둔 어느 지주 가문의 운전기사로 취직하게 된다.

지주는 마을의 석탄채굴권을 보장받기 위해 정치인들에게 끊임없이 뇌물을 바쳐야 하는 처지였다. 마을의 집권당인 위대한 사회주의자당의 당수가 더 많은 뇌물을 요구하자 지주는 이참에 아예 수도인 뉴델리로 가서 정부의 고위 관료들을 상대로 직접 로비를 벌이기로 결정한다.

주인공은 주인집 하인들 가운데 서열 3위, 즉 넘버 3였다. 주인공은 하인들의 넘버 1이 되기로 작심하고서 서열이 높은 자들을 차례차례 제거해 나간다. 넘버 2는 종교를 속이고 이곳에 들어온 터였다. 넘버 1은 넘버 2로부터 돈을 받는 대가로 그러한 사실을 모른 척해 왔다. 주인공은 두 선임자들 간의 밀약을 알아채고서 이를 구실로 넘버 1과 넘버 2를 협박해 지주 아들을 뉴델리까지 자동차로 데려다주는 역할을 그들 대신 차지하게 된다. 지주 아들의 여행 담당만으로도 크나큰 출세였던 것이다.

지주 아들은 고향에서 아버지의 사업이 잘 성사되도록 뉴델리에서 대량의 현금을 총리와 장관, 그리고 수많은 의원들에게 거의 매일 살포하고 있었다. 이를 현장에서 목격한 주인공은 지주 가문이 사회의 기층 민중을 착취한 돈을 어떻게 상납하고 수탈 권리를 보장받는지를 생생히 깨닫게 되었다.

그러던 어느 날, 지주의 며느리가 술에 취한 상태로 음주운전을 하다가 사람을 치어 사망에 이르게 한 뒤 뺑소니친 사건이 발생한다. 그러자 지주는 주인공에게 거부할 수 없는 제안을 한다. 사고 당시 차량을 지주의 며느리가 아닌 주인공이 몰았다는 공증서에 서명할 것을 종용하며 주인공 가족들도 이미 그렇게 알고 있다는 암시를 했다.

이는 주인공이 공증서에 서명하기를 거절할 시에 고향의 가족에게 해코지를 하겠다는 공공연한 협박과 다름이 없었다. 거부할 수 없는 제안에 맞닥뜨린 주인공은 문서에 고통스럽게 서명하고 말았다.

그렇게 주인공이 지주 일가에게 환멸을 느낄 무렵 한 사건이 발생한다. 새로운 여자 친구와 함께 뒷좌석에 앉은 지주의 바람둥이 아들이 운전기사를 바꿔야겠다는 얘기를 소곤대는 것을 주인공이 우연히 들은 것이다. 주인공은 가만히 앉아서 당하지만은 않겠다는 각오를 단단히 굳히게 된다.

인도는 대표적인 내각제 국가다. 선거에서 1당이 되지 못해도 다른 정당과 연합해 의회 안에서 다수 의석만 확보하면 정권을 장악할 수 있는 구조다. 소설에 등장하는 위대한 사회주의자당이 바로 그렇게 집권한 경우에 해당했다.

어느 날 지주 아들은 문제의 정당의 실력자에게 뇌물로 상납할 현금으로 가득 찬 빨간 가죽가방을 들고서 주인공이 운전하는 자동차에 탑승한다. 주인공은 일부러 외딴 길로 차를 몬 다음 지주 아들을 죽이고 돈 가방을 챙겨 도주한다.

돈을 갖고 튀는 데 성공한 주인공은 그 돈을 종잣돈으로 삼아 택시 회사를 창업한다. 그는 경쟁 운송업체를 망하게 하려고 관할 경찰서에 주기적으로 검은 돈을 가져다 바친다. 그는 자기도 짐승 같은 소모품으로 취급당하지 않고 인간답게 살 권리가 있다며 스스로를 정당화한다.

소설에서는 미국이 인도를 찬양하는 표현인 '세계 최대 민주주의 국가'The Biggest Democracy라는 용어가 냉소적 맥락으로 발설되고 있다. 미국이 진짜로 인도를 존중해서가 아니라 중국을 견제하는 데 유용한 장기판의 말로써 이 유서 깊은 전통의 대국을 이용해 왔음을 풍자하고 있는 것이다.

작품에서는 인도를 골병들게 하는 다양한 부패상이 소개되고 있다. 선생님이 학생들의 무상급식을 위해 정부에서 내려 보낸 공적 자금을 태연히 착복한다. 무상교복으로 제공된 의류는 다른 마을에서 버젓이 판매된다. 심지어 공공병원에서 근무하는 의사는 직장에 이름만 걸어놓은 채로 민간병원에서 일하며 돈을 챙긴다.

주인공의 부친이 의사가 없어 제대로 치료받지 못한 채 죽은 곳도 사실상 기능이 마비된 공공병원의 복도 바닥에서였다. 그럼에도 위대한 사회주의자당은 그들의 선거공약인 공공병원 건립 사업을 추진하겠다며 도처에서 거대한 공사판을 벌이고 있었다. 이러한 대규모 건설공사 현장마다 거액의 뒷돈이 리베이트로 오갔음은 두말하면 잔소리이다.

소설 《장하리》의 저자 강연에서 추미애 전 법무부 장관은 "한 나라의 민주주의 수준은 곧 그 나라 시민들의 수준이다"란 명언을 남긴 바 있다. 《화이트 타이거》는 그 뚜렷한 실례를 보여준다.

그러나 우리나라 언론은 추미애 장관의 날카로운 통찰은 유유히 건너뛰고 함세웅 신부의 다소 자극적인 발언에만 초점을 맞춤으로써 문제의 본질을 호도하고 있다. 이러한 왜곡되고 선동적인 보도가 한국 민주주의의 수준을 끌어내리는 데 혁혁하게 일조해 왔음은 우리 모두가 진작부터 알고 있는 사실이라고 하겠다. [2023.12.07]

카리브해에서
동해까지

1. 마피아들도 인정한 혁명

영화 〈대부 2〉는 미국의 거장 감독인 프랜시스 드 코폴라가 만든 〈대부 1〉의 속편이다. 〈대부 2〉의 긴장감은 쿠바의 수도 아바나에서 운영되는 화려한 카지노 도박장의 지분을 보유한 유대인 보스 하이먼 로스가 이탈리아계 마피아의 두목인 마이클 콜리오네에게 쿠바의 부패한 독재자인 바티스타에게 뇌물로 제공할 현금을 가져오도록 종용하는 장면에서 최고조에 도달한다.

마이클은 하이먼이 요구한 뇌물을 일단 가져오기는 했으나 쿠바 현지의 민심이 바티스타 정권의 학정과 수탈에 맞서서 봉기한 젊은 혁명가 피델 카스트로 쪽으로 급속히 쏠리고 있다는 사실을 직접 육안으로 확인하고는 돈을 다시 챙겨 조직의 본거지인 미국 뉴욕으로 돌아간다.

2. 케네디의 도전과 카스트로의 응전

피델 카스트로와 체 게바라 같은 혁명세력의 헌신과 투쟁에 힘입어 쿠바에서는 바티스타 정권이 타도되고 새로운 혁명정부가 수립된다. 미국의 케네디 정부는 쿠바의 혁명정부를 전복시키기 위해 중앙정보국 CIA를 앞세워 피그만 침공 작전을 벌였다. 그러나 부실한 준비와 쿠바 혁명군의 매서운 반격 때문에 침공은 초장의 상륙 단계에서 참담한 실패로 끝나고 만다.

더욱이 해변에서 사로잡힌 쿠바 망명객 출신의 침공부대원들이 미국 정보기관이 쿠바 공격을 사주하고 지원했음을 실토하면서 전 세계 여론은 미국의 제국주의적 야욕에 크게 분노하게 되었다. 이 사건으로 말미암아 미국은 쿠바에 대한 전면적 침공을 당분간 포기해야만 했다.

3. 미국의 경제보복

카스트로 정부는 미국과의 경제적 종속관계를 청산할 것을 선언하며 쿠바 내에 있는 미국 기업들의 자산을 전격적으로 국유화한다. 이에 미국은 쿠바에 대한 총체적 경제보복으로 대응하였다. 그러자 카스트로는 언제 또 있을지 모를 미국의 군사적 습격에 대처하려는 목적으로 쿠바 영내에 소련의 핵미사일 기지를 설치한다. 쿠바 미사일 위기의 시작이었다.

이에 케네디는 서둘러 당시 소련 공산당 서기장이었던 후르시초프와 외교 채널을 개통했고, 후르시초프는 미국이 쿠바를 다시는 침공하지 않는다는 약속을 전제로 쿠바에 설치한 미사일을 철수하기로 약속했다.

미국은 자기들이 다른 나라에 몰래 침입해 국가를 전복하려다가 들통 나자 방어에 나선 국가로부터 핵무기로 위협받은 사건에 대해 "케네디 대통령의 결단으로 미사일 위기가 타결됐다"고 자화자찬했으나, 사실은 부실한 도발과 거대한 패배였다.

그 후 미국은 구겨진 자존심을 세우고자 하는 시도로 보이는 초라한 모습으로 쿠바를 겨냥한 식량과 의료품을 포함해 광범위한 품목의 물자에 대한 금수조치를 이어 나갔다. 또한 미국은 그에 그치지 않고, 이러한 공식적 보복에 더해서 화학전과 생물학전을 비롯한 다양한 비대칭 수단들을 비공식적으로 동원해 카스트로 정부에 대한 적대 정책을 수십 년에 걸쳐 지속해 나갔다.

4. 피델의 《마이 라이프》

《마이 라이프》MY LIFE는 쿠바 혁명의 아버지이자 제3세계 민족해방운동의 대부로 오랜 세월 군림해온 피델 카스트로의 대화체 회고록이다. 이 책을 만들기 위해 프랑스 태생의 저명한 언론인 이냐시오 라모네는 생전의 카스트로와 장장 100시간이 넘는 밀착 인터뷰를 진행했다고 한다. 피델 카스트로의 육성을 통해 정리한 쿠바 현

대사라고 하겠다.

카스트로는 자서전 《마이 라이프》에서 미국이 적대국들을 얼마
나 무자비하고 비인도적인 방법으로 다루는지를 통렬하게 고발하고
있다. 그는 세계 최강대국 미국의 위협과 압박을 물리치고자 부지런
하고 협동심 강한 쿠바 인민들이 쏟아온 피와 땀과 눈물에 감사와
찬사를 아낌없이 바치고 있다.

5. 쿠바를 향한 헌사

나는 거대하고 강력한 외세의 부당한 침탈에 굴하지 않고, 굳
세게 연대하고 단결해 투쟁해 왔을 뿐만 아니라 미국에 의해 주도
된 유엔의 각종 경제 제재에도 불구하고 현재 전 세계 13위의 공
공의료 수준을 유지하고 있는 쿠바인들이 정말 존경스러웠다. 내가
2022년 가을에 펴낸 《진실과 정의에 대한 성찰》의 표지 이미지로
쿠바의 예술가 세르지오 마르티네즈의 돈키호테 동상을 택한 것은
쿠바인들의 그러한 열정과 뚝심에 바치는 헌사였다.

6. 유엔의 결단과 미국의 몽니

며칠 전에 유엔에서 미국과 이스라엘을 제외한 전 세계 대부분
의 나라들이 쿠바에 대한 장기간의 금수조치를 마침내 해제하기로
결의했다고 한다. 쿠바 민중과 전 세계의 평화를 생각하면 매우 다

행스런 조치이자 유의미한 진전으로 평가되고 있다.

7. 아시아의 쿠바 북한은

북한은 핵무기를 개발하고 미사일을 수출한다는 이유로 무기제조에 쓰일지 모를 각종 소재와 부품과 장비를 포함한 수많은 품목의 수입이 오랫동안 저지되어 왔다. 금융과 에너지 분야에서도 이러한 철통같은 대북 봉쇄가 이뤄졌음은 물론이다.

그로 말미암아 북한은 기초적인 생필품 생산조차 제약받고 있는 형편이다. 설상가상으로 식량 수입까지도 원활하지 않아 수많은 북한 주민들이 벌써 수십 년째 고난의 행군을 강요받으며 언제 아사할지 모르는 처지에 직면한 상황이다. 보건 상태와 의료 수준 또한 매우 열악하기만 하다.

문제는 미국과 러시아를 위시해 영국, 프랑스, 중국, 이스라엘, 인도, 파키스탄 등이 북한처럼 핵보유국임에도 불구하고 국제사회에서 그에 따른 아무런 불이익도 겪고 있지 않다는 점이다. 국제사회는 오직 북한을 향해서만 도끼눈을 뜨고 있다.

우리도 북한을 향해 도끼눈을 뜬 대열에 합류한 까닭에 북한 땅이 대한민국 헌법에 명백히 우리 영토로 규정되어 있음에도 불구하고 휴전선 바로 북쪽에 위치한 금강산 관광조차 자유롭게 하지 못하고 있는 게 답답하고 안타까운 현실이다. [2023.11.04]

마이클 K의
삶과 시대

아파르트헤이트는 남아프리카공화국에서 공식적으로 시행되었던 악명 높은 흑인 차별 정책이다. 《마이클 K의 삶과 시대》는 아파르트헤이트 시대에 인권과 생존권을 유린당한 채 고난의 행군을 떠났다가 비극적 죽임을 맞이하는 한 흑인 모자의 파란만장한 인생을 문학적으로 형상화한 소설이다.

저자인 존 맥스웰 쿠시는 《마이클 K의 삶과 시대》 이외에도 《야만인을 기다리며》 같은 작품들을 통해 비인간적이고 반인류적인 아파르트헤이트 체제를 고발함으로써 남아프리카공화국 출신 작가로는 네이딘 고디머에 이어서 두 번째로 노벨문학상 수상자로 선정되었다.

사회구성원의 주류와 인종과 종교가 다른 특정한 인구 집단을 특정한 지역에 가둬두는 습속의 유래는 중세 유럽에서 유대인을 차별하던 '게토'Ghetto 문화에서도 찾아볼 수 있다. 그런데 최소한 그때는 유랑민족이었던 유대인들이 SF영화 〈District 9〉에서 묘사된 방식처럼 원래의 정착민들에 의해 일정 지역에 유폐된 채 차별받고 소외당했다.

지금의 가자 지구와 아파르트헤이트 시절의 6구역은 토착 원주민들이 외부인들에 의해 생존을 위협받으며 인권을 침해당하는 상황이라는 공통점을 갖고 있다. 굴러온 돌이 박힌 돌을 외려 모질게 핍박하고 있는 형국인 셈이다. 그러한 맥락에서 《마이클 K의 삶과 시대》는 현재의 팔레스타인 사람들이 겪고 있는 비참한 삶을 통절하게 전해주는 훌륭한 문학작품이라고 할 수 있다. [2023.10.10]

트집 잡기 전문가가
성공하는 나라

처벌과 수사와 그리고 낙마는 다른 사람의 흠결을 찾아내 트집을 잡는 행위를 전제한다. 어떻게든 트집을 잡아 수사를 개시해 처벌하고 낙마를 시키는 트집 잡기 전문가가 승자처럼 으스대는 것이 매우 두드러지는 현상이다.

물론 이러한 문화가 우리나라에만 국한되는 것은 아니다. 진시황 시절 승상 이사는 자기보다 뛰어난 한비가 진시황에게 발탁될까 봐 무고해서 감옥에 가둬 죽였고, 진시황 사후 환관 조고는 승상 이사가 자기를 누르고 진시황의 후손인 호해로부터 신임을 받을까 봐 먼저 모함해서 가둔 다음 죽였다.

이러한 문화에서는 정정당당하게 대결해 상대방을 이길 생각을 하지 않는다. 수사기관에 일러바쳐 국가권력이 내 편을 들어주면 이기는 것이고, 아니면 지는 유치하기 짝이 없는 세태가 기승을 부린다. 진시황이 시찰 도중 급사한 것과 호해가 전국 각지에서 발생한 내란을 방어하지 못한 채 조고에게 살해당해 진나라 자체가 2대 만에 멸망한 과정을 보면, 적극적 리더십 대신 상대방 제거에만 몰두하는 곳에서는 미래가 없다는 사실을 알 수 있다.

다른 사람의 단점을 발견하려는 노력에 과도한 보상을 제공하는 나라는 머잖아 퇴행하기 마련이다. 그런 나라는 장점을 먼저 보려는 문화가 대세인 국가에 결국 굴복할 수밖에 없다.

일론 머스크는 남아프리카공화국에서 태어나 17세에 캐나다로 홀로 이민을 떠났다. 펜실베이니아대학교에서 공부한 다음 세계 최고의 기업가로 성장한 그는 휴식 시간에 디아블로, 오버워치 등의 게임을 즐기는 것으로 유명하다.

구글의 공동 창업자 세르게이 브린과 래리 페이지는 머스크의 오버워치 게임 친구들이었다. 구글의 인공지능 개발 속도가 인류의 통제 범위를 벗어나기 시작하면서 일론 머스크와 두 사람 사이에 말다툼을 벌이는 빈도가 잦아지게 되자 머스크는 최근 혼자 즐길 수 있는 게임인 디아블로로 옮겨간 것으로 알려졌다.

현재 우리나라는 게임 셧다운제 강행, 코인 투자자에 대한 마녀사냥, 성인물에 대한 원천봉쇄 등 규제와 단속에 혈안이 돼 있다. 조선 후기의 예송논쟁 시절부터 싹트기 시작한 사소한 일에 사생결단하는 풍조가 점점 더 극단으로 치닫는 것 같다.

나는 한국이 일본에 나라를 뺏겼던 구한말의 치욕을 되풀이하지 않으려면 인간의 자유로운 상상력과 발랄한 창의성을 너그럽게 포용하는 방향으로 우리 문화의 무게중심이 이동하기를 희망한다.

그런데 어느 검사장이 과거에 했던 발언을 떠올리는 순간 급작스럽게 우울해진다.

"우리나라였으면 내가 벌써 일론 머스크 구속시켰어!"

그가 못된 심술꾸러기나 할 법한 소리를 너무나 태연하게 늘어놨던 탓이다. [2023.10.02]

그들이
영토를 넓힐 동안

《술탄 셀림》은 미국 예일대에 몸담고 있는 역사학자 앨런 미카일이 지은 책이다. 나는 공동체주의자 리더가 특정 집단의 대표로 선출된 뒤 올 2월부터 지금까지 계속 그를 감옥에 가두려는 각 집단들의 시도를 보면서 돌연 이 책이 떠올라 가슴이 순간적으로 먹먹해졌다.

술탄 셀림은 21세의 나이로 콘스탄티노플을 점령한 술탄 메흐메트 2세의 손자이다. 술탄 셀림은 오스만튀르크의 영토를 최대 넓이로 확장해 '정복왕'이라는 칭호를 얻게 된다.

셀림의 아들 술레이만은 부친과 증조할아버지가 정복한 영토를 잘 지킬 뿐 아니라 나라의 판도를 현재의 헝가리 지역까지 넓혔다. 그가 바로 유럽에 '카페' 문화를 유행시킨 '장엄왕 술탄'이다. 카페의 개념은 아라비아와 아비시니아 등지에서 생산된 커피로 만든 음료를 파는 상점으로부터 출발했기 때문이다.

오스만튀르크는 1453년 동로마 제국의 수도인 콘스탄티노플을 함락시키는 데 성공했다. 당시까지 개발된 무기 중 최첨단 병기였던 대포로 성벽을 깨뜨린 덕분이었다. 콘스탄티노플 함락은 동양과 서양의 대결에서 동양의 나라가 서양의 강력한 제국을 굴복시킨 역사적인 사건이었다. 그랬기에 영국의 역사학자 에드워드 기번의 대표작인 《로마제국 쇠망사》의 마지막 부분은 로마 교황사를 제외한다면 동로마 제국의 수도 콘스탄티노플이 오스만의 수중에 떨어지는 사건으로 마무리된다.

서기 1592년, 조총으로 무장한 왜군이 조선을 침략해 한반도를 쑥대밭으로 만들었다. 우리는 일본 수군을 격파해 왜군의 해상보급로를 차단한 이순신 장군의 맹활약에 힘입어 가까스로 망국의 비운을 피할 수 있었다.

청일전쟁과 러일전쟁에서 연달아 승리한 일본이 한반도를 완전히 강점한 지 10년 뒤인 1920년, 간도 지방의 봉오동과 청산리에서는 그로부터 약 330년 전에 일본군이 사용하던 무기 수준 정도의 무장밖에 갖추지 못한 독립군이 이미 항공모함 건설 기술까지 확보하고 있던 일본제국에 대항해 처절한 사투를 벌였다.

정말 분통 터지는 노릇 아닌가? 그 수백 년 동안 국가는 어디에 있었기에 진즉에 박물관에 갔어야만 할 수 세기 전에 개발된 고색창연한 무기로 적군과 싸워야 했냐는 말이다.

허구한 날 공허한 예송논쟁만 일삼고, 농민들의 고혈을 쥐어짜며 역사를 정체시켰던 노론의 정신적 후계자들이 지금도 이 나라의 정신세계를 지배하는 것 같다. 그들은 물 들어올 때 노 저으려는, 즉 공적인 직위에 있을 때 최대한 악착같이 돈을 챙기려는 신념으로 아파트 입주자회의의 대표직을 차지하고, 지방의회를 점령하고, 국회와 정부마저 장악하고 있다. 우리에게 과연 역사의 진보란 있는 것일까?

최근 1년은 한 공동체주의자를 감옥에 넣을지, 넣는다면 언제 넣을지에 관한 음모를 꾸미느라 예송논쟁 시절로 되돌아간 느낌이다. 어떤 사람들은 그 공동체주의자를 감옥에 보낸 뒤 그 자리에 앉아 공금과 예산을 좌우할 꿈부터 꾸는 것 같아 역겨운 느낌이 강하게 든다. [2023.09.12]

죄 없는 자, 자수성가한 중산층에게
돌을 던져라

《자본주의의 문화적 모순》은 그의 대표작이자 출세작인《이데올로기의 종언》으로 유명한 미국 출신의 사회학자 다니엘 벨이 청교도적 근면함에 뿌리를 두고 있으면서도 기술력과 창의력, 그리고 다양성을 수용함으로써 경제적 부를 축적해 온 미국 사회의 문화적 특성을 특유의 독특한 시각으로 분석한 책이다.

우리나라에는 남에게는 유교적 검약 정신과 불교의 무소유 사상을 강요하면서도 막상 본인들은 드높은 장벽을 쌓아놓고 그 안에서 부유함을 숭상해 온 위선적인 인사들이 있다. 이들의 자아분열적 태도와 행태는 다수의 서민대중으로 하여금 진보에 대한 반감을 갖게 하는 거대하고 부정적인 정치사회적 낙수효과를 초래했다. 내가 《자본주의의 문화적 모순》이 한국사회에도 충분히 적용 가능한 훌륭한 이론서라는 판단을 내리게 된 까닭이다.

나는 최근 뜬금없이 정치범으로 몰리는 곤욕을 치르는 중이다.

내가 그러한 오해를 사도록 이끈 내 개인적 활동들을 정리해 볼 기회가 있었는데, 그것들을 하나둘씩 정리하며 나는 국가기관과 미디어가 시민들을 어떠한 프레임으로 선동하는지를 뚜렷이 깨닫게 되었다.

그들이 대중을 선동하는 주요한 논리와 방법은 다음과 같다.

"손혜원 의원은 민주당 국회의원인데도 목포 부동산 투기 성향이 있기 때문에 국회의원으로 일할 자격이 없다."

"윤미향 의원은 민주당 국회의원인 주제에 시민들의 후원금으로 자녀 유학을 보냈기 때문에 국회의원으로 일할 자격이 없다."

"박형준 부산시장은 배우자와 배우자의 자식이 유명 갤러리 운영자로 큰 자산을 쌓았으므로 공직을 맡아서는 안 된다."

"박주민 의원은 민주당 국회의원 주제에 부동산 임대를 할 정도로 유복하니 무조건 비난받아 마땅하다."

"김남국 의원은 민주당 국회의원 주제에 주식과 코인에 투자해 70억 원 가량의 자산을 형성한 사실이 있으므로 의원직을 상실해야 옳다."

우리는 이러한 형태의 선동적이고 의도적인 빈부격차 강조 행위가 국가기관의 의사결정 과정에 관여할 지위에 있으면서 특정한 방향의 의제에 집중해 온 인사들을 차례차례 제거한 다음 그 빈자리를 자신들의 후원자나 추종자들로 대신 채우려는 움직임의 일환이 아닌지 의심할 필요가 있다.

1. 침체된 목포 상권의 부흥에 나선 손혜원 의원을 저격하는 이
   유는 뭘까? 목포시를 포함한 호남 지역이 경제적으로 계속 낙
   후되어야 인구가 적어지고 따라서 선거구 숫자도 줄어들기 때
   문일 것이다. 민주주의의 확장을 방해하는 사람들의 목표는
   언제나 호남의 왜소화였다.
2. 윤미향 의원을 겨냥한 끊임없는 제거 시도는 일본의 방사능
   오염수 방류에 반대하고, 일본군 성노예 강제 동원에 항의하
   기 때문이며, 일본이 야망을 버리지 않은 동북아 점령의 정신
   적 발판을 마련하고자 하는 사전 포석으로 분석된다.
3. 박형준 시장을 과녁으로 삼은 공격은 대한민국 공직자는 부
   유하게 살아서는 안 된다는 메시지가 담긴 청빈 퍼포먼스를
   수행하는 과정에서 기계적 균형을 맞추려는 고도의 노림수로
   짐작된다.
4. 박주민 의원은 2020 총선 직후 실시된 당대표 경선에 출마해
   검찰개혁 의지를 강력히 피력했다. 그가 맺은 지극히 합법적
   인 새 임대차계약이 마치 위법한 것처럼 미디어와 일부 소속
   정당 일부 의원들이 선동한 것은 이에 대한 보복으로 생각된
   다.
5. 김남국 의원은 2030 세대의 관심사인 코인과 주식 투자에 비
   교적 모두 성공했다. 이는 부동산 가격 급등으로 인한 상대적

박탈감을 겪고 있는 청년들에게 희망과 용기를 줄 수 있는 일이었다. 그런데 그는 마치 청년들의 공적公敵인 것처럼 매도당하고 있다. 이는 이재명 대표의 우군으로 분류되는 정치인들을 어떻게든 정치권에서 파문하려는 거대한 전략의 일환으로도 보인다.

프리드리히 엥겔스는 칼 마르크스의 동지이자 협력자로, 과학적 사회주의 이론을 체계적으로 정립했다. 엥겔스는 오늘날 기준으로 보자면 아디다스 회장의 아들 겸 영국 지사장쯤 되었다. 자본가 계급의 최상층부에 속했던 엥겔스는 노동자들의 빈곤함과 비참함에 충격을 받고서 시민들의 경제적 평등을 위한 투쟁의 전선을 개척했다. 그는 마르크스에게 현재의 우리나라 원화 가치로 매달 2,000만 원 가량의 생활비를 지원해 주었다. 행동하는 부자였던 셈이다.

내가 무척이나 좋아하고 존경하는 변호사 한 분은 내가 김혜수라는 별명으로 부를 정도로 아름다운 분이고, 서울대학교에 재학하던 시절부터 노동운동에 참여해 왔다. 그는 자본주의 사회에서 부를 누리는 것은 부끄러운 일이라고 생각하는 사람이다. 그분은 자기부터 당선되고자 비례 2번을 받았던 한 정당의 대표와 달리, 자기가 비례 1번 순번을 받았는데도 후천적 시각장애인들을 위한 실질적 입법이 자기의 당선보다 더 중요하다는 숭고한 공익 의식으로 후천적 시각장애인인 후보에게 1번을 양보하고 17번을 선택하여 아깝게 낙선했다. 그러나 나는 그런 분이 나의 네 번째 친구인 것이 너무너무 자랑스럽다(나는 친구가 딱 넷이다.).

　김두일이라는 유명 작가는 추미애 장관을 법무부에서 쫓아내려는 전임 대통령과 그 주변인들의 의도를 그 누구보다도 기민하게 포착하고서 이에 반대하는 운동을 소셜 미디어를 통해 적극적으로 호소했던 분이다. 그는 현재 임대아파트에 살고 있다. 그가 적잖은 출판 수입을 거두자 이를 시기하고 질투하는 사람이 여럿 나타났다. 임대아파트 주민들은 아무리 문필력이 출중해도 베스트셀러 작가가 되면 안 된다는 말인가?

　"취득 과정을 묻지 않은 채 부의 형성을 죄악시하는 선동은 자본주의 국가의 정신분열적 현상이다." [2023.08.25]

페미나치즘에
반대하며

2009년에 뭇사람들의 애도 속에 돌연히 세상을 떠난 마이클 잭슨은 20세기 최고의 가수이자 연예인이라고 말해도 과언이 아닐 것이다.

많은 사람들이 마이클 잭슨의 주옥같은 히트곡들 가운데 그가 직접 작사·작곡한 〈빌리 진〉Billie Jean을 최고의 노래로 손꼽고 있다. 이 노래 외에도 그는 〈빗 잇〉Beat it, 〈블랙 오어 화이트〉Black or White와 같은 팬들의 식지 않는 사랑을 영원히 받을 만한 수많은 명곡들을 만들어 냈다. 마이클 잭슨 개인의 역사가 곧 팝 음악의 역사가 된 까닭이다.

내가 〈빌리 진〉에 대해 이야기하려는 까닭은 이 노래가 마이클 잭슨의 고단하고 파란만장한 삶을 상징적으로 관통하는 의미심장한 노랫말을 수록하고 있기 때문이다.

노래에 등장하는 주인공은 곡이 발표될 시점의 잭슨처럼 한 젊은 남자이다. 그런데 어느 낯선 여성이 남자를 자기가 출산한 아이의 친부로 지목하며 소송을 제기한다. 40일간 법정에서 진행된 심리 끝에 재판에서 패소한 남자는 너무나 분하고 황당한 나머지 그 억울하고 속상한 마음을 노래를 통해 구구절절이 풀어내고 있다.

마이클 잭슨은 1958년생 개띠이다. 마이클 잭슨만큼이나 유명한 마돈나와 잭슨처럼 지금은 고인이 된 싱어송라이터 프린스가 그와 동갑내기 동료이다. 마이클 잭슨은 1964년에 가수로 데뷔했다. 겨우 6살 때였다. 그와 그의 형제들이 결성한 흑인 5인조 남성 그룹 잭슨 파이브에서 마이클은 팀의 막내로서 메인 보컬 역할을 맡았다. 그의 천재성은 벌써 이때부터 빛나기 시작한 셈이다.

이는 역으로 생각하면 마이클이 아주 어린 시절부터 유명세를 톡톡히 치러야만 했다는 뜻이기도 하다. 그와 네 명의 형들을 상대로 한 여러 건의 친부 확인 소송이 다수의 여성들에 의해 제기됐기 때문이다.

마이클 잭슨은 친자 소송 외에도 표절 소송에도 지속적으로 시달려야만 했다.

마이클은 엘리자베스 테일러와 브룩 쉴즈 같은 이름난 여배우들이나 그를 헌신적으로 돌보던 간호사 데비 로 외에는 사람들과 거의 교류하지 않았다. 그는 자신의 창작 과정을 모두 녹음으로 기록해 함께 작업하는 음악인들에게 진전 상황을 전달하는 독특한 방식으로 노래를 만들었다.

이러한 고립성과 폐쇄성 덕분에 마이클은 그에게 제기된 표절

소송에서 전부 승소할 수 있었다. 문제는 그에게 송사를 건 상대방들이 하나같이 무일푼이었던 터라 재판에서 승리한 다음에도 소송에 들어간 비용을 보전 받을 수 없었다는 점이었다.

친부 확인 소송으로는 팝의 황제의 확고한 명성을 무너뜨릴 수 없다고 판단한 소송인들은 그를 소아성애자로 몰아가는 방향으로 전략을 수정했다. 이로 말미암아 사망하는 그날까지도 마이클은 변태성욕자라는 몹쓸 음해를 끊임없이 당해야만 했다. 사람들은 그가 급작스럽게 세상을 떠난 다음에야 마이클의 무고함과 억울함을 깨닫게 되었다.

영화 〈나 홀로 집에〉의 아역배우 출신인 맥컬리 컬킨은 마이클 잭슨의 아이들 대부이기도 했다. 잭슨에게 씌워진 부당한 누명들은 컬킨처럼 그의 돈을 노릴 필요가 없는 사람들의 증언 덕분에 하나씩 하나씩 차례로 벗겨지게 되었다. 생전의 마이클 잭슨을 둘러싸고 일어난 소아성애 형사사건들은 그가 영면하고 나서 혐의를 씻어주는 쪽으로 비로소 때늦은 결론이 났다.

미투 운동의 발원지였던 헐리우드에서는 원흉 중 한 명으로 꼽혔던 배우 케빈 스페이시가 기소된 9건의 사건 전부에 대해 지난달 (2023년 6월) 무죄 평결을 받기도 했다.

얼마 전, 박원순 전 서울시장의 비극적 죽음을 주제로 다룬 다큐멘터리 영화가 한 편 제작됐다. 영화의 개봉을 극렬하게 반대하는 움직임이 일각에서 일어나고 있고, 법원은 영화 상영을 금지했다. 아마도 지난 정부에서 공포된 '여성폭력방지기본법'에서 자율적으로 성매매에 종사하는 사람마저도 피해자로 규정하고, 여성은 방송을 통해 특정 남성을 가해자로 공개 지목해도 되지만, 그 상대방이 방송을 통해 방어권을 행사해서 자신을 지목한 여성이나 그 가족의 기분을 상하게 하면 2차 가해자로 몰아버릴 수 있는 야만적인 법률을 제정하고 공포했기 때문일 것이라고 추측한다.

나는 양성평등주의(헌법 11조 1항, 34조 1항)와 무죄추정 원칙(헌법 27조 4항)을 모조리 뒤엎는, 위와 같은 한국형 페미나치즘에 몹시 반대한다. 그래서 그 원인과 대책 모색을 위해 최근 국제 저널에 논문 (Research on unscripted categorization of actus reus elements of 'assault' and 'intimidation' in various crimes of Korean Criminal Act, its effect on gender disparity in sex-related offences and a suggestion for legislative remedy)을 투고하기도 했다. [2023.07.27]

고무호스로도
때리지 마라

내 모교의 응용통계학과의 교수로 봉직하셨던 윤기중 명예교수님의 장례가 며칠 전에 치러졌다. 내가 다닌 대학의 법대는 상경대 바로 옆에 자리해 있었고, 응용통계학과는 상경대의 일부였다. 나는 장례식 소식을 듣고서 대학 시절 상경대의 빈 강의실에서 혼자 공부했던 기억이 다시금 새록새록 떠올랐다.

나는 그분과 지금은 대통령이 된 그분의 아들이 쓴 책들을 찾아서 읽은 적은 없다. 그러나 그분이 아들이 다 큰 뒤에도 고무호스로 때렸다는 얘기는 이런저런 기회를 통해 여러 차례 들은 바 있다.

다 큰 아들이 아버지에게 고무호스로 맞았다는 것에 대한 반응들 가운데에는 맞을 만했으니 맞았을 것이라는 내용도 있었는데, 그런 사고방식도 선동의 산물이라는 생각이 든다.

왜냐하면 노무현 전 대통령의 자전적 에세이를 보면 젊은 시절 부인에게 상습적으로 손찌검했다는 내용이 있는데, 그 내용이 나오

는 책의 출간 연도와 쪽수를 구체적으로 소개하기 전에는 사람들
이 이를 믿으려고 하지 않았기 때문이다. 윤 대통령이 맞을 만해서
맞았다면 권양숙 여사도 맞을 만해서 맞았다는 논리가 되어야 하
는데, 편을 갈라 선동하는 사람의 입장에서는 논리적 말문 막힘 상
황에 직면하게 된다.

아동과 청소년이 폭력의 피해자로 등장하는 무수한 폭행사건들
을 직접 수사해 본 경험이 있는 사람의 입장에서 단언하자면, 그 어
디에도 맞을 만한 사람은 없다.

군사독재 시대에는 폭력이 일상화되어 있었다. 가정과 학교와 군
대 모두에서 일반적으로 힘을 가진 쪽이 약한 쪽에게 마치 당연한
듯이 폭력을 휘둘렀다.

폭력이 일상화된 이 뿌리 깊은 폐습이 바뀌게 된 계기는 가톨릭
신자인 김대중 전 대통령이 시위를 진압하지 말고 평화적으로 해결
하도록 지시하면서부터였다. 알고 보면 가톨릭 신앙에서도 과거에
마녀사냥을 구실로 사람을 산 채로 화형시키는 것과 같은 무시무시
한 폭력적 행위가 오랫동안 자행됐었다.

캐나다 태생 심리학자 스티븐 핑커는 그의 대표작인 《우리 본성
의 선한 천사》(원제 : The Better Angels of Our Nature-Why Violence Has
Declined)에서 인류의 잔혹성의 강도가 시간이 흐를수록 약해졌다
는 역사적 관찰 결과를 보여주고 있다. 그렇지만 나는 인간에 내재
된 야수성은 완전히 사라지지 않았다고 생각한다.

물론 핑커의 의견처럼 공개처형 같은 물리적 형태로부터 사법기

관을 동원한 불이익 같은 법률적 방식으로 인간이 행사하는 폭력의 성격과 농도가 순화되어 온 것은 맞다. 그럼에도 폭력의 온상인 막무가내식 이분법은 아직도 기승을 부리고 있다. 나는 2017년 대선과 2022년 대선을 차례로 겪으며 이러한 점들을 절감했다.

1. 이분법에 의지하는 사람들이 많아졌다

사람들이 처리해야만 하는 정보의 양은 폭발적으로 증가해 왔다. 그러기 때문에 0 아니면 1의 이진법 방식, 즉 이분법으로 단순화해 정보를 저장한다는 것이 노벨경제학상 수상자인 대니얼 카너먼이 2012년 저서인 《Thinking, Fast and Slow》(번역서 : 《생각에 관한 생각》)에서 소개한 연구 결과이다.

2. 이분법에 선동당하면

많은 사람들이 박근혜 전 대통령과 이명박 전 대통령을 나쁜 사람이라고 규정하고 있다. 그러므로 두 전직 대통령을 수사해 구속시킨 윤석열 대통령을 좋은 사람으로 단정하고 있다.

문재인 전 대통령이 대통령 선거 당시 내놓은 주요한 공약의 하나가 검찰의 수사와 기소권의 분리였다. 이는 문 전 대통령의 실질적 공약집 역할을 한 책인 《대한민국이 묻는다》의 213쪽에 나와 있기도 하다.

그렇지만 문재인 역시 이분법의 자장을 벗어나지 못한 탓인지 그는 공약을 실천하는 데 충실하기보다는 윤석열을 '문재인 정부의 검찰총장'으로 부르며 감싸는 일에 보다 열성적이었다. 수사와 기소를 분리하겠다는 선거공약을 열심히 실천하려 노력했던 추미애 장관은 오히려 된서리를 맞아야만 했다.

수사와 기소의 분리가 무산되면서 새 정부 들어와 표현의 자유가 심각하게 위축되었다. 압수수색이 편의점 영업만큼이나 연중무휴로 이뤄지고 있다. 나는 그 원인 중 하나가 이분법이라고 본다.

나 역시 적 아니면 동지의 구도를 조장하는 이분법의 피해자일지 모른다. 페미나치즘의 눈으로 사람들을 가르는 미디어와 그에 선동당한 대중이 연쇄 2차 가해범이라는 오명을 내게 씌워준 연유에서다.

그러나 나는 연쇄 2차 가해범이라는 오해가 오히려 자랑스럽다. 왜냐하면 페미나치가 휘두르는 2차 가해라는 이데올로기는 무죄추정 원칙, 무기대등 원칙, 양성평등 원칙 등 우리의 헌법이 규정한 모든 원칙을 부정하는 야만적인 흉기이고, 나는 그런 흉기의 위협에 물러서고 싶은 생각이 조금도 없기 때문이다.

추가로 이실직고하자면 나도 어렸을 때 가정폭력에 시달렸다. 맞을 짓을 해서 맞은 게 아니라 부모님 중 한 분이 우울증을 앓았기 때문이다. 다행히 지금은 다 나았다.

다시 본론으로 돌아와서, 윤석열 대통령이든, 권양숙 여사든 세상에 맞을 만한 사람은 아무도 없다. 자기 화를 이겨낼 인격을 갖추지 못한 미성숙한 사람들이 자기보다 약해 보이는 존재에게 폭력을 휘두르는 것일 뿐이다.

꽃으로든 호스로든 사람을 때리는 일이 대한민국에 더 이상은 없기를 바란다. [2023.08.19]

우리 엄마는
정원사

나의 엄마는 평생을 정원 딸린 단독주택에서만 생활했다. 그랬기에 엄마는 꽃밭을 가꾸고 나무를 키우는 일에선 가히 전문가 수준에 도달해 있었다. 그러다가 관리의 어려움 때문에 몇 년 전 옥상정원이 있는 공동주택으로 이사를 했다.

처음 엄마가 새로 이사해 들어간 공동주택의 옥상정원은 황무지로 느껴질 만큼 관리상태가 부실했다. 뭔가를 작심한 엄마는 올해 봄에 원예시장에 가서 잔디 1,000평과 소나무와 매화나무와 기타 정원수들을 구입한 다음 인부들을 고용해서 직접 옥상정원을 꾸몄다.

잔디는 심자마자 뿌리를 내려야 하는 식물종이다. 엄마는 매일 옥상에 올라가 잔디밭에 물을 주고 도처에 돋아난 잡초들을 제거했다. 물론 순전히 자비로 이 일을 해냈다. 엄마는 정원 관리에는 도통한 사람이라 잔디는 물론이고 소나무와 매화나무 등 다양한 나무들의 생장 상태를 정확히 꿰뚫고 있었다.

엄마가 옥상정원을 자비를 들여 풍성하게 꾸몄다는 소식은 다른 입주민들에게 자연스럽게 알려지게 되었다. 그런데 문제는, 그동안 입주자 대표회의의 회장이 정원관리비로 매년 수천만 원을 공동주택의 주민들로부터 징수해 갔다는 점이었다. 그 때문에 거의 폐허나 다름없게 된 정원의 부실한 관리상태가 엄마의 자원봉사로 나무와 풀이 무성해지면서 도드라지게 부각되고 말았던 것이다.

새로 선임된 감사는 이러한 부분을 주목하고는 정원관리와 관련된 계약서와 수년 치의 은행계좌 거래내역 등을 전수조사했다고 한다. 그 결과 입주자 대표회의의 회장이 예전 관리소장을 해임한 후에 장기수선충당금과 직원 인건비 등으로 쓰여야 할 돈을 자기 명의로 개설된 생명보험 계좌로 매달 수백만 원씩 무단으로 인출해 갔다는 게 드러났다. 이러한 사실이 정식 회의 자리에서 발표되자 그는 자진사퇴하지 않을 수가 없었다고 한다.

며칠 전 우연히 엄마와 함께 식사를 하러 나서는데 공동주택의 총무님이 밝은 표정으로 내게 이런 인사말을 전하는 것이었다.

"어머니가 정말 대단하신 분입니다."

후일담을 덧붙이자면 회장이 부당하게 빼간 돈은 대부분 회수됐다고 한다. [2023.08.05]

내 목은
매우 짧으니……

나는 박원순 전 서울시장이 그린벨트 문제로 타살을 당했을지도 모른다고 의심한 적이 있었다. 그러나 《비극의 탄생》의 저자이기도 한 손병관 오마이뉴스 기자와 이야기를 나눈 뒤 박 전 시장이 스스로 안타까운 선택을 했다는 쪽으로 일단은 결론을 내리게 됐다. 그 계기는 박원순 시장이 1999년 쓴 책인 《내 목은 매우 짧으니 조심해서 자르게》를 읽고 박원순 시장의 죽음이 그의 선택일 수 있다는 방향으로 마음이 좀 더 옮아가게 된 때문이었다.

《내 목은 매우 짧으니 조심해서 자르게》라는 상당히 긴 제목을 가진 이 책은 소크라테스, 예수, 잔 다르크, 토머스 모어, 그리고 현대의 로젠버그 부부의 사례를 예로 들며, 자신의 신념을 지키기 위해 기꺼이 죽음을 택했던 역사적 인물들에 대해 박원순이 보내는 찬가라고 할 수 있다.

생전의 박원순은 변호사와 시민운동가, 그리고 나중에는 정치인으로 활동하는 가운데 여러 권의 저서를 남겼다. 《내 목은 매우 짧으니 조심해서 자르게》는 법률적 전문지식이 요소요소 맛깔나게 적절히 배합된 역사서의 형식을 빌려 그 어떤 핍박과 탄압에도 불구하고 개인적 신념을 견지해 나가는 일이 얼마나 거룩하고 의미 있는 과업인지를 은유적이면서도 강렬하게 표현하고 있다.

내 시선을 유난히 잡아 끈 부분은 잔 다르크의 수난과 토마스 모어의 고난을 다룬 내용이었다. 전자는 순진한 시골 처녀였다. 후자는 여러 고위직을 섭렵한 학식 높은 관료였다. 그러나 두 사람 모두 터무니없는 중상모략에 굴하지 않고 혹독한 수감 생활을 이겨내며 사형장에서 의연하게 죽음을 맞이했다.

박원순 전 시장은 혹시 잔 다르크와 토머스 모어의 입을 빌려 자신이 미래에 걸어갈 순교의 길을 은연중에 무의식적으로 암시했던 게 아닐까? 박원순은 시민운동가로 활동했을 때나 내로라하는 정치인으로 성장했을 때나 일관된 맥락과 잣대를 유지하고 있었다.

책에 등장하는 또 다른 주인공인 로젠버그 부부는 선량하게 살아온 평범하고 모범적인 유대인계 소시민들일 뿐이었다. 그러나 미국 정부는 소련이 예상보다도 빨리 핵무기 개발에 성공하자 여기에서 비롯된 대중의 분노심과 공포심을 달래려고 로젠버그 부부를 조작된 간첩 사건에 연루시켜 희생양으로 삼았다.

남편인 줄리어스 로젠버그와 아내인 에셀 로젠버그는 자식들의 안위까지 들먹이며 유죄를 인정할 것을 압박하는 수사기관의 강요와 위협에 단호히 맞섰다. 박원순의 《내 목은 매우 짧으니 조심해서 자르게》에는 이들이 거짓에 협조해 살기보다는 진실을 고수하며 죽어가는 처연한 모습이 비장하게 그려져 있다.

박원순은 속칭 '서울대 우 조교 사건'에서 여성 조교가 교수로부터 성희롱을 당한 것은 민사상 불법행위이고, 당사자 둘만 있었을 때 발생한 사건에서는 피해를 주장하는 당사자의 진술만으로도 피해 사실을 인정할 수 있어야 한다는 주장을 한 일이 있다. 그런데 막상 자신이 성비위 가해자로 공개 지목되자 자신이 주장해서 관철시켰던 법리와 정반대되는 반론을 해야 하는 상황에 처하게 됐다. 아마도 그는 그 신념을 위해 적극적인 반론을 펼치는 대신 자신이 엮어낸 책에 등장하는 인물들의 길을 따랐을지도 모른다. [2023.07.14]

일진에 관한
짧은 추억

　나는 중·고등학생 시절에 주로 혼자 다니는 학생이었다. 따라서 친구가 많을 리 없었다.

　고등학교 1학년 점심시간 때로 기억한다. 내 뒤에 앉은 같은 반 급우가 나에게 하소연을 했다. 슈퍼모델 나오미 캠벨이 표지모델로 화려하게 등장한 인기 패션잡지 〈보그〉^{Vogue}를 역시 우리 반 학생이었던 일진 아이에게 빌려줬는데, 벌써 몇 달째 책을 돌려주지 않는다는 것이었다.

　나는 문제의 일진 학생에게 다가가 책을 돌려주지 않은 게 사실이냐고 약간은 캐묻 듯 물었다. 일진 학생은 사실이라고 순순히 실토했다. 나는 남의 책을 빌려 갔으면 빨리 돌려주는 게 맞지 않느냐고 타이르듯이 말하고는 내 자리로 돌아왔다. 그리고는 영어단어 암기에 열중하기 시작했다.

　내 종용에 못 이겨 마지못해 책을 돌려준 일진 학생은 뭐가 그리 분했는지 자기가 씹던 껌을 느닷없이 내 이마에 덥석 붙였다. 나는 처음에는 무슨 영문인지 모른 채 조금은 이상한 느낌이 들어서 손거울을 들어 쳐다봤다. 침이 잔뜩 고인 껌이었다.

나는 그 즉시 껌에 더해 끈적끈적해진 내 머리카락까지 가위로 잘라서 못된 일진 학생의 이마에 대차게 붙였다. 예상치 못한 역습을 당한 일진 학생은 울고불고하며 난리를 쳤더랬다.

내가 머리를 잘라낸 부분은 그 후 갓 모내기한 모처럼 왕성하게 자라났다. 나는 대학교를 졸업할 무렵까지 수확기의 벼를 베는 것처럼 그렇게 해마다 몇 번씩 내 머리를 자르곤 했다.

이 일화는 오늘 껌을 씹으면서 데려다 기르는 길고양이 한 마리의 이마에 뽀뽀를 했다가 껌이 고양이의 머리털에 옮겨 붙어서 고양이의 머리털을 잘라주다가 우연히 생각난 젊은 날의 생케이크 한 조각이다. [2023.07.21]

아쟁총각인가,
트로이의 목마인가

국회의원에 대한 체포동의안이 접수되면 국회는 이를 가결시켜 주는 게 정치혁신이라고 주장하는 집단이 있다는 소식을 들었다. 정말 어리석어도 너무나 어리석은 주장이다.

의회, 즉 입법부는 배심제와 나란히 근대 민주주의의 상징이자 산물이다. 시민들에 의해 선출된 의원으로 구성된 국회는 시민들에게 구속력이 있는 법률을 제정하고, 공무원들이 사용할 예산을 결정하며, 대법원장 등 매우 중요한 공무원의 임명에 거부권을 행사하여 시민들의 자유와 권리가 고위 법관들에 의해 침해되는 일이 없도록 사전에 정보를 점검하는 역할을 한다.

대통령 또한 선출직 공직자이기는 하지만 대통령은 군대, 경찰, 검찰 등 폭력 사용이 허용된 기관을 동원할 권한이 있고, 계엄을 선포해서 표현의 자유를 정지시킬 수도 있다.

국회의원이 회기 중에는 불구속 상태에서 회의에 출석할 수 있도록 마련된 규정은 특권이 아니다. 미국이 3권 분립을 실험적으로 도입한 시기인 1787년에, 아무런 강제력이 없는 의회의 역할을 폭력적 권한을 가진 행정부로부터 실질적으로 보장하기 위해 도입된 규정이다.(미연방헌법 1조 6항) 우리는 미국의 영향을 받아 헌법을 제정했기 때문에 1948년부터 회기 중 불체포 자격 규정과 국회 내 발언과 표결에 대한 면책 규정이 도입된 것이다.

국회의원이 놀고먹는 자리라고 생각하는 사람들에게는 특권이겠지만, 실질적으로 진실을 파헤치고 일을 하려는 의원들에게는 그 역할을 보장해 주기 위해 꼭 필요한 헌법적 자격이라는 의미이다.

해당 규정의 도입 취지를 살리기 위해서라도 대통령의 권한 남용을 방지하는 역할을 하기 위해 입법부의 구성원인 국회의원은 국가의 중요한 정책을 결정하기 위해 거의 매일 국회에 출석해 발언하고 심의하고 표결해야 한다. 그러므로 국회의원을 가둬놓는 일은 곧 민주주의를 가둬놓는 일이 된다. 불체포특권은 본질적으로 국회의원 개인을 위해 존재하는 권리가 아닌 것이다. 유권자를 대리해 국회에서 일하라는 의미로 헌법이 부여한 신성한 권한이다.

따라서 불체포 자격은 국회의원이 자기 맘대로 포기할 수 있는 성질의 권리가 아니다. 만약 뭔가를 포기해야만 한다면 자신의 재산권과 연금수령권 등을 포기해야 한다. 출석과 발언과 표결은 권리가 아닌 의무이기 때문이다. 포기하고 말고 할 대상이 아니라고 하겠다.

그런데 자신의 것도 아닌 걸 포기하는 행위를 혁신이라고 자화자찬하며 뿌듯해하고 있으니 이는 가히 인터넷상에서 밈처럼 통하는 아쟁총각과 다름이 없다. 입법부를 장악하고자 행정부가 국회에 은밀하게 침투시킨 트로이의 목마가 아닐까 생각될 지경이다.

나는 직업의 특성상 전국에 소재한 관사를 전전하며 살아왔다. 본의 아니게 팔도유람을 해온 셈이다. 영남권에 속하는 부산과 대구는 미국의 뉴욕이나 시카고 못지않은 번화한 대도시였다. 도로포장이 깔끔하게 잘 되어 있을뿐더러 주차장을 비롯한 편의시설이 풍부하게 완비되어 있었다. 그와 동시에 역사성이 높은 유서 깊은 동네는 전통거리로 훌륭하게 보존해서 신구가 조화를 이루고 있었다. 산뜻하게 정비된 공원도 도시 곳곳에 풍성하게 갖춰 놓았다.

천안과 안산 같은 상대적으로 규모가 작은 도시들에도 이에 못지않은 발달한 교통망과 쾌적한 휴식공간이 마련돼 있음을 나는 지방 근무가 빈번한 지금의 직장에서 일하며 확인할 수 있었다.

반면, 친지의 장례식 참석차 20여 년 만에 방문한 광주는 여기가 도시인지 시골인지 헷갈릴 정도로 여전히 낙후된 티가 역력했다. 2017년 기준으로 분명 150만 명이 넘는 인구가 거주하고 있는 대도시임에도 불구하고 제대로 포장되지 않은 도로가 공항과 터미널에 연결되어 있을 정도였다. 주요 간선도로 가에는 오래전에 한물간 공법인 슬레이트 지붕을 얹은 주택들이 벽이 갈라진 채 칙칙하고 을씨년스럽게 서 있었다. 지역경제의 사정이 썩 좋지 않음을 몇 번의 곁눈질만으로 단번에 알아볼 수 있었다.

제주도는 4.3의 참상을 겪었고, 광주는 5.18의 비극을 경험했다.

광주와 제주도 모두 한국 현대사의 깊은 상흔을 안고 있는 곳이다. 제주도는 아름다운 천연의 자연환경과 매끈한 현대식 건물들이 이상적인 조화를 이루면서 빠른 속도로 나날이 발전해 왔다. 그런데 광역시인 광주는 아직도 도처에 초췌하고 허름한 건물과 집들이 애물단지처럼 남아 있는지라 지금부터 2년 전 그곳을 찾았던 나는 서글프고 안타까운 마음을 금할 수가 없었다.

대한민국의 민주주의는 1980년 5월에 수많은 광주시민들이 흘렸던 피와 눈물에 크게 빚지고 있다. 광주시민들의 숭고한 희생은 한국 민주주의를 떠받치는 단단한 반석이 되었다.

그러나 광주를 언제까지나 '민주화의 성지'로만 남겨둘 수는 없는 노릇이다. 150만 광주시민들도 다른 지역 주민들처럼 풍족하고 안정된 경제적 생활을 누려야 한다고 나는 확신하고 있다.

오랜만에 광주를 다녀온 다음 나는 말로만 추상적으로 시민들을 대변하는 사람들이 아니라, 광주의 장기적 미래 비전을 염두에 두고서 구체적으로 실천하는 인물들이 이제 광주를 대표하고 발달시키는 시대가 되어야 한다는 신념을 더더욱 굳히게 되었다.

[2023.07.18]

한국 땅에서
사업을 한다는 것은

제주도에서 근무하며 겪었던 일이다. 부부가 함께 돼지를 사육하는 농가가 있었는데, 한 공무원이 이 부부가 돼지들의 분뇨를 정상적으로 처리하지 않고서 축사 근처를 흐르는 하천으로 무단 방류했다고 고발했다. 그러자 특별사법경찰관이 해당 사건을 기소 의견으로 검찰에 송치했다.

나는 확실하고 분명한 증거에 기반하지 않고는 기소하지 않는다는 철칙을 견지해 온 터였다. 그러므로 나는 기소 의견을 낸 형사에게 다음과 같은 사항들을 다시 한 번 더 면밀하게 점검해야 한다고 의견을 전달했다. 당시에는 이러한 일련의 과정을 '수사지휘'라고 불렀다.

① 실제로 하천에서 분뇨가 추출된 것이 사실인가?
② 추출됐다면 그것이 돼지 분뇨가 맞는지를 어떤 방법으로 확

인했는가?

③ 돼지 분뇨가 맞다면 그것이 피의자들이 운영하는 돼지농장에서 유출된 것인가? (해당 지역은 돼지를 기르는 농가들이 밀집한 지역이었기 때문이다.)

④ 부부를 고발한 공무원은 어떤 경위로 그 지점에서 하천 분뇨를 채취하게 됐는가?

⑤ 해당 농가가 분뇨배출 시설을 설치한 시기는 언제이고, 시설 설치 여부를 최종적으로 확인한 점검자는 누구인가?

이러한 사항들을 차례차례 모두 되짚어 나가자 놀라운 반전이 일어났다.

① 실제로 하천에서 분뇨가 추출됐다는 증거는 해당 농가를 고발한 공무원의 진술 외에는 없었다.

② 추출됐다는 분뇨가 돼지 분뇨라는 점을 증빙할 시료가 없을 뿐더러, 증거로 제시된 것이라고는 고발 공무원의 일방적 주장이 전부였다.

③ 추출됐다는 분뇨의 유출 경로를 굴착기를 동원해 역추적한 결과 피의자들의 농가와 무관한 것으로 밝혀졌다. 고발한 공무원은 문제의 하천을 수박 겉핥기식으로 띄엄띄엄 점검했다.

나는 마지막 ⑤항에 이르러 충격과 경악을 금할 수가 없었다. 해당 농가의 가축분뇨시설 신규 설치시기는 고발일 당일 아침이었고, '설치완료 필'에 결재했던 바로 그 공무원이 그날 저녁에 농가를 고발했기 때문이다.

　상식적으로 도무지 이해되지 않는 일이었던 터라 가축분뇨 처리시설 설치업자의 신원과 설치비 지급 내역을 꼼꼼히 확인해 봤다. 가축분뇨 처리시설을 특정한 공법으로 신규로 설치하면 제주시가 설치비용의 100퍼센트를 지원해 주는 규정이 있었다. 평생을 돼지를 기르는 일에 종사했을 순박한 부부는 관공서에서 지시하는 대로 설치했을 뿐, 아무런 이상이 없었다고 하소연했다.

　나는 혹시 담당 공무원이 시로부터 받은 지원금의 일부를 뒷돈으로 요구했는데 부부가 이를 거절하니, 어디 맛 좀 보라는 의미로 '설치필' 결재 당일 오후에 농가를 허위로 고발한 것은 아닌지 의심스러웠다.

　그러나 나는 1년 뒤면 임지인 제주도를 떠나는 유랑직(?) 공무원 신분이었다. 반면, 가축사육 농가를 담당하는 현지의 토착형 공무원들은 정년퇴임을 하는 그날까지 관할 지역의 주민들을 감시하는 업무를 맡을 게 뻔했다. 고발을 당했던 돼지사육 농가의 주인 부부는 억울함을 호소할 뿐 담당 공무원과 그들 사이에 오갔을 구체적 대화 내용에 대해서는 함구로 일관했다.

　나는 마음 같아서는 이런 억울한 상황이 발생하지 않도록 그 공무원의 고발 기록을 모두 재점검하고 싶었다. 그러나 다른 농가들도 1년 후면 떠나는 나를 믿고 어떠한 사실관계를 털어놓을 것 같지는 않았다. 결국 그 사건은 돼지들의 분뇨에서 나오는 역한 냄새가 옷과 몸에 듬뿍 밴 상태로 오랫동안 성실하게 일해 왔을 부부에게 무혐의 결정을 내리는 것으로 마무리할 수밖에 없었다.

우리나라에서 사업하는 사람들은 수만 개의 복잡한 규제와 시시콜콜한 규정들을 수시로 들먹이는 공무원들에게 항상 손쉽고 만만한 먹잇감이 되기 마련이다. 나라에 사업을 하는 사람이 사라지면 국가가 정상적으로 운영될 수가 없다. 노동자에게 월급을 주는 사람은 결국에는 공무원이 아닌 사업하는 사람이기 때문이다.

최근 의사인 한 부유한 유명인이 운영하는 사업체에 대해 전직 식약처 공무원이 고발했다는 소식이 있었는데, 사건에 대해 직접 이해관계가 없는 민중고발이 허용되는 야만적 시스템도 문제지만, 전직 직원이 왜 사업체 운영자를 고발하는지 동기가 납득되지 않던 터에 돼지농장을 운영하면서 억울하게 고발당했던 순박한 부부가 떠올랐다. [2023.12.18]

경력 세탁을 위한
짧은 변명

큰 틀에서 뜻을 같이하는 공동체주의자들이 상대방의 과거 경력을 들춰내며 서로 상처를 주는 안타까운 모습이 자주 목도되고 있다. 그들은 상대가 경력을 세탁했다며 같은 하늘을 이고서 살 수 없는 불구대천의 원수 대하듯 하고 있다.

나는 그런 분들에게 프랑스의 대문호 빅토르 위고의 장편소설 《레 미제라블》의 주인공인 장발장의 가슴 짠해지는 사연을 잠시 들려주고 싶다.

장발장은 먹을 것이 없어 굶고 있는 조카들에게 먹일 빵을 훔쳤다가 무려 19년이란 긴긴 세월 동안 고통스러운 감옥살이를 하게된다. 만약에 미리엘 주교가 장발장의 어두운 과거만 염두에 두고서 촛대를 훔친 그를 경찰에 신고했다면 장발장은 경력 세탁에 성공해 훌륭한 시장으로 거듭나지 못했을 게 분명하다. 장발장의 불우한 과거를 용서한 미리엘의 박애정신이 이후에 수많은 시민들의 삶을 복되고 윤택하게 만들었다고 하여도 과언이 아닌 이유다.

우리 직장에서도 미리엘 주교를 연상시키는 인물에 관한 일화가 전설처럼 인구에 회자되어 오고 있다. 정신질환의 일종인 심각한 도벽을 이기지 못해 여러 차례 절도를 저질렀던 전과자 한 명이 이번에는 시장에서 빵 한 조각이 아닌 전 한 조각을 훔쳤다가 잡혀 와 구속영장이 신청되었다. 그러자 어떤 부장검사가 영장을 반려하며 이런 메모를 남겼다는 것이다.

'전과자는 울어야 하나요?'

미국의 변호사 시험은 주마다 다르기는 하지만, 뉴욕 주의 경우 에세이 형식으로 출제되는 세 개 문제의 답안을 개별 문제별로 하나씩 작성한 뒤 시험위원회에서 개설한 답안지에 업로드하는 것이 내가 시험을 치르던 시절의 출제 형식이었다.

나는 번호마다 답안을 업로드해야 된다는 사실을 모르고, 에세이 세 개를 모두 작성한 뒤 3번에 한꺼번에 업로드했다. 우리나라의 경우 이렇게 되면 1번과 2번을 0점 처리할 뿐만 아니라 3번도 불필요한 글을 장황하게 썼다는 이유로 거의 30점만 주는 것이 원칙이라고 봐도 틀리지 않을 것이다. 그러나 내가 오전 시험이 끝난 뒤 점심을 먹으며 내 상황에 대해 상담했던 수험생들은 세 문제의 답안지를 한꺼번에 작성해 올려도 감점 조치가 없을 것이라며 낙관했다.

실제로 시험위원회의 의견을 들어보니 학생들 견해와 같았다. 자기들은 시험의 목적이 응시자가 법률가로서 리걸 마인드를 구비하고 있는지, 즉 법률가적으로 사고할 수 있는 훈련이 되어 있는지를 점검하는 것이지 시험일 당시 제정신이었는지를 점검하는 것이거나 사소한 흠결을 트집 잡는 것은 시험제도의 의의에 위반되기 때문이라고 설명했다.

진정한 선진국은 사소한 트집으로 남의 발목을 잡는 것을 자기의 성취인 것처럼 내세우는 문화가 없다는 것을 느끼는 순간이었다. 그러한 문화를 직접 경험해 보니 사소한 흠결을 잡아 고발을 일삼고 수사기관을 동원해 너 죽고 나 죽자는 식으로 달려드는 한국 사회의 경직되고 삭막한 풍토에 공감보다는 반감이 앞서게 됐다.

우리도 이제는 나무가 아닌 숲을 먼저 봐야 하지 않을까?

[2023.06.10]

햇빛을
차단하라

3년 전 처음 봤을 때 쇠젓가락처럼 빼빼 말라 풀 한 포기 크기였던 나무 한 그루가 있었다. 그런데 그 나무는 지금도 멀쩡히 살아 있다.

나무는 얇은 가지로 이루어진 몸통 전체를 날카로운 가시로 무장하고서 강렬하게 위로 솟아올랐다. 녀석은 양치류처럼 생긴 잎사귀들을 우산처럼 다 펴서 아래에서 자라는 철쭉과 장미가 마땅히 받아야 할 햇살을 모두 차단하고는 바로 옆에다 똑같은 쇠젓가락들을 예닐곱 개씩 퍼뜨렸다.

이 욕심꾸러기 나무는 뿌리끼리의 연결도 깊고 단단한 터라 아래쪽에 서식하던 철쭉들은 상당수가 말라 죽고 말았다. 3년간 녀석들이 생장하는 광경을 지켜보니 하는 짓이 대단히 집요하다는 느낌이 들었다.

세계의 역사는 군사적 폭력으로 지위를 차지한 영주나 군주 신분의 세습제와 신의 권위를 내세운 신학자와 종교인들의 대두, 그리고 전쟁 자금줄을 쥔 상인 계층의 도약으로 요약할 수 있다. 그 가운데 신학자들을 양성하기 위해 유럽과 미국을 중심으로 건립된 고등 교육기관이 중산층에게 과학지식과 일반교양을 전파하는 역할을 하게 되자, 특정 대학에 입학하고 졸업했다는 것 자체가 사회적 신분의 상징 역할을 하게 됐다.

박근혜 대통령이 탄핵되기까지는 그 수양딸이라고까지 불리던 최서원 씨의 딸이 이화여대 입시 과정과 학과 과정에서 특혜를 받았다는 이대생들의 오랜 항의가 자리 잡고 있었다. 스포츠 게임을 하듯 양 편으로 나뉜 시민들은 입시가 불공정하면 입학 허락을 취소해야 한다는 입장을 내세웠고, 결국 입학 자격이 취소되어 명문대 입학생이라는 상징을 더 이상 내세울 수 없게 됐다.

그로부터 몇 년 뒤 반대편에서도 같은 상황이 벌어지게 됐다. 튜터링을 하지 않았는데 했다고 기재하면서 제출한 표창장이 진실하지 않으니 명문대 입학 자격을 취소해야 한다는, 동일한 결론이 됐다. 대학 졸업을 전제로 하는 후속 단계들도 모두 취소됐다.

누군가의 증오 대상이 되면 사회적 신분 상승의 상징마저도 박탈되어야 한다는 집단 광기가 양쪽 편 모두에서 작용하는 것 같다. 학교 영역에서만 그런 것도 아니다. 충분한 상징을 갖추지 못하면 무리에 끼워주지 않으려고 배척하는 현상도 나타난다.

우리나라에서 소위 '엘리트' 계층은 대학 학부 입학을 기준으로 사람을 가르는 독특한 관행이 있다. 최근에는 그 기준이 고등학교

수준으로 더 내려온 것 같다.

노무현 대통령은 고등학교 졸업 후 독학으로 사법시험에 합격한 자전적 인물인데, 내로라하는 학부를 졸업한 자칭 '엘리트'들에게 무시당했다. 최근에는 초등학교 졸업 후 중학교, 고등학교 검정고시를 거친 뒤 4년제 대학교를 졸업하고 사법시험에 합격한 후 공익에 헌신하는 활동을 해온 자수성가한 정치인에 대한 집단적 배척 현상이 두드러지기도 한다.

또한, 그렇게 이름이 나지 않은 미대를 졸업한 김건희 여사에 대한 집단적 멸시 또는 천대 욕구 또한 같은 맥락으로 보인다. 들리는 얘기로는, 윤석열 대통령의 서울대 법대 동기 모임에서 한 유명인이, 동석한 김건희 여사를 유령 취급하는 결례를 범했다는 풍문이 있는데, 나는 속칭 명문대 학부에 입학하지 않은, 자수성가한 사람들에 대한 자칭 '주류' 도취자들의 배척이라는 면에서 두 사람에 대한 비토 문화가 동일한 심리적 기원을 가지고 있는 것은 아닌가 싶은 의구심을 가지게 됐다.

김남국 의원의 코인투자를 성토하는 국회의원들의 행실은 또 어떤가? 어떻게 회의 시간에 딴짓을 할 수 있느냐면서 눈에 쌍심지를 켜고서 김남국 의원의 제명을 촉구하고 있는 그들의 국회 출석률이 50퍼센트도 채 되지 않는다는 보도를 접하고 나는 실소를 금할 수 없었다.

회의에 제대로 참여하지도 않는 정치인들의 김남국 제명 시도가 자기와 결이 다른 공동체주의자들이 국회에서 시민들을 대변하는 자리에 남지 못하도록 봉쇄하려는 책동처럼 보여서 나는 속에서 구토가 날 것만 같다. 그나저나 양치류처럼 생긴 저 고약한 성미의 식물은 정확히 어떤 수종의 나무인지 무척이나 궁금하다. [2023.06.06]

의협심과
측은지심

나는 본래 귀차니스트 성향이 강한지라 혼자서 책 읽고 음악 듣고 산책하는 것 외에는 별다른 취미가 없었다. 남의 사생활을 주제로 왈가왈부 뒷담화를 하는 짓은 특히나 질색이었다.

그러다가 나를 움직이는 가장 강렬한 두 개의 심리적 충동이 의협심과 측은지심이라는 결론을 최근에 내리게 됐다. 나는 다수가 소수를 핍박하거나, 또는 강자가 약자를 겁박하는 일을 가만히 앉아서 두고만 보는 성격이 아니기 때문이다.

초등학교 시절의 일로 기억된다. 그때는 지금과는 달리 주로 가난한 가정들에서 부모님이 맞벌이를 하는 경우가 많았다. 선생님께서는 단지 가난해 보인다는 이유로 별것 아닌 일을 가지고서도 어떤 아이를 거의 매일 공개적으로 혼을 내곤 했다.

친구 엄마는 일을 나가느라 바쁜 나머지 아이 숙제를 제대로 돌봐주지 못하는 게 분명했다. 그런 딱한 사정이 있음에도 그 아이만

콕 찍어 모욕을 주는 게 나는 너무나 참기가 어려웠다.

박원순 시장과 관계된 일 역시 본질은 다르지 않았다. 극렬 페미니스트들과 대다수 언론매체들은 사실관계가 확인되기도 전부터 박원순을 이상한 사람으로 단정하고서 범죄자로 몰아갔다. 이와 같은 행태에 깊은 절망과 환멸을 느낀 나는 우선은 정확한 사실관계와 명쾌한 법리부터 차근차근 따져야 한다는 내용의 글을 소셜 미디어에 올렸다.

그러나 나는 곧바로 2차 가해자로 몰려 회사에서 중징계를 받아야 했다. 이 일로 나는 조선 후기 당파싸움과 같이, 다른 의견에 대해 집단적 응징을 가하는 한국 특유의 경직된 획일주의 문화가 이토록 오래 남는 이유를 더 깊이 연구하게 됐다.

윤미향 의원을 파렴치범으로, 추미애 전 법무부 장관의 아들을 탈영병으로, 그리고 김남국 의원을 가상화폐 투기꾼으로 몰아붙인 일도 맥락은 매한가지였다. 미디어는 시민들의 냉철한 이성이 작동할 때까지 기다리지 않는다. 세 사람이 죄인으로 낙인찍히도록 신문 지면을 요란하게 도배해 가며 조직적인 여론몰이를 시도한다.

이기주의자, 기회주의자들의 후예 또한 이러한 여론몰이에서는 광고주 유치를 위한 클릭 장사에 눈이 먼 미디어에 뒤처지지 않았다. 그들은 이재명 민주당 대표를 어떻게든 감옥에 넣기 위해 물불을 가리지 않는다. 그런 극단적인 풍토에 염증과 혐오감을 느끼는 것이야말로 한 사람의 건전한 시민으로서 마땅히 견지해야만 할 지극히 상식적이고 합리적인 자세일 것이다.

나는 우리 시대의 대세로 어느덧 시나브로 자리한 페미나치즘에 편승하지 않고 의협심과 정의감을 발휘해 온 김언호 한길사 대표, 정철승 변호사, 손병관 오마이뉴스 기자, 손혜원 전 의원 등을 향해 깊은 존경심과 신뢰감을 표시하고 싶다. 내게 따뜻한 연대감과 믿음직한 동지 의식을 보내주신 수많은 페이스북 친구들께도 진심으로 고맙고 감사하는 말씀을 드리는 바이다.

나는 보상을 기대하면서 움직이지 않는데, 그 이유는 사양지심이 강하기 때문일 것이다. 따라서 나로부터 도움을 받은 사람들이 나중에 내 등에 비수를 꽂아도 이는 단지 그 사람의 천박한 기회주의적 속성의 발로일 따름이고, 내가 사람을 보는 눈이 부족했다는 점을 돌이켜보는 계기로 삼는 편이다.

측은지심을 발휘하는 대상에는 작은 생명체들도 예외가 아닌 것 같다. 비가 내린 후에는 콘크리트 보도나 아스팔트 인도 위를 지렁이들이 애처롭게 기어다닌다. 나는 꿈틀거리는 이 미물들을 그냥 보고 지나치지 못하고 손으로 집어 근처 풀밭으로 살며시 옮겨줘야 마음이 놓였다.

그러니 지렁이보다 훨씬 큰 고양이는 얼마나 가여웠겠는가? 나는 버려지거나 집이 없는 고양이들의 보호소에 가지 못한다. 그것들을 모두 집에 데려다 먹이고 재우며 키우고 싶지만 그럴 수 없는 게 너무 속상한 탓이다. 그러므로 동네 길고양이, 즉 길냥이들을 돌봐주는 분들께 늘 감사와 존경의 마음을 갖고 있다. 그분들은 내가 감히 따라 하지 못할 선행을 실천하고 있기 때문이다.

의협심과 측은지심, 사양지심과 시비지심, 그리고 수오지심을 두루 갖춘 의인들을 만나기 쉽지 않은 풍토다. 다행히 소셜 미디어가 발달한 덕분에 우리 사회 곳곳에 숨어 있는 보석과도 같은 사람들을 직접 알아갈 기회가 생긴 것을 생각하면 나는 매우 운이 좋은 사람임을 다시금 깨닫게 된다. 그분들이 세상과 사회를 위해 베풀어 주시는 은혜에 조금씩이나마 보답해 나갈 작정이다. [2023.06.05]

표현의 자유냐,
고소의 자유냐

미국 버지니아대학교 법학전문대학원 동문 모임이 열렸다. 버지니아대는 과학자이자 정치가로 미합중국 제3대 대통령을 역임한 토머스 제퍼슨이 학교 건물을 직접 설계하기도 한 주립대학으로도 유명하다.

그렇지만 제퍼슨의 가장 크고 중요한 업적은 따로 있다. 뭐니 뭐니 해도 그의 가장 커다란 업적은 과학과 민주주의의 공통점을 발견한 데 있다. 그는 국가기관, 즉 정부를 끊임없이 의심해야만 할 필요성과, 시민들이 자유로운 토론과 표현을 통하여서만 민주주의를 실현해 나갈 수 있다는 신념을 역사상 최초로 문서로 남기는 불멸의 위업을 이뤄낸 사람이다.

미국의 수정헌법 1조가 어째서 중요할까? 표현과 언론의 자유는 법률로도 제한할 수 없는 확고한 기본권이라고 명시해 놓았기 때문이다. 이는 제퍼슨의 불변의 철학이기도 했다. 미국은 표현의 자유와 종교의 자유를 입헌적으로 보장한 권리장전을 이미 1791년에 일찌감치 제정하였다.

우리나라는 그 무렵인 16세기 중엽부터 약 200년 가까이 사소한 흠결을 트집 잡으며 너 죽고 나 죽자는 식의 당파싸움을 벌이면서 사약 세례가 오가고 정적을 삼족까지 수시로 멸하다가, 1762년에 이르러서는 급기야 살아 있는 왕세자를 뒤주에 가둬 죽이는 참혹한 사태마저 빚어졌다.

때마침 어제 동문 모임에서, 나는 모임에 참가한 동문들과 이런저런 주제로 대화를 나누다가 대한민국에서는 왜 수사기관은 물론이고 심지어 정당과 일반 시민들까지 관용의 정신과 인내의 미덕이 사라졌는지에 대한 심도 깊은 비공식적 토론을 하게 되었다. 나는 관용이 실종된 세태와 인내가 고갈된 풍토가 고소, 고발의 일상화를 초래했다는 견해를 조심스럽게 피력했다. 고소로 날이 새고, 고발로 날이 저무는 현상이 우리 민족의 고유한 특성은 아니기를 바라는 게 나의 솔직하고 간절한 희망이었다.

나는 많은 사람들이 나에 관한 기사에 욕설을 달거나 조롱한다는 사실을 종종 전해 듣는다. 물론 나는 그 어떤 기사도 직접 클릭하지 않는 것을 원칙으로 하기 때문에(리서치가 필요한 경우의 드문 예외는 있다), 그런 일이 있더라도 알지 못할 뿐만 아니라 신경을 쓰지 않는다.

그 와중에 왜 그런 사람들을 고소하고 고발하지 않느냐는 질문을 자주 받곤 한다. 그러면 나는 공론장에 내 실명을 내걸고 의견을 개진했으니 그에 따른 비판을 마땅히 감수하는 게 옳지 않겠느냐고 정중하게 답변한다.

더욱이 고소의 남용과 고발의 남발은 국가기관, 특히 수사기관의 힘을 비대하게 살찌우는 자양분 구실을 하기 마련이다. 그러므로 나는 사소한 표현을 트집 잡아 형사처벌로 응징하려는 분위기는 조속히 종식되어야 한다고 믿는다. 과감하게 남을 비판했으면 대범하게 남의 비판을 수용하는 너그러운 문화와 아량 있는 자세가 우리 사회에서 하루빨리 널리 자리 잡을 필요가 있다.

정당의 한 여성 당직자가 국회 내에서 "짤짤이"(또는 딸딸이)라고 발언한 것으로 알려진 한 국회의원을 중징계해야 한다고 주장한다는 소식을 들은 일이 있다. 발언 내용이 정확하지도 않은데 징계라는 폭력적 수단을 휘두르려는 당직자의 권력 의존적 마인드도 문제이지만, 설령 그 발언 내용이 '딸딸이'였다 하더라도 청소년기에 누구나 자연스럽게 시작하게 되는 건강한 생리현상인 자위행위를 천대하는 위선적 문화를 조장한다는 측면에서도 퇴행적이라고 하지 않을 수 없다.

표현의 자유 측면에서 우리보다 최소한 200년을 앞서가고 있는 미국 풍경이 문득 눈앞에 그려져 머릿속에 떠오르는 단상들을 잠깐 글로 정리해 보았다. [2023.05.24]

하얀 가면을 쓴
그대에게

겉과 속이 다른 위선자를 의미하는 '수박'은 우리나라만의 독창적 표현일 듯하다. 흥미롭게도 이 단어가 가리키는 현상과 비슷한 맥락으로 읽히는 일을 기술해 놓은 책이 있다. 서인도제도에서 태어난 프랑스 국적의 정신과 의사 프란츠 파농(1925~1961)의 대표적 저서인 《검은 피부, 하얀 가면》에서 소개되는 심리적 현상이다.

이 책은 백인 식민통치자들의 세계관과 가치관에 자신들의 세계관과 가치관을 어떻게든 일치시키려고 애쓰는 식민지 흑인들의 자아분열적인 정신 상태를 비판적으로 고찰, 분석하고 있다.

그런데 우리나라에는 파농이 가슴을 치며 질타했을 식민지인들을 연상시키는 부류가 아직껏 존재하고 있다. 표면적으로 이들은 표현의 자유를 가장 중요하고 본질적인 시민적 권리로 보장하는 것처럼 보이는 정당과 조직에 몸담고 있다. 그렇지만 이들은 실제로는 민주주의를 지탱시키는 제반 원리원칙들이 완벽하게 실현되거나 선출직 공직자들이 시민들로부터 직접 심판받는 제도가 도입되는 상황을 안간힘을 다해 막으려 하는 중이다.

현재 이런 사람들은 수박으로 불리고 있다. 그들은 백인들을 숭상하면서 같은 흑인들을 억압했던 식민지 시대 일부 흑인들의 행태와 별반 다름없는 행동을 태연하게 벌이고 있다.

일론 머스크는 세계 최고의 부자들 중 한 명이다. 블록체인 기술에 기반을 둔 가상화폐는 그 일론 머스크가 앞장서서 칭송하며 자기가 운영하는 회사에서 고객들에게 제공하는 서비스의 결제수단으로 활용할 정도로 새롭고 획기적인 발명품으로 평가받고 있다.

그러한 추세에서는 우리나라도 예외가 아니다. 한국 최초의 현대적인 가상화폐 거래소는 카이스트 출신 천재 개발자들이 설립해 운영해 왔다.

권위주의적이고 독재적인 힘에 의존하고, 숭상하는 사람들은 민주주의 원칙을 중시하고 실천해 온 인사들을 제거하는 일에 필요하다면 그 어떤 못된 짓도 서슴지 않아 왔다. 그들은 목적을 이루기 위해서라면 물불을 가리지 않는 것이다.

검은 피부에 하얀 가면을 쓴 자들도, 수박으로 지탄받는 집단도 그들에게 숙주 역할을 하는 국가와 민족과 사회의 생존과 발전에는 근본적으로 아무 관심이 없다. 숙주로부터 자기들을 살찌워 줄 단물만 빨아먹으면 그만이다. 그런 위선적이고 이기적인 사람들이 언제 시민들의 냉대를 받게 될지 기대된다. [2023.05.13]

담쟁이에 대한
한 연구

내가 지금 거주하고 있는 주택은 고지대에 위치해 있다. 산꼭대기 외딴집으로 표현해도 과장이 아닐 정도다. 덕분에 사방이 숲과 나무로 아늑하게 둘러싸여 있다.

그런데 마냥 평화로울 것만 같은 이곳에도 자세히 들여다보면 치열한 자리다툼이 한창이다. 나무들을 끝없이 타고 올라가 엑기스를 흡수하는 담쟁이들이 그 다툼의 가장 치열한 선수다. 덕분에 나는 주말이면 정원을 정리하는 게 일이 됐다. 담쟁이 가지들이 나무 위로까지 올라가지 못하도록 수시로 정리해야만 하는 탓이다.

담쟁이들도 동물들처럼 먹고 살 권리가 있는지라 나는 담쟁이들을 모질게 아예 없애버리지는 않는다. 대신에 다른 나무들이 있는 쪽으로 뻗어 올라가지 못하게끔 가지만 살짝 잘라준다. 그런데도 담쟁이란 놈들이 성장하는 속도와 기세가 참으로 무섭기 짝이 없다.

소나무들은 담쟁이 넝쿨에 물어 뜯겨 피부가 벗겨지고 있다. 철쭉과 라일락은 가지들을 쇠사슬처럼 칭칭 감는 담쟁이로 말미암아 소중한 햇볕을 제대로 받지 못한다. 그 결과 나무들은 분재처럼 가지가 휘어 서로 달라붙고 만다. 불과 한 주 전에 담쟁이 가지들을 정리했는데 어느새 녀석들은 새로운 가지를 뻗어 그 검푸른 이파리들을 소나무 위로 무더기로 수북이 쌓아 올렸다.

담쟁이 뿌리는 상상을 초월할 지경으로 길고 촘촘하다. 심할 경우에는 서로 몇 킬로미터씩 연결되어 있기조차 하다.

어느 날, 질기고 성가신 담쟁이들을 정리하다가 나는 새삼스럽게 깨달았다. 매국노와 기회주의자와 이기주의자들도 담쟁이들처럼 그 뿌리가 깊으며 서로서로 밀접하게 이어져 있다는 사실을……. 담쟁이가 다른 나무들에 기생해 무성하고 울창해지듯이, 매국노와 이기주의자와 기회주의자들 또한 타인의 땀과 돈과 노동을 빨아먹으며 번창하고 있다는 생각이 문득 들었다.

담쟁이는 유연하고 변화무쌍하다. 그들은 마치 신화 속 메두사와 같아서 가지 하나를 잘라내면 잘린 자리에서 새로운 가지가 몇 배의 개수로 돋아난다. 반면, 소나무는 본래의 자리를 떠나지 않다가 결국에는 담쟁이에게 햇살과 양분을 모두 빼앗긴 채 말라죽곤 한다. 옆집의 소나무 한 그루도 그렇게 해서 장렬하게 흙으로 돌아갔다.

그럼에도 나는 소나무와 담쟁이 가운데 하나를 내 운명으로 선택해야만 하는 시기가 오면 주저하지 않고 전자를 고를 것이다.

[2023.05.01]

찐자의 저울

정부는
부인할 걸세!

일제 강점기에 자행된 강제노역 배상금 판결의 집행과 관련해 우리나라 피해자들의 일본 가해자 기업에 대한 청구권의 존재를 인정한 대법원 판결이 선고되었다. 그러자 한·일 관계를 동맹으로 여기는 우리나라 정부는 우리나라 기업이 일본 가해자 기업을 대신해 배상하는 방안을 마련하는 중이라는 소식이 들린다.

현 정부를 공격하기 위해 혈안이 되어 있는 한 여성 국회의원은 대법원 판례에 위반되는 조치라고 주장하기도 했다. 그러나 그러한 주장이야말로 법률에 무지하고, 진실에 무관심하며, 선동을 일삼아 대중적 인기를 확보하고자 하는 시도로서 매우 잘못된 행태라고 생각한다. 채권이 확정되면 제3자도 변제할 수 있는 것이 우리나라 채권법의 원칙이기 때문이다.(민법 제469조 제1항)

다만, 사건에 이해관계가 없는 제3자는 당사자의 의사에 반해서 변제할 수 없기 때문에 강제노역 피해자들이 거부하면 효력이 없

다.(민법 제469조 제2항)

또한 대법원 판결의 효력은 특정인이 채권자이고, 다른 특정인이 채무자라는 점에만 효력이 있지, 제3자가 변제해서는 안 된다는 효력은 없다. 즉 피해자들이 선택할 문제라는 의미이다.

영화 〈미션 임파서블〉Mission Impossible 시리즈는 전 세계적으로 엄청난 인기를 끌며 흥행몰이를 이어 왔다. 이 영화의 전편全篇에 빠지지 않고 등장하는 대사가 한 가지 있다. 자기들 임의로 맘대로 표적을 지정해 살해 명령을 내려놓고는 이 사실이 들통 나면 "정부는 부인할걸세!"라고 싸늘하게 냉소하는 대사이다.

미국의 군산복합체 연맹은 초보 대통령 케네디를 부추겨 쿠바와 베트남에 차례로 인력과 물자를 투입했다. 쿠바에서는 정보가 누설돼 항공기는 격추되고, 상륙부대는 거의 모두 포로로 사로잡혔다. 베트남에서는 지상군 투입 10년째가 되도록 베트남인들의 저항이 그치지 않자 아예 민족 전체를 말살하기 위해 네이팜탄은 물론이고 고엽제인 에이전트 오렌지를 인도차이나반도 곳곳에 쏟아 부었다. 특히 소이탄의 일종인 네이팜탄은 폭탄이 투하된 지점의 주변 온도를 순간적으로 섭씨 2,000도까지 급상승시키면서 사람의 인체에 달라붙어 피부와 내장을 전부 불태우는 지극히 반인도적인 잔인한 무기였다.

미국은 자국이 동남아시아에 자리한 제3세계 국가를 상대로 조직적으로 자행한 국가범죄를 은폐하기 위해 폭탄을 투하하거나 제초제를 살포하거나 민간인을 살해한 일이 미군 병사 개개인의 문제인 것처럼 선동하는 작업을 수십 년 동안 지속해 왔다. "정부는 부인할 걸세"가 영화에만 나오는 대사가 아니라 미국 정부의 실질적인 정책이었음을 증명하는 사례이다. 이에 따라 폭격작전에 투입되어 부상을 당하거나 혹은 고엽제 살포 작업에 동원됐다가 악성 독극물에 중독된 미군 병사들에 대한 보상도 거의 모두 나 몰라라 외면해 온 상태였다.

베트남전에 징집되어 참전했던 군인들의 대다수는 교육 수준이 낮은 저소득층 가정 출신이었다. 대학생과 대학원생은 학업을 구실로 징집 연기가 사실상 무기한 가능했는데, 당시에 대학원까지 진학할 수 있는 계층은 중산층 이상의 고소득층이었기 때문이다.

이역만리의 외국에서 벌어지는 전투에 투입되는 병사들은 소모품 취급을 받았지만 미국 정부는 전쟁의 지속에만 집착한 나머지 그런 사실을 좀처럼 알리지 않았다. 그들은 전사한 장병에 대해 장중한 예를 다하는 것처럼 그럴싸한 서사를 꾸며내 대중의 호전적 애국심을 부채질하기에만 급급했다.

미국은 한국전에서 승리하지 못한 데 이어 쿠바 침공마저 실패로 돌아가자 국제사회에서의 패권 상실을 우려했다. 미국은 한국과 쿠바에서 성공하지 못한 것을 단번에 만회하려고 베트남전에 전력투구했지만 전쟁만 장기화할 뿐, 승리는커녕 종결 기미마저 보이지 않자 1973년 파리에서 북베트남 정부와 평화협정을 체결했다.

미국은 평화협정에서 자국이 북베트남 지역에 가한 경제적 손실에 대해 당시 화폐 기준으로 50억 달러 정도의 경제 원조를 비공식적으로 제공한다는 조항을 넣는 출구 전략을 세웠다. 미국의 명분 없는 개입으로 수백만 명에 달하는 사망자가 발생한 전쟁에서 발을 빼는 대가로 월맹의 레둑토와 미국의 키신저가 노벨평화상을 공동으로 수상하게 된다. 당연히 레둑토는 이 피 묻은 상의 수상을 거부했다.

미국의 특정 계층은 자신을 미국 자체라고 생각하는 경향이 있다. 그들은 전쟁의 패배를 인정하지 않은 채 베트남에 대한 경제봉쇄로 패전에 대한 앙갚음을 해댔다.

베트남은 평화협정이 맺어진 지 2년 뒤 통일되었다. 북쪽으로 이웃한 중국은 미국과의 외교관계 정상화에만 목을 맨 나머지 미국의 경제봉쇄로 인해 극심한 고통을 받고 있는 베트남에 대해 별다른 지원을 하지 않았다.

그럼에도 위대한 베트남 민중은 힘겨운 고난의 행군을 이겨내고 이후 급속한 경제성장을 이루어, 현재는 미국과 중국 양측 모두로부터 환대받고 있다. 강대국이 자신들이 자행한 만행에 대해 발뺌하는 것은 국제질서가 도덕이 아니라 적나라한 힘에 의해 좌지우지되기 때문일 터이다.

미국 국무부는 전 세계를 유럽, 동아시아, 중동 및 북아프리카, 남아프리카, 중앙 및 남아시아, 남아메리카의 6개 권역으로 나누고서 각 권역마다 담당자를 배치해 체스놀이를 하듯이 국제관계를 주물러 왔다. 미국은 자국의 하층계급의 복지에 대해 무신경한 만큼이나 다른 나라의 안위에 대해서도 무관심하다. 그들에게 다른 나라 국민들은 국무부 관료들에게 예산을 배정해 주는 데 필요한 유용한 도구일 뿐이다.

일본은 한국을 상대로 경제보복을 시작했다. 그런데 미국은 한·미·일 동맹이 이완되면 중국을 견제하는 데 지장이 초래될까 봐 피해자인 한국에게 되레 자제하라는 경고성 메시지를 전달했을 수도 있다.

나는 일제 식민통치가 우리나라에 남긴 후유증을 극복하고 대등한 한·일 관계를 실현하려 노력하는 시민들의 집념과 끈기를 오래전부터 마음속 깊이 응원해 왔다. 그런 관점에서 미국 국무부의 동아시아 관료의 입장을 일제 식민통치의 피해자들이 고려해 줄 필요도, 이유도 없다. 자국민이 월남전에서 겪은 피해 사실마저 부인하는 미국 정부가 우리나라의 일제 식민지 피해자들에 대해 일말의 동정이라도 표시해줄 것이라고는 전혀 기대할 수 없기 때문이다.

거듭 강조하지만, 제3자 변제는 채권자가 거부하면 아무런 효력이 없다. 따라서 우리 정부가 나서서 아무런 변제 의무가 없는 우리나라 기업으로 하여금 일본 기업이 변제 의무가 있는 채무를 변제하라고 하는 것은 미국이나 일본에게 보여주기 위한 외교적 수사라고 본다.

한편, 당장 형편이 어렵고, 집을 마련해야 하는 피해자들의 입장에서는 일본 기업에 대한 강제집행까지 소요되는 시간을 기다리기 어려울 수 있으므로, 그 피해자들 의사를 100% 존중하는 것이 맞으며, 자기가 반대하는 정부가 취하는 조치라고 해서 대법원 판결에 어긋난다거나 외교굴욕이라거나 하는 등으로 선동하는 것은 당사자들의 입장을 고려하지 않은 행위라고 본다.

끝으로, 베트남 민중은 프랑스, 미국, 그리고 중국 세 강대국을 상대로 오랜 투쟁을 전개한 끝에 마침내 진정한 자주독립 통일국가를 건설했다. 나는 우리도 베트남처럼, 조금 가난하더라도 같은 민족이 하나의 공동체를 이뤄 점점 발전해 나가는 사회가 되면 좋겠다는 소망을 가지고 있다. [2023.03.21]

4부

／

아스파라거스
독서충

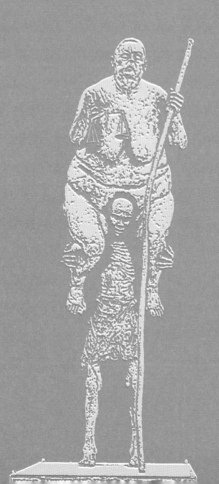

나는 아스퍼거 증후군이 심해서

일을 할 때를 제외하고는 거의 사람을 만나지 않고,

주로 혼자 있는 것을 좋아하며, 소음을 싫어해 바하와

재즈 기타 같은 조용한 클래식 음악을 듣거나 책을 읽는다.

아스퍼거 증후군의 특징 중 하나는

새로운 단어를 만들거나 사용하는 것을

좋아한다는 것도 있다고 한다.

그래서 아스퍼거들은 자신들을 아스파라거스라고 부른다.

배신으로 흥한 자는
배신으로 망한다

《포스트맨은 벨을 두 번 울린다》는 미국 태생의 소설가이자 극작가인 제임스 M. 케인이 쓴 작품이다. 이 소설은 동명의 범죄스릴러 영화로 제작되어 더 유명해졌다. 내가 문득 이 소설이 떠오른 이유는 최근 어떤 유튜브 기반 미디어 회사의 지분과 관련된 사건에 내 의사와는 무관하게 연루된 데 있었다. 나는 사건의 관계자 전원을 소셜 미디어에서 차단하고 나서야 마음의 평정을 되찾을 수 있었다.

《포스트맨은 벨을 두 번 울린다》는 영화로 각색되는 과정에서 줄거리에 적잖은 변경과 수정이 가해졌다. 나는 원전에 해당할 소설의 내용을 중심으로 이야기를 풀어나가련다.

아름답고 젊은 아내 코라와 함께 살고 있는 순박하고 성실한 그리스 출신의 미국인 사내 파파두기스는 주유소를 겸한 작은 식당을 운영하고 있었다. 그런데 어느 날 떠돌이 생활을 하는 프랭크가 그의 가게에 들렀다가 점원 노릇을 하며 눌러앉는다.

파파두기스가 집을 비운 사이 코라와 프랭크는 몰래 정을 통하고, 이 두 불륜 남녀는 파파두기스를 아예 살해하려는 음모를 꾸미기 시작한다. 그들은 파파두기스를 계단에서 실족해 떨어진 것처럼 위장해 죽이려고 시도하지만 병원에 후송된 코라의 남편은 응급수술을 받고 운 좋게 목숨을 부지한다.

첫 번째 시도가 실패하자 둘은 그다음 단계에 곧장 착수한다. 이번에는 내연남 프랭크가 운전하는 자동차에 만취한 파파두기스를 태운 후에 세 사람이 동승한 차를 낭떠러지에서 일부러 추락시킨 것이다. 자동차 사고를 가장해 코라의 남편을 살해하려는 수작이었다. 두 번째 살해 시도가 마침내 성공해 프랭크는 파파두기스의 아내는 물론이고 그의 가게마저 차지하게 된다.

한편, 파파두기스의 자동차 사망사고를 수사하던 담당 검사는 석연치 않은 부분이 여럿임을 발견하고는 용의선상에 오른 두 남녀를 상대로 죄수의 딜레마 게임을 이용하는 분리 전술을 구사해 결국은 진실을 캐내게 된다. 코라로부터 범행에 관한 진술서를 받아낸 검사는 여자를 일단 먼저 기소한다. 코라는 자기 혼자만이라도 법망을 피하려고 모든 죄를 내연남에게 뒤집어씌운 덕에 집행유예로 풀려난다.

프랭크는 배신감에 치를 떨었다. 그는 지금은 정식 부부가 된 코라와는 더 이상 정상적 신뢰관계를 유지하기 어렵다는 결론을 내리고서 다른 여자와 사통함으로써 배신에는 배신으로 응답한다.

코라는 이미 임신한 상태였다. 그럼에도 프랭크는 파파두기스를 살해할 때와 동일한 수법으로 코라를 자동차 사고로 위장해 죽인다. 그가 코라를 피보험자로 하는 생명보험에 이미 가입한 뒤였다. 배 속의 태아까지 사망하면 보험금이 두 배로 지급되는 조건의 보험이었다.

그러나 꼬리가 길면 잡힌다고, 프랭크는 이 사건으로 기소된다. 프랭크는 그의 첫 번째 희생자를 살해할 당시 그를 변론했던 변호사에게 파파두기스로부터 가로챈 재산에 더해 코라로부터 상속받은 셈인 보험금까지 탈탈 털어 수임료로 지불한다.

변호사비를 두둑이 챙긴 프랭크의 변호사는 재판에 불성실하게 임하고 그로 말미암아 이 남자는 결국 법정에서 사형선고를 받아 하나뿐인 생명마저 간수하지 못하기에 이른다.

소설의 얼개를 정리하고 나니 을씨년스럽게 불어오는 가을바람이 더욱 차갑게 느껴진다. 잔혹한 줄거리의 소설 탓일까? 아니면 내가 유달리 추위를 타기 때문일까? [2023.10.25]

진짜 모던보이
서재필

신민당 당보 〈민주전선〉의 편집장 출신으로 제7대 독립기념관 장을 역임한 언론인 겸 역사학자 김삼웅 선생은 구한말부터 해방에 이르는 시기에 활동한 주요한 역사적 인물들에 대한 평전을 다수 집필했다. 그가 쓴 책 중에는 《이승만 평전》도 들어 있다.

김삼웅 선생께는 정말 죄송한 말씀이지만 《이승만 평전》을 읽고 나는 위장에 경련을 일으켰다. 김삼웅의 붓끝을 통해 드러난 일제 시대 및 해방 전후 이승만 숭배의 역사가 우리 민족의 취약한 지점, 즉 사대주의와 그리고 군주제에서 식민지 시대로 급변하면서 갑작스럽게 발생한 기회주의와 이기주의를 그대로 보여주는 내용이었기 때문이다.

내가 존경하는 친구이자 배우 김혜수 씨를 닮은 한 변호사는 우리 집을 방문해 서재를 구경하다가 책꽂이에서 《이승만 평전》을 발견하고는 조금은 뜨악한 표정을 지었다. 나는 우리 역사에서 이승만이라는 사람이 임시정부와 대한민국 정부에서 각각 대통령에 취임하게 된 배경이 궁금해서라고 답했다.

요약하자면, 이승만은 군주제가 붕괴되고 한민족이라는 개념이 생겨나던 격변의 시기에 기회를 잘 잡은, 좋은 자리를 차지하고자 하는 욕망은 있으나 구체적인 실력이나 각론은 없는 이기주의자라고 평가할 수 있다. 그런 사람을 상해 임시정부 대통령으로 추대한 사람들이나 우리나라 초대 대통령으로 선출한 사람들이나 시대적으로 부족한 안목을 가진 불행한 사람들이었다는 생각이다.

21세기에 들어선 대한민국에도 잠재적 이승만들이 득시글대고 있다. 이들 잠재적 이승만들은 강자에게는 비굴할 정도로 약하고, 족보가 없거나 패거리 문화에 익숙하지 않은 약자에게는 섬뜩할 만큼 폭력적이다. 그들은 권력의 눈치를 끊임없이 살피면서 바쁘게 노동에 종사하는 서민들을 일말의 양심의 가책도 받지 않고서 수탈하고 착취하고 있기 때문이다.

이승만에 대한 해독제가 필요하다면《서재필 평전》을 읽으면 된다. 《서재필 평전》은 시민을 위한 독서운동과 교육운동을 펼쳐온 이황직 선생이 쓴 책이다.

서재필은 그 품격과 헌신성에서 이승만과는 너무나 대조되는 인물이라고 할 수 있다. 명문가에서 태어난 서재필은 당대 최고의 세도가였던 안동 김씨 가문의 양자로 들어간다. 그는 최연소로 장원급제해 조정에서 관리로 등용되었다.

서재필은 일본 토야마 육군사관학교로 유학해 메이지유신의 성공으로 서구 열강의 선진적 신문물을 왕성하게 수용하며 발전하던 일본의 사회상을 직접 목격할 기회를 가졌다. 그는 조선도 너무 늦기 전에 문명개화를 이뤄야 한다는 생각으로 갑신정변을 일으켰으나 청군의 개입과 일본의 발 빼기로 실패하고 말았다. 그는 와신상담하며 일본을 거쳐 미국으로 망명하게 되었다.

미국에 도착한 서재필은 일과 학업을 병행했다. 그는 양반의 특권과 굴레를 미련 없이 벗어던지고 막스 베버가 설파한 것과 같은 프로테스탄트 세계관을 받아들였다. 서재필은 주경야독을 하며 학업에 매진한 결과 영어를 완벽하게 터득하여 워싱턴 DC의 한 박물관에 직원으로 채용되었다. 그는 이곳에서 번 급여를 모아 계속 공부한 끝에 마침내 의과대학에 진학하여 병리학 전문의가 되었다. 한국인 최초로 미국 시민권을 취득한 이후에도 모국을 향한 서재필의 관심과 열정은 조금도 식지 않았다.

청일전쟁에서 일본이 승리한 이후 고국으로 귀국한 서재필은 조선의 운명이 풍전등화에 처했음을 직감하게 되었다. 서재필이 귀국한 얼마 후 명성황후가 일본인 낭인들에게 시해당하는 을미사변이 일어났다. 이 사건으로 서재필은 시민들을 계몽하고 토론문화를 성숙시켜 '아래로부터의 개혁과 정신적 독립'을 달성해야 한다는 신념을 굳히게 되었다.

그는 새로운 사상과 문명이 대중에게 널리 알려질 수 있는 홍보 수단의 필요성을 절감했다. 이때 여러 우연과 행운이 겹친 덕분에 자금과 시설을 확보하면서 우리나라 최초의 순 한글신문인 〈독립신문〉을 발행할 수 있었다. 그는 이와 함께 독립협회를 조직하고 만민 공동회를 개최하는 등의 대중운동도 적극적으로 전개해 나갔다.

서재필 박사는 젊은 시절 참여했던 갑신정변의 경우에서처럼 민중의 지지 없는 위로부터의 혁명은 그 기반이 취약할 수밖에 없다는 점을 뼈저리게 체험했다. 그의 이러한 성숙한 인식은 아래로부터의 변혁을 추구하는 민주주의 정신의 실천적 체화로 이어졌다.

서재필 박사는 항일무장투쟁 운동가들을 견제하고 폄훼하면서 제거하려고 했던 이승만 부류의 인사들과는 철저하게 결을 달리했다. 그는 무장투쟁을 주장하는 사람들은 물론이고 상해 임시정부 인사들과도 우호적인 협력관계를 유지하며 교육계몽 운동과 시민의식 함양 활동을 통해 민주적 방법에 의거한 풀뿌리 변혁을 평생에 걸쳐 지향해 나갔다.

이를테면 귀국한 후에는 배재학당에서 미국의 신학문을 강의하며 개화사상 전파에 힘씀으로써 민심의 뜨거운 호응을 받았다. 나는 배재학당 시절의 이승만이 서재필의 가르침을 어설프게 흡수했다고 생각한다.

서재필이 발간한 〈독립신문〉은 친중파, 친러파, 친일파 등이 광업권, 황무지 개간권, 철도 부설권 등의 각종 이권을 열강에 앞서거니 뒤서거니 팔아넘기는 행위를 통렬히 고발함으로써 민족의 이익을 증진하는 애국적 언론이라는 사실이 널리 알려지게 되었다. 독립신문의 활약에 고무된 뜻있는 독지가들의 경성신문과 매일신문 등 다양한 매체를 창간함으로써 한국의 시민계몽 운동은 새로운 도약기를 맞이하였다.

　그러니 서재필은 한반도를 침탈하려는 열강들에게 눈엣가시가 될 수밖에 없었다. 러시아제국과 일본제국은 서재필 추방 음모를 공동으로 진행했고, 그러한 움직임을 사전에 감지한 서재필 박사는 독립신문사를 미국인 호머 헐버트와의 공동발행 체제로 운영함으로써 외세와 이에 결탁한 기득권자들의 언론자유 탄압에 대비하였다.

　윤치호를 독립신문의 새 발행인으로 내세운 그는 미국으로 떠난 후에도 자주독립운동을 멈추지 않았다. 나중에 미국으로 망명을 온 이승만은 서재필의 명성과 권위를 알고는 도움을 청했고, 서재필 박사는 이승만의 이런저런 문제점에도 불구하고 그에 대한 조언과 지원을 아끼지 않았다.

　일제가 패망한 다음 귀국한 서재필 앞에는 지질한 좁쌀영감들의 대결이 펼쳐지고 있었다. 그는 해방 정국의 혼돈을 수습하고자 김구, 이승만, 여운형 사이에서 조정과 중재에 부지런히 나섰다.

　그렇지만 분단의 위기에 처한 겨레의 안위보다는 당장의 권력과 부귀공명에 현혹된 무리의 방해와 농간으로 말미암아 서재필의 조국을 위한 마지막 노력은 결국은 좌절되고 말았다. 그는 여운형이 암살된 일에 큰 충격을 받고 미국으로 돌아가 다시 병원을 열었다.

　그러나 들려온 소식은 김구가 괴한이 쏜 흉탄을 맞고 쓰러졌다는 비보였다. 설상가상 6.25 전쟁의 충격적 소식까지 더해지면서 암에 걸린 서재필은 1951년 실로 파란만장한 생을 마감하게 된다.

　악화가 양화를 구축한 역사는 서재필 박사와 이승만 대통령의 삶을 돌이켜보면서 내리게 되는 슬픈 한국사이다. 민족의 독립과 자주국가 건설을 목표로 분투한 사람들은 끊임없는 고통을 받으며 역사의 뒤안길로 쓸쓸히 밀려났다. 출세와 성공을 위해 술수와 배신을 일삼은 자들은 국가의 의사를 결정할 수 있는 지위에 오르고, 교육과 홍보를 통해 그러한 지위를 승계하면서 다른 계층에게 햇살이 비칠 틈새를 주지 않는다.

그럼에도 우리 사회에는 자기 혼자 잘 먹고 잘 살기보다는 공익을 위해 애쓰는 이들이 아직도 많다. 나는 이들을 변함없이 응원하고자 한다.

"발전하는 사회의 눈은 미래를 향하지만, 퇴보하고 멸망하는 사회는 과거로 고개를 돌린다."

《서재필 평전》의 저자 이황직 선생이 견지해 온 철학이다.

'RE100'이 뭔지도 모르고, 미래세대의 먹거리에는 아예 관심조차 없으며, 그저 야당 대표의 뒤나 캐는 데 열중하는 사람이 대통령이 되도록 적극 밀어주고, 자신과 경선에서 대립한 사람들을 모두 수사로 제거하거나 제거하려다가 실패한 리더의 모습을 보면 구한말에서 해방 정국에 이르는 혼란상이 먼 옛날의 일들로만 여겨지지 않는다.

여담으로, 서재필 박사는 서양인처럼 키가 크고 체구가 당당했다. 그의 의과대학교 졸업사진을 보면 머리숱도 흐뭇하게 많다. 우리나라 사람들이 모두 자랑스러워할 만큼 정말 훈훈한 외모다.

[2023.10.19]

누가 빈집털이를
노리는가

허주虛舟 김윤환 전 의원은 세칭 킹메이커로 불렸다. 그는 다섯 차례 국회의원을 역임하며 노태우와 김영삼을 대통령으로 만드는 데 혁혁한 공을 세웠다.

이회창 전 한나라당 총재를 대통령으로 만들어 세 번째로 킹메이커 역할을 하려던 허주의 야심은 1997년 대선에서 김대중 국민회의 총재가 당선됨으로써 물거품으로 돌아갔다. 그로부터 3년 후 이회창에게 토사구팽 당한 김윤환은 쓸쓸하게 야인으로 돌아갔다.

나는 언론인 김어준 씨가 어쩌면 더 성공한 허주를 꿈꾸는 것 같다고 생각한다. 김어준의 책《닥치고 정치》는 참여정부의 문재인 전 청와대 비서실장을 대통령으로 만들 수 있다고 자신 있게 단언하는 내용이 등장하고, 실제로 그렇게 됐기 때문이다.

문제는 나는 또한 김어준 씨가 윤석열 전 검찰총장도 대통령으로 만드는 데 크게 일조했다고 생각한다. 자세한 내막은 모르지만,

그는 윤석열 대통령이 문재인 대통령의 충직한 아들이라고 강조한 바가 있기 때문이다.

《닥치고 정치》 앞부분에는 조국 전 서울대 교수를 대통령으로 만들어야겠다는 계획에서 책을 쓰기 시작했다는 내용이 나온다. 그런데, 그가 이재명 야당 대표에 대한 체포동의안이 가결되자 조국 전 장관을 자기 프로그램에 불러 함께 웃고 떠드는 모습을 보여주기 시작했다.

유시민 전 장관은 '옥중공천'이라는 워딩을 사용하기도 했다. 권력의 세계에서 정적을 제거하는 방식으로 흔히 사용되어 온 수법이 다름 아닌 기정사실화임을 기억하자.

'옥중공천'은 이재명 대표에 대한 구속영장이 법원에서 발부될 것임을 기정사실화 하는 발언이고 프레임이었다. 내가 옥중공천이라는 용어가 갑자기 유행하는 상황에 경악을 금하지 못한 이유이다.

옥중공천은 민주당 안에 거대한 권력공백 사태가 발생할 것임을 은연중에 암시하고 있었다. 그 공백을 빈집털이로 메우려는 기회주의자들의 난동이 자연스럽게 꿈틀댈 것임은 불을 보듯 뻔했다. 김어준 씨와 유시민 전 장관은 시민들에게 매우 영향력이 큰 사람들이기 때문이다.

구속영장이 기각되자 많은 사람들이 적지 않게 당황한 것처럼 보였다. 그리고 김어준 씨는 세 번째 킹메이킹을 준비하는 것 같다. 나는 이 일을 계기로 선출직 공직자를 게임하듯 넣었다 빼는 조선

총독부 시절 일간지들을 혐오하듯, 알맹이 없이 킹메이킹 자체를 즐기는 평론가나 언론인 호소인들도 혐오하게 됐다.

　김건희 여사는 김어준 씨가 진영이라기보다는 사업가라는 평가를 한 일이 있다. 자기 남편의 킹메이킹을 해 준 사람이라서 더 냉정하게 알았을 것 같고, 나는 9월 22일경에야 깨달은 것을 훨씬 오래 전에 눈치 챘다는 면에서 그 남편의 적수가 되지 못해 꼬리를 내린 많은 사람들보다 앞서가는 통찰을 가지고 있다는 사실을 다시금 알게 됐다. [2023.10.02]

《김영삼 평전》에
부처

《김영삼 평전》은 대한민국 현대정치사와 관련된 서적들 가운데 열 손가락 안에 들어갈 수 있는 책이다. 이 책에는 장기독재의 목적이 재산 증식과 비판 차단에 있다는 점과, 독재 권력을 오랫동안 유지하려면 반대파를 분열시키는 통치인 'Divide and Rule' 전략이 유용한 수단이 될 수 있다는 점이 매우 현실감 있게 요약돼 있다.

나는 《김영삼 평전》을 읽으면서 크게 세 가지 사실에 주목하게 되었다.

1. 무책임하게 숨어버린 리더들

① 1960년의 4.19 혁명으로 수립된 제2공화국의 장면 총리는 다음 해 5.16 군사쿠데타가 일어나자 이를 단호하게 진압하지 않고 수녀원으로 황망하게 피신해버렸다. 그는 결과적으

로 박정희 정권의 탄생을 방조하고 말았다.

② 박정희 대통령이 10.26 사태로 사망한 지 약 두 달 후인 1979년 12월 12일, 전두환 보안사령관은 계엄사령관을 겸하고 있던 정승화 육군참모총장을 대통령의 재가도 없이 불법적으로 연행함으로써 군부의 실권을 장악하게 된다. 전두환이 주도하는 신군부가 다음 해인 1980년 5월 비상계엄령을 전국적으로 확대하면서 광주시민들을 무차별 학살했음도 최규하 대통령은 두문불출하다시피 하며 신군부의 만행과 정권 찬탈을 수수방관했다.

③ 나는 장면의 피신과 최규하의 두문불출에서 서글픈 역사적 기시감을 느끼고 등골이 서늘해졌다. 검찰 정권의 탄생을 거의 손 놓고 우두커니 지켜본 특정인이 떠오른 탓이었다.

2. 갈라치기 전략을 통한 권력 강화

전두환의 신군부는 1980년의 서울의 봄을 어떻게 순식간에 차디찬 겨울로 되돌릴 수 있었을까? 《김영삼 평전》에는 전두환이 야권의 쌍두마차였던 김영삼과 김대중 두 사람 사이를 이간질한 수법이 잘 나타나 있다. 전두환은 이들 두 야당 지도자 사이의 경쟁심을 가용 가능한 모든 수단을 총동원해 끊임없이 부추기고 증폭시켰다.

직선제 개헌 이후 치러진 1987년 겨울의 대통령 선거에서 전두환의 계승자인 노태우가 승리해 군부통치를 효과적으로 연장시킬 수 있었던 이유도 결국은 양김은 물론이고 그 지지자들마저 성공적으로 분열시켰기 때문이다.

인간은 강한 귀소본능을 갖고 있다. 자신이 속한 집단을 향한 충성심이 지나친 나머지 다른 집단과의 분열과 대립에 열중하기조차 한다. 그러므로 대중의 이와 같은 분열 심리를 교묘하게 자극하며 언론은 수익을 증대시키고 영향력을 확대 재생산해 왔다.

3. 지금 서울에선

박근혜 전 대통령 탄핵을 계기로 검찰 권력이 급속히 성장하고 대두해 온 지난 7년은 군부독재의 21세기 버전일 '수사독재'를 조장한 후 뒤로 은근슬쩍 숨은 사람과, 이러한 신흥 독재의 탄압과 핍박을 온몸으로 받아온 사람이 동시적으로 그려낸 웅장한 정치적 사극으로 요약될 수 있다.

상업적 성격이 강한 몇몇 극성스러운 유튜버들은 수사독재 시대를 대표하는 이 두 사람의 갈등과 불화를 의도적으로 부각시키며 자신들 또한 레거시 미디어에 버금갈 권력으로 부상하려 하고 있다.

기존의 레거시 미디어와 유튜브에서 기승을 부리는 레거시 미디어 지망생들에게는 중요한 공통점이 발견된다. 평범한 서민의 삶에는 별로 관심이 없다는 것이다. 그들이 중요시하는 것은 자기의 영향력 증대와 지속적 광고 유치뿐이다. 이는 지난 7년 동안 우리가 이미 충분히 경험한 일이기도 하다.

군사독재와 수사독재의 차이점은 물론 존재한다. 전자와 달리 후자는 백주대낮에 사람을 함부로 잡아가거나 정적을 가택연금하지는 않는다. 그럼에도 본질은 동일하다. 사법절차를 동원해 자기들이 저지르는 민주주의 파괴 행위를 정당화한다는 점이다.

과거에는 군인들이 독재의 몸통이었다. 지금은 법률안 공포권을 갖고 있으며, 대법관과 헌법재판관 대다수에 대한 임명권을 행사할 수 있는 인사들이 수사독재를 지향하고 있다.

노무현 전 대통령은 퇴임 직전인 2007년 12월 21일 "피의자에 대한 수사는 불구속 상태에서 함을 원칙으로 한다"는 규정을 형사소송법 198조 ①항에 대못으로 단단히 박아 넣었다. 나는 이와 같은 진일보한 인권 중심의 전향적 조치로 말미암아 그가 수사독재 숭배자들로부터 혹독한 보복을 당해 끝내 목숨까지 잃은 원인이 되었다고 생각한다.

한국 현대사의 이러한 변천과 곡절을 염두에 두고서 나는 시민들이 과거에 비추어 현재를 돌아볼 수 있도록 하는 책으로서 《김영삼 평전》은 매우 잘 쓰인 교과서 같은 책이라고 생각한다.

[2023.09.26]

민족의 장군
홍범도

《민족의 장군 홍범도》는 독립운동의 영웅 홍범도 장군 연구에 거의 평생을 바쳐온 문학평론가 이동순 선생이 2023년에 펴낸 홍범도 평전이다. 이 책은 단순히 홍범도 장군의 일대기를 서술하는 차원을 넘어 조선 말기에 자행된 왕실의 부패와 관료들의 수탈 등 당시 우리나라 역사 전반을 다루고 있다.

구한말 조선의 기득권층은 자주독립과 부국강병을 추구하는 대신에 사대주의와 재산 치부에 극성스럽게 몰두했다. 외세의 침탈과 지배계급의 가렴주구에 분노한 홍범도 장군은 의병 활동으로 시작돼 봉오동 전투의 승리로 절정에 달하는 장구한 무장항일투쟁에 나섰다. 그의 항일활동은 스탈린 치하의 소련에서 중앙아시아로 강제이주를 당할 때까지 꾸준히 계속되었다.

이 책에는 홍범도 장군의 삶과 더불어 일제가 침투시킨 밀정들이 어떻게 동포들을 제국주의자들에게 팔아넘겼는지 생생히 쓰여 있다. 이러한 민족 배신자들의 행적은 검사의 수사와 기소 분리 등 검찰개혁을 공약으로 내세우고 당선된 뒤 고비마다 비틀어 거의 매일 검찰이 직접 시작하는 압수수색과 구속영장 청구 소식으로 낮과 밤을 지새우게 만든 사람들과 매우 닮았다.

공익과 사익이 충돌할 때 후자인 개인의 이익을 추구하는 것은 생물의 자연스러운 본성일 수 있다. 그렇기 때문에 공익정신이 부족한 사람들은 공적인 분야에 적합하지 않다는 사실이 시민들에게 정보로서 잘 전달되는 것이 필요하다.

오늘부터 한 정치인이 여러 가지 개혁 과제가 당내에서 밀정 같은 사람들에 의해 계속 좌절되는 것을 돌파하기 위해서인지 단식에 돌입한다는 소식이 전해진다. 나는 비록 법률로 먹고 사는 사람이지만, 수사만능주의가 국가를 후진국으로 만들고 사람들을 야만적으로 변화시킨다고 믿기 때문에, 단식이라는 결기를 통해 수사의존주의자들 대신 국회우선주의자들이 많이 힘을 모아주면 좋겠다는 생각이 깊다. [2023.08.31]

마녀사냥의 신천지
대한민국

나는 초등학교 5학년 겨울방학 때 삼성당 출판사에서 나온 세계문학전집의 하나로 포함돼 있었던 조반니 보카치오의 《데카메론》을 처음 읽었다.

데카메론은 14세기 중엽의 유럽 대륙에 흑사병이 무서운 속도로 퍼지자 외부와 차단된 숲속 별장으로 피신한 부유한 귀족 남녀 10명이 순서를 정해 매일 밤 각자 한 가지씩 이야기를 들려준다는 줄거리다. 나는 유럽 중세의 봉건주의에 종지부를 찍은 흑사병이 죄 없는 고양이들을 붙잡아다가 대거 화형을 시킨 대가일지도 모른다는 조금은 엉뚱한 생각을 종종 해왔다.

《데카메론》에서 등장인물들의 입을 빌려 소개되는 음담패설의 대부분은 당연히 성性에 관련된 이야기들이다. 남녀를 막론한 성직자들이 육욕을 충족하는 데 나서기도 하고, 유부녀와 유부남이 불륜을 저지르기도 하며, 어린이들이 조숙한 나이에 성에 눈을 뜨기도 한다. 심지어 욕정을 이기지 못해 연적을 살해하는 끔찍한 일화마저 태연히 입에 오른다.

이 책의 특이점은 등장인물들이 이와 같은 행동을 저지른 사람들에 대해 섣부르게 도덕적 정죄를 가하지 않고서 관찰자적 시점의 냉정하고 초연한 자세를 유지한다는 사실이다. 그들의 이러한 태도는 그리스 신화를 저술하는 태도와 매우 유사하다.

그리스 신화에서 신들의 제왕인 제우스는 바람둥이로 묘사된다. 제우스는 두 눈 뜨고 멀쩡히 살아 있는 엄연한 본처인 헤라의 존재는 아랑곳하지 않고서 무수한 요정들과 여성들을 마구 임신시킨다. 올림포스산 최고의 훈남이자 멋쟁이 아폴론은 다프네와 사랑에 빠지지만 마지막 선 앞에서 머뭇거린다. 인간 감정의 다채로운 측면인 사랑, 정욕, 질투, 만용, 자만, 복수, 후회, 열등감 등이 이에 대한 준엄한 도덕적 평가는 생략된 채 신들에게 자연스럽게 투사되는 구조이다.

보카치오가 《데카메론》을 집필한 해인 1353년은 로마제국의 황제였던 콘스탄티누스 대제가 기독교를 공인한 312년으로부터 1천여 년의 세월이 경과한 시점이었다. 무오류와 무결점의 신성에 기반을 둔 도덕적 심판론으로 사시사철 연중무휴로 타인의 죄를 찾아 사소한 흠결만으로도 고문하고, 심지어 화형까지 시키던 중세의 암흑시대에 이 책의 출현은 인간의 본성을 긍정적으로 수용하는 휴머니즘에 바탕을 둔 르네상스 시대로 나아가는 중차대한 전환점을 이뤘다.

미국은 영국으로부터 비롯된 나라다. 그 영국은 국교회를 설립함으로써 교황의 지배에서 벗어났다. 이로 말미암아 리처드 도킨스 같은 무신론자들이 인구의 절반가량을 차지하는 나라가 되었다. 반면, 미국은 경직된 청교도적 도덕주의를 고집하는 인물들이 자유경쟁을 통해 거대한 부를 축적하면서 유명 텔레비전 전도사들이 왕성하게 활동하는 유사 신정국가로 변신했으나, 마찬가지로 자본주의적 자유경쟁이 통용되는 헐리우드를 통해 연애, 성, 결혼, 이혼, 불륜, 노화 등이 자연스러운 과정이라는 인식이 확장되기도 했다.

예송논쟁에서 보이는 바처럼 사소한 의견의 차이를 트집 잡아 삼족을 멸문시키는 일을 즐겨왔던 역사적 전통의 잔재 탓일까? 아니면, 해방 이후 한반도 남쪽에서 미국의 문물이 무비판적으로 받아들여졌던 영향 때문일까? 우리나라는 소설 《주홍글씨》에서 그려지는 숨 막히는 도덕주의가 수시로 기승을 부리고 있는 마녀사냥의 천국이 되어 있다. 너무나 안타까운 노릇이다.

나는 조금(?)은 이른 나이에 근대의 문을 활짝 열어젖힌 보카치오의 작품을 읽고서 타인의 개인사와 사생활에 무관심하거나 너그러운 성격이 굳어진 것 같다. 그렇지만 국가가 부여한 권한을 이용해 타지마할이나 피라미드 여행을 다니며 예산을 바닥내고, 시민들의 등에 빨대를 꽂는 《동물농장》 속의 나폴레옹 같은 공직자들에 대한 분노와 혐오감이 여전한 것은 한 번 각인된 원칙은 사라지지 않는 아스파라거스의 특성인 것 같다. [2023.08.29]

당신은 공산주의자와 결혼했습니까?

⚖️

《나는 공산주의자와 결혼했다》는 미국의 소설가 필립 로스가 1998년에 발표한 장편소설이다. 이 작품에서는 노조원으로 활동하다가 우연히 연극에서 링컨 대통령 역할로 출연했던 한 남자가 매카시즘의 광풍이 몰아치던 야만의 시대에 사회적으로 무참하게 매장당하는 과정이 로스 특유의 강렬한 문체로 묘사되고 있다.

한국의 최고위 인사가 얼마 전 우리나라에서 공산주의자들을 몰아내야만 한다는 발언을 했었다. 또 청년 정치인들이라고 주장하는 집단이, 국회의원의 가상화폐 투자는 위화감을 조장하는 행위라면서 사퇴를 촉구하는 기자회견을 했다는 사실도 뒤늦게 듣게 됐다.

우리나라가 공산주의 국가라고 믿는 사람들이, 국회의원은 오로지 월급과 후원금으로만 의정활동을 수행하고 개인의 삶을 영위해야만 한다고 생각하는 사람들이, 대한민국에 이렇게나 많았다는 것을 나는 이번에야 알았다. 나는 그런 사람들이 외려 공산주의자라고 생각한다.

2008년 금융위기는 미국의 달러로 대표되는 중앙통제 방식의 화폐가 전 세계 경제를 언제든지 휘청거리게 만들 수 있다는 경각심과 위기의식을 인류에게 심어주었다. 블록체인 기술에 기반을 둔 가상화폐는 화폐 자체를 민주주의적 방식으로 평가하고 거래하자는 아이디어에서 출발하였다.

가상화폐는 매도와 매수와 모든 과정에서 강제력이 부과되지 않는다. 각자 자신이 가진 능력과 지식의 범위 안에서 지출과 투자를 결정하도록 유도한다. 한마디로, 중앙집중이 아닌 분산을 지향하고 있다.

국회의원이 직무에 방해가 되지 않고 이해충돌의 소지 또한 없더라도 가상화폐 거래를 통해 돈을 벌면 무조건 나쁘다는 인식은 시대착오적 생각일 뿐이다.

가상화폐는 개개인의 '자기책임'을 강조한다. 따라서 발생한 손해의 책임은 스스로의 몫이 된다. 나는 가상화폐에 투자하면 대박이 난다는 이야기를 듣고 코인 시장에 뛰어들었다가 손해를 입은 분들은 그들이 어린이가 아닌 이상 성인의 자기책임 원칙이라는 민주주의 원리를 받아들여야 한다고 생각한다.

공적인 지위와 권한을 이용해 헐값에 구매한 자신과 일가족의 재산을 고가로 국가와 공공기관에 판매하는 것처럼 직위와 직권을 이용한 것이 아닌, 자기의 시간과 재능을 정당한 자본주의적 행위에 투자하겠다는 것이 왜 비난의 대상이 되어야 하는지 논리적으로 설명할 수 있을까? 그럼에도 공직에서 사퇴해야 한다는 주장은 시민들이 선출한 대리인에 대한 반민주적 공격으로 보인다.

만일 일과시간에 가상화폐 거래 버튼을 누른 것을 문제 삼고 싶다면 근무 중에 배우자나 친구나 기자와 전화통화를 하는 것도 문제시해야 하지 않겠는가? 아직 근무시간이 끝나지도 않았고, 자기 소속 상임위는 재경위가 아니라 정무위라서 업무상 관련도 없는데 사무실로 가상화폐 회사 대표를 불러서 대화한 사람도 비판해야 형평성이 맞지 않은가?

우리 제발 솔직해지자. 별 볼 일 없어 보이는 사람이 주식과 가상화폐 투자로 돈 벌었다는 사실이 배가 아프니까 공직에서 쫓아내고 싶은 것 아닌가? 야당 대표가 미우니 그 곁을 지키는 정치인들까지 덩달아 미워진 것 아닌가?

우리나라가 공산주의 국가인 줄 아는 분들의 위선적 성향과 어떻게든 꼬투리를 잡아서 대한민국을 예송논쟁 시절의 수렁으로 끌고 들어가려는 분들의 생뚱맞은 주장은 이제 그만 박물관으로 보내졌으면 한다. 왜냐하면 이들 트집 잡기 전문가들이 시도 때도 없이 터뜨리는 자본주의와 민주주의에 대한 맥락 없는 저주와 근거 없는 악담이 국가와 시민사회를 마구 망가뜨리고 있기 때문이다.

[2023.08.22]

찐자의 저울

버마 시절의
N분의 1

아내 : 당신은 왜 그 사람을 파멸시키려고 해요?

돼지 : 그 인간은 뇌물을 받지 않아. 그런 관행이 널리 퍼지면 정
말 곤란해.

《버마 시절》(원제 : Burmese Day)은 정치풍자 소설의 대가 조지 오
웰이 발표한 첫 번째 장편소설이다. 이 책은 옛 버마, 곧 지금의 미
얀마에서 영국 식민당국의 경찰관으로 근무했던 조지 오웰의 개인
적 경험이 짙게 반영돼 있는 작품이다.

《버마 시절》은 대영제국의 식민통치를 받던 미얀마의 현지인 출
신 하급 관리 하나가 청렴한 인도인 의사와 그 인도인의 상징적 후
견인 역할을 하는 영국인 청년을 파멸시키는 과정을 다루고 있다.

이 소설에는 시대착오적 식민통치에서 자행되는 억압과 수탈의
실상이 세밀하게 묘사되어 있기도 하다. 그와 함께 뇌물로 삶을 영

위하는 매국노가 청렴하고 도덕적인 사람들의 삶을 어떻게 파괴하는지가 섬뜩하게 그려졌다.

여러 명이 힘을 합쳐 남의 물건 여러 개를 훔치면, 절도에 연루된 자들 모두가 훔친 물건 전부에 대해 공범으로 처벌받는다. 이와 마찬가지로 여럿이서 뇌물성 접대를 받았다면 접대 자리에 동석한 전원이 받은 향응 가격의 합계가 각 수뢰자가 공범으로 받은 향응액이 되어야 한다는 것이 원래 대법원 판례였다.(99도1557) N분의 1로 나누는 것은 수뢰자로부터 추징액을 결정할 때 계산 방법이다.(2011도9585)

그런데 우리나라 검찰은 수뢰액을 N분의 1 방식으로 나눠 기소하고, 박범계 장관은 그러한 기소를 승인함으로써 기업인으로부터 향응을 받은 검사들이 무죄 판결을 받을 수 있도록 기여했다.

본명이 에릭 아서 블레어^{Eric Arthur Blair}인 조지 오웰은 워낙 야윈 체질이어서 그런지 살찐 돼지에 대한 반감을 그가 서술한 문학작품 곳곳에서 드러내고 있다. 이를테면《버마 시절》에서 악당으로 등장하는 매국노 우포킨은 얼굴에 기름기가 촬촬 흐르고 살이 뒤룩뒤룩 찐 인간으로 설정돼 있다. 조지 오웰의 대표작인《동물농장》에서도 악의 최종 보스는 역시나 돼지였다. [2023.06.12]

명상록, 어른이 되지 못한
남자들을 위한 필독서

한국어로 검투사라는 의미를 지닌 미국 영화 〈글래디에이터〉 Gladiator는 제73회 아카데미 시상식에서 작품상과 남우주연상 등 5개 부문의 상을 석권한 작품이다. 이 영화의 초반부에는 아들 코모두스에게 비극적으로 살해당하는 마르쿠스 아우렐리우스 황제가 등장한다.

아우렐리우스는 로마제국의 최전성기를 이끈 5현제 가운데 마지막 임금이다. 그가 진중에서 틈틈이 집필해 완성한 《명상록》은 교과서에 실릴 정도로 유명한 윤리서이자 철학서이다.

아우렐리우스는 고도의 정신적 활동인 철학을 하기에는 최악의 환경에 놓여 있었다. 게르만족을 필두로 사방에서 밀려오는 야만족들로부터 로마의 국경선을 지키고자 끊임없이 전장을 돌아야 했기 때문이다. 따라서 이 책은 일기체의 형식이 자연스럽게 묻어나게 되었다.

삶과 인간에 관한 성찰적 내용으로 충만한 《명상록》은 책장을 여는 순간부터 독자들에게 멋들어진 감동을 선사한다.

From my grandfather, decency and a mild temper.
From my natural father, integrity and manliness.
From my tutor, to tolerate pain.

직역하자면 "조부로부터 품격과 온화함을, 친부로부터 품위와 남자다움을, 스승으로부터 관용과 인내심"을 배웠다는 뜻이다. 자신이 칭송하는 미덕과, 그리한 미덕을 체득하고 전승해 준 인물들을 소개하는 서술형식인 셈이다.

대법관과 감사원장과 국무총리를 차례로 역임한 다음 두 차례 연속으로 대통령 선거에서 석패했던 이회창 전 한나라당 총재는 가슴이 울적할 때마다 책꽂이에서 《명상록》을 꺼내어 탐독했을 정도로 커다란 감명과 울림을 주었던 책으로 소개하였다.

자신이 직면한 문제를 자기 힘으로 해결하지 못하고 이를테면 엄마가 대신 해결해 주기를 바라는 응석받이 심성을 지닌 아이가 나중에 어른으로 성장해 크게 출세하면 잔인무도한 독재자가 될 위험성이 크다. 타인의 힘을 빌려 문제를 해결하려고 시도할 경우 보통은 더욱더 강경하고 극단적인 방법을 택하기 때문이다. 일례로 그들은 경쟁자를 국가기관까지 공공연히 동원해서 박멸하려고 들기 일쑤다.

그러므로 나는 나이를 먹을 만큼 먹었음에도 아직 어른이 되지 못한 소심하고 미성숙한 사내들에게 꼭 필요한 책이 바로《명상록》이라고 믿고 있다. [2023.05.31]

피너츠의 찰리 브라운들은
언제 어른이 될까

지금으로부터 2년 전쯤에 생긴 일이다. 고위공직자범죄수사처에 제출한 내 개인정보가 통째로 유출된 탓에 내게 무수한 항의 전화가 오고 문자폭탄이 날아왔다. 유출된 주소를 참고해서 심지어 집까지 직접 찾아오는 경우마저 빈번했다. 그중에 단연 황당한 경험은 누군가가 내 명의를 이용해 휴대전화를 신규 개통한 사건이었다.

나는 일하는 직장의 성격이 일반인들과는 매우 다른 까닭에 권한을 이용해 개인적 민원을 해결한다는 인상을 주고 싶지 않았다. 그래서 개인정보 유출과 관련해서는 개인정보를 관리하는 책임자에게 이러한 사실을 고지하고, 내 이름을 이용해 무단으로 휴대전화를 개통한 사건에 대해선 통신사로부터 위자료를 받았다. 나는 이정도 선에서 사태를 마무리하는 데 만족했다.

나는 물론이고 내 가족들은 억울한 일을 당하면 민사재판으로 해결하는 방식을 택해왔다. 내 직업을 활용해 형사사건으로 일을 키우는 방식은 어떻게든 피해 왔다. 그것이 내가 생각하는 시민적 상식일뿐더러 성숙한 어른의 자세라는 이유에서였다. 한편으로는 이해충돌을 회피하고자 하는 사양지심의 발로이기도 한 것 같다.

내가 사법시험에 응시하고, 직장을 잡았을 무렵 우리나라는 법조윤리 시험은 따로 실시하지 않았었다. 반면, 미국에서는 주마다 제도가 다르기는 해도, 거의 모든 주 로스쿨에서 해당 과목을 별도로 한 학기 동안 수강해야 할 뿐만 아니라, 1년에 세 차례 치러지는 법조윤리 시험에 적어도 한 번 이상 응시해서 개별 주들이 요구하는 일정한 점수 이상을 취득해야만 변호사 시험에 합격할 수 있다. 그중 가장 인상적 규정은 "이해충돌의 외관조차 창출해서는 안 된다"는 조항이었다.

최근 어느 언론사의 여성 기자를 겨냥한 돌연하고 대대적인 압수수색이 있었다는 소식을 오늘 들었다. 수사기관과 관련 있는 정보를 취재한 것을 문제 삼았기 때문이라고 들었다.

이것이야말로 미국 법조윤리 규정이 정확하게 금지하는 이해충돌 행위라고 본다. 자기가 수사기관을 조종하는 일에 몸담고 있으면서 취재의 대상이 된 경우 그 취재자를 강제수사하는 것은 이해가 충돌되는 행위이기 때문이다. 전격적인 압수수색의 대상이 된 기자와 예전에 함께 일했던 경험이 있는 지인의 말로는, 그는 굉장히 유능하고 소신 있는 언론인이라고 한다.

《피너츠》 만화의 주인공인 찰리 브라운과 그의 친구들은 어린 시절부터 카툰에 출연하고 대사를 외우느라 과도한 스트레스에 시달려 소아 대머리가 되고 말았다. 대머리 치료는 머리가 다 커야 시작할 수 있다. 과연 그들은 언제 자라서 제대로 된 치료를 받을 수 있을까? [2023.05.20]

우리 시대의
카시오페이아들에게

그리스 신화는 인간의 오묘한 심리와 세상사의 심오한 이치를 핍진하게 담아낸 인류 최고의 문화유산으로 평가되고 있다.

사람은 한 가지 모험만 성공시켜도 '영웅' 칭호를 받기 마련이다. 그리스 신화 속에는 다양한 유형의 영웅들이 줄줄이 사탕처럼 연이어 등장하는데, 그중에서도 단연 발군은 아테네의 창건자로 불리는 페르세우스일 터이다. 페르세우스의 찬란한 모험담을 모두 이야기하다 보면 지면이 모자랄 테니 이 가운데 일부만 소개하도록 하겠다.

페르세우스는 아테네 여신이 내어준 청동거울을 이용해 메두사의 머리를 잘라낸 다음 고국으로 귀환하던 도중 에티오피아 땅에 이르게 된다. 그는 그곳에서 바다 괴물에게 제물로 바쳐져 목숨을 잃을 위기에 처한 안드로메다를 구해낸다. 그리고 메두사의 머리를 이용해 에티오피아 왕국의 악당들을 전원 일망타진한다. 한마디로 돌로 만들어버린 것이다.

그렇다면 현대인들에게는 외계 은하의 이름으로도 유명한 안드로메다는 도대체 어떤 사연이 있었기에 고귀한 왕녀의 신분임에도 제물로 바쳐지는 수난을 겪었던 것일까?

사연인즉슨 이렇다. 안드로메다의 어머니 카시오페이아는 자기가 바다의 여신인 네레이드 자매보다 훨씬 더 아름답다고 주책맞게 입을 털고 다니는 바람에 네레이드 자매들의 분노를 덜컥 사고 말았다.

감히 신을 능멸하는 같잖은 인간의 오만함에 빈정이 잔뜩 상한 네레이드 자매들은 거대하고 무시무시한 바다 괴물을 보내 카시오페이아가 통치하던 에티오피아를 쑥대밭처럼 황폐하게 만들어 놓은 것도 모자라 이참에 아예 궁전까지 침탈해 올 기세였다.

겁에 질린 카시오페이아가 사제에게 네레이드 자매들의 분노를 달랠 방책을 물어보자 딸 안드로메다를 바다 괴물에게 제물로 바쳐야만 한다는 신탁이 나왔다. 왕국을 살려야겠다고, 정확히는 일단 본인부터 살아야겠다고 결심한 카시오페이아는 안드로메다를 바다 괴물이 출현할 것으로 예상되는 지점에다가 쇠사슬로 꽁꽁 묶어놓는다.

때마침, 메두사의 머리를 전리품으로 획득한 후 자랑스럽게 귀향길에 오른 페르세우스가 아름다운 자태의 안드로메다를 발견하고는 손에 들고 있던 칼로 바다 괴물을 단박에 무찌르고는 이 가련한 아가씨를 극적으로 구출한다.

'고양이 목에 방울 달기'는 인간이나 조직이 직면하는 숱한 딜레마들 중 대표적인 딜레마이다. 단적으로, 쥐들의 안전을 보장하려면 쥐들 가운데 한 마리가 고양이 목에 방울을 달아야만 한다. 대부분의 쥐들은, 아니 사람들은 비겁하고 무책임한 카시오페이아와 그 남편처럼 남들의 소중한 생명을 희생시켜서라도 자기만은 어떻게든 살고 싶어 하는 법이다.

그러니 범인^{凡人}들과 달리 페르세우스처럼 물불을 가리지 않고 위험한 과제의 해결에 나서는 인물들은 위대한 영웅으로 칭송되며 후세에 길이길이 기억되기 마련이다.

나는 2019년 하반기를 기점으로 '증거 대신 선동'을 앞세우는 우리 시대 바다 괴물들과의 싸움을 벌이는 시민들을 많이 알게 됐다. 그 사람들은 괴물을 없애겠다며 국회에 괴물파괴단을 183명이나 보냈다.

그런데 최근 안드로메다처럼 힘없고 억울한 이들을 괴물에게 제물로 바치고 자기들의 목숨은 구걸하려는 사람들이 다시금 하나둘씩 차츰차츰 눈에 띄고 있다. 지금이라도 늦지 않으니 '괴물 직접 사냥 방지법', '괴물 징벌적 손해배상법', '괴물 이해충돌방지법' 등 괴물방지 3종 입법 세트가 신속히 통과되기를 바란다. [2021.03.29]

리처드 닉슨과
진 세버그

공화당 소속의 리처드 닉슨은 영민한 책사이자 수완 좋은 외교관인 헨리 키신저가 성사시킨 베트남 전쟁의 휴전에 힘입어 재선에 성공했다.

그러나 대통령 선거를 앞두고 워싱턴 DC 시내의 워터게이트 빌딩 안에 자리한 민주당 전국위원회 본부의 사무실에 도청장치를 설치하려던 닉슨의 선거운동원들이 호텔 경비원에게 발각되는 사건의 파문이 걷잡을 수 없이 커지면서 그는 대통령직에서 불명예를 안고 사임해야만 했다.

후일담에 따르면 닉슨은 이 일을 매우 억울해했다고 한다. 왜냐면 실제로 미국에서는 흑인들의 민권운동을 탄압하고, 노동조합 조직을 분쇄하며, 민간인들을 사찰하려는 목적으로 광범위한 도청 활동이 연방수사국[FBI]을 위시한 여러 국가기관들에 의해 광범위하게 수행되고 있었기 때문이다. 이는 당대의 미국 사회에서는 공공연한 비밀이었다.

2019년에 개봉된 미국의 스릴러 영화 〈세버그〉는 프랑스 출신의 아름답고 용기 있는 여성 배우 진 세버그가 흑인 인권운동 단체인 블랙 팬서를 지지하고 응원하는 공식적 활동을 시작하자 FBI가 그를 철통같이 감시하고 모질게 핍박했던 실화를 소재로 하고 있다.

드라마를 보면 미국 연방수사국은 이 여배우를 음해하기 위해 세버그에 대한 가짜 뉴스를 의도적으로 유포하고, 그녀의 집에 은밀하게 도청장치를 설치한다. 심지어 세버그가 집안에서 기르는 개를 죽이기까지 한다.

FBI의 집요하고 조직적인 방해 때문에 영화출연 계약마저 어려워진 세버그는 마침내 정신병자로 몰려 이른 나이에 영화계에서 은퇴하고 말았다. 국가가 선량한 한 사람의 인생을 철저하고 무참하게 파괴한 것이다.

세버그를 비롯한 수많은 시민들에 대한 도청과 테러가 횡행했던 1960년대는 역설적이게도 진보적 노선을 표방했던 케네디와 존슨 같은 민주당 출신 정치인들이 대통령에 당선돼 집권하던 시기였다. 소속 정당에 관계없이 도청과 감시는 권력자들에게 차마 떨쳐버릴 수 없는 달콤하고 치명적인 유혹이었다.

그러므로 의회에서 임기 도중 탄핵당할 위기에 내몰린 닉슨은 정말 억울했을 성싶다. 그의 잘못이라면 들키지 말아야 할 일을 멍청하고 칠칠맞은 부하들 때문에 들킨 것뿐일지도 모르기 때문이다.

그럼에도 워터게이트 사건은 내국인을 대상으로 한 불법적 사찰과 감시는 외관상이라도 허용되지 말아야 한다는 엄중한 경고를 후세에 남겼다. 아울러 국가기관의 윤리의무 위반이 무고한 민간인들에게 어떠한 피해와 고통을 안기는지를 성찰하는 계기로 작용했다.

그런데 미국은 나라 바깥에서는 여전히 그 행태와 습성이 바뀌지 않은 듯하다. 그들은 자국의 이익에 도움이 된다면 일방주의적 행동을 서슴지 않는다. 외국 정부의 요인들에 대한 미행과 도청은 예사이고, 때로는 정부전복 활동에까지 노골적으로 손을 대왔다. 겉은 연약해 보였지만 내면은 당찼던 세버그는 이러한 미국 정부에게는 눈엣가시처럼 귀찮고 성가신 존재였으리라.

이 영화에는 역사적 교훈과 더불어 볼거리도 풍성하다. 하이틴 아이돌 스타였던 크리스틴 스튜어트가 나이에 어울리지 않는 성숙한 명품 연기를 선보이고 있는 덕분이다. 국가폭력의 폐해에 대한 경각심을 환기시키는 차원에서 〈세버그〉는 민주시민들이라면 꼭 한번은 유심히 봐야 할 영화라 하겠다. [2023.04.11]

82년생 김지영은 우연일까

1. 들어가며

금태섭 전 의원이 "피의자 신분으로 수사기관에서 조사를 받을 때는 묵비권을 행사하는 것이 좋다"는 취지의 칼럼을 언론에 기고한 적이 있다. 나는 금태섭 의원이 적절한 주장을 했다고 생각한다.

왜냐하면 아직도 수사를 당하는 사람으로부터 진술을 유도하고 말꼬리를 잡아서 유죄를 추정하게 만드는 신문 기법을 강의하는 기관이 나랏돈으로 버젓이 운영되고 있기 때문이다. 이 기관의 강의 과목 중에는 '자백 받는 법'이 있었다. 나는 인권을 침해하는 강의라고 강력하게 항의하며 해당 과목의 수강을 단호하게 거부했던 기억이 난다.

나는 예전에 금태섭 의원이 집필한 책을 읽고 인문학 지식과 법률가로서의 경험을 훌륭하게 접목한 저서라는 인상을 받았다. 그러한 입장은 그가 사회적 이슈에 대해 나와 견해가 다른 경우가 있음에도 불구하고 여전히 변함이 없다. 게다가 그와는 여태껏 일면식도 없는데도 말이다.

2. 《82년생 김지영》은 과연 우연이었을까

금태섭 전 의원이 소설 《82년생 김지영》을 훌륭한 책으로 추천했다는 기사가 여러 언론에 보도됐었다. 나는 그러한 보도가 나온 지 서너 해 뒤에 문제의 소설을 읽었다. 책을 읽고 난 내 반응을 한마디로 소개하자면 화가 머리끝까지 치밀었다.

주인공은 자신의 주관은 하나도 없이 남을 따라서 사는 삶을 선택했다. 본인의 그 선택을 따라 끊임없이 밀려오는 불평불만들을 마치 전부 남 탓인 것처럼 주인공 스스로 시종일관 가스라이팅하고 있다.

《82년생 김지영》을 비평하는 서평들 가운데에는 우리의 어머니들이 살아온 평균적인 삶의 모습을 잔잔하게 그린 책이라는 평가도 있었다. 그러나 내게는 어불성설로 느껴졌다.

이는 나의 주관적인 성향이 반영된, 지극히 주관적인 서평이다.

3. 채털리 부인의 사랑

나는 마약 빼고는 금기가 거의 없었던 부모님 덕분에 소위 빨간 책의 대명사로 오인을 받아온 데이비드 허버트 로렌스의 장편소설 《채털리 부인의 사랑》을 일찌감치 초등학교 4학년 때 읽을 수 있었다. 이 책은 엄마가 시집을 오면서 가져온 벨벳 표지의 전집 중 한 권이었다. 굳이 해명하자면 전집에는 고대 그리스 시대의 고전 작품들도 여럿 끼어 있었다.

《채털리 부인의 사랑》은 지금부터 거의 100년 전인 1928년에 출간된 작품이다. 그럼에도 21세기에 쓰인 《82년생 김지영》보다 여성의 능동성과 주체성을 훨씬 더 적극적으로 긍정하고 있다.

소설의 주인공 코니는 가세가 서서히 기울어가고 있는 영국의 한 귀족 가문의 아들인 클리퍼드와 결혼한다. 그러나 제1차 세계대전에 참전했던 남편은 전투에서 입은 부상의 후유증으로 말미암아 하반신이 마비되어 돌아온다. 기쁨을 알 수 없는 몸이 돼버린 것이다.

코니는 젊고 예뻤다. 더욱이 성에 대해 이미 알고 있었다. 코니는 충족되지 않는 욕망을 이기려고 집 밖으로 산책을 나갔다가 채털리 가문의 영지를 관리하는 잡역부로 일하는 올리버와 우연히 마주치게 된다. 비슷한 또래의 두 사람은 이런저런 대화를 나누게 되고, 코니는 몸과 마음이 답답할 때마다 건장하고 야성미 넘치는 올리버를 찾아가 마음속에 담아온 깊은 얘기들을 가감 없이 털어놓는다.

말을 섞으면 몸도 섞기 쉬운 법이다. 코니는 굵은 빗줄기를 피해 올리버의 오두막 안으로 들어가게 되고, 올리버는 자기가 거주하는 냄새나고 초라한 거처에 귀한 신분인 장원의 여주인을 들이자 묘한 기분에 빠진다. 두 사람은 그곳에서 마침내 마지막 선을 넘고, 이후 뜨거운 관계를 이어가게 된다.

남편은 아내의 부정을 알게 되지만 남자 구실을 할 수 없는 자신의 처지에 자괴감을 느끼며 이를 애써 모른 체한다. 그냥 오쟁이 진 남편으로 사는 삶을 받아들이고 만 것이다. 나이든 하녀는 불륜에 빠진 아내를 수수방관할 수밖에 없는 클리퍼드의 구슬픈 처지를 동정하며 최선을 다해 그를 돌봐준다.

《채털리 부인의 사랑》은 저자가 남성이었음에도 당대 영국 상류층 여성들의 억눌린 욕망과 감춰진 성애를 섬세하고 사실적으로 드러냈다. 특히 주인공 코니가 암울한 현실로부터 스스로의 힘으로 탈출을 모색하는 과정은 지금의 잣대로 보아도 무척이나 담담하다. 그와 동시에 코니가 자신의 선택과 행동을 어떻게 책임감 있게 감당해 가는지가 자세하면서도 박진감 있게 묘사돼 있다.

4. 안나 카레니나와의 비교

러시아의 대문호 레프 톨스토이의 대표작들 중 하나인 《안나 카레니나》는 《채털리 부인의 사랑》보다도 정확히 50년 전에 완성되었다. 톨스토이는 바람난 유부녀인 여주인공이 죄책감을 이기지 못하고 자살을 선택하는 것으로 소설의 결말을 맺었다. 톨스토이와 달리 로렌스는 소설 속의 등장인물들이 제각기 각자의 상황에 걸맞은 대안을 택한 다음 그 결과를 기꺼이 받아들이는 좀 더 개방적이고 진취적이고 현실적인 삶의 자세를 조형해냈다.

이에 비해 21세기 작품인 《82년생 김지영》은 오히려 뒷걸음질을 친 느낌을 준다. 주인공은 여성인 동시에 성인이다. 자신의 선택이 행복을 가져다주지 못했다면 당연히 다른 탈출구를 찾아야 한다. 그런데 김지영은 안나의 책임감도, 코니의 주체성도 발휘하지 못한다. 단지 남편과 남편의 집안, 즉 시댁으로 이 모든 비탄과 파행의 책임을 돌려버리는 남녀 편 가르기로 편리하게 도피한다. 결과적으로 남녀 편 가르기의 끝에서 소설은 여성은 무능력하다는 일종의 자학적 세계관에 도달한다.

나는 여성이 유치원생으로 취급받아서는 안 된다고 믿는다. 여성 또한 성인으로서의 독자적 판단을 내리는 주체이다. 스스로 세상에 맞서 경험하고 그 경험을 자기 삶의 태도로 바꿀 능력이 있는 존재이기도 하다.

그러나 페미나치즘이 지배하는 현재 대한민국의 현실은 딴판이다. 여성은 무기력한 피해자임을 집요하게 주입시킨다. 수동적 존재임을 계속 부각시킨다. 자기의 힘으로는 대응하지 못하고 문제 해결을 누군가에게 의존하도록 교묘하게 부추긴다. 그와 같은 방식으로 한쪽 성별은 무조건 바보처럼 취급하고, 또 다른 한쪽 성별은 일방적으로 범죄자로 몰아붙인다. 여성도 남성과 동등한 성적 자기결정권이 있는데도 그와 같은 독립적 주체임을 고집스럽게 부인한다.

아마도 그 배경에는, 여성 피해자가 늘어날수록 그 피해자를 발굴했다는 여성단체의 보조금이 늘어나고, 그 여성단체가 배출한 사람이 국회의원으로 당선될 수 있도록 선정한 여성 할당 강제주의가 자리하고 있을 것이다.

5. 선동의 서막

금태섭 의원이 동료 국회의원 전원에게 《82년생 김지영》을 선물한 게 2017년 3월 초의 일이었다. 아니나 다를까, 이 일이 있은 지 1년 만에 지금의 야당은 오로지 여성만이 '2차 가해'의 피해자가 될 수 있고, 여성의 가족은 조금이라도 감정이 상했으면 2차 가해 피해자임을 주장할 수 있으며, 여성단체는 이와 같은 맹점을 이용해 세금으로 적잖은 액수의 보조금을 타낼 수 있는 법률안을 다수 정당과 청와대가 합동하여 제정·공포했다.

그 후 박근혜 대통령을 탄핵시키는 데 가장 공이 큰 한 방송국에 여성 공무원들이 차례로 등장해 당시 대통령과 사이가 안 좋았던 것으로 알려진 유명한 검사와 유명한 정치인들로부터 성적 피해를 입었다는 인터뷰가 줄을 이었고, 그 사람들은 곧바로 범죄자로 낙인찍혀 수사 대상자가 됐다.

한 명은 애초 고소기간이 지나자 다른 죄로 엮여 수사를 받고 징계도 받았으나 무죄가 확정되고 징계도 취소되었다. 다른 한 명은 1심에서는 무죄 판결을 받았으나 최종적으로는 유죄 판결이 확정되었다.

또 다른 유명 정치인은 당당하게 신체검사에 응함으로써 광풍에 맞섰고, 또 다른 유명 정치인은 자살로 생을 마감했다.

여기서 유명 정치인들의 공통점은 2017년 박근혜 대통령 탄핵으로 공백이 된 대통령 자리에 출마하기 위한 당내 경선의 경쟁자들이었다는 점이다.

대통령으로 당선된 사람은 박근혜 대통령 탄핵 선동의 핵심이었던 방송국 사장을 비공개로 만나기도 했다. 주요 저녁 시간 메이저 방송국의 생방송 인터뷰는 아무나 할 수 있는 것이 아니다. 한 명도 아니고 두 명이나.

여성의 무능력성과 우유부단함을 강조하는 책이 한 정당에 소속된 국회의원을 통해 유행하고, 여성의 성적 자기결정권을 부인하며, 남성의 반론권을 부정하는 법률이 그 정당에 의해 제정 및 공포된 뒤 그 당 소속 대통령과 경쟁한 사람들이 차례로 해당 법률에 의해 제거되었으며, 그 과정에서 방송국 사장은 여성 공무원들을 피해자 자격으로 생방송에 내보냈다.

이러한 일련의 과정이 모두 우연으로만 보이지는 않는다. 대통령은 나약한 여성성을 보호해주는 아버지 같은 존재로 포지셔닝하고 대통령과 경쟁하던 사람들은 여성의 성을 착취하는 범죄자라는 이미지를 낙인 씌우는 선동을 위해 여성의 독립성과 자립성을 부인하는 정신적 희롱 정도는 아무렇지도 않게 저지를 수 있다는 점을 보여주는 세밀한 세팅이 있는 것으로 느껴진다.

이런 세팅이 얼마나 후진적이고, 퇴행적이며 야만적인 것인지는 차차 살펴보려고 한다.

6. 리얼돌, 금지만이 능사일까

나는 여성용 자위기구 판매는 허용하면서도 남성용 자위기구의 일종인 리얼돌에 대해선 결사적으로 반대하는 여성단체들의 모순된 심리와 일관성 없는 논리를 이해하기 어렵다. 리얼돌 수입 금지가 정당화되려면 다음과 같은 선행조건들이 충족되어야 한다.

① 성범죄자의 몇 퍼센트가 리얼돌 이용자였는지 정확한 확인이 필요하다.

② 리얼돌 이용자의 몇 퍼센트가 성범죄를 저지르는지 등의 인과관계와 관련된 국내외의 구체적 통계자료가 확보되어야 한다.

③ 금지되는 인형 얼굴이 아동을 연상시키는 게 문제가 된다면 침해최소 원칙에 의거해 아동성의 표상인 이마, 코, 턱 길이의 비율과 얼굴 굴곡률을 정해서 이를 금지하면 된다. 일반적으로 아이들의 얼굴은 짧고 둥글기 마련이기 때문이다.

7. 뚱뚱함과 대머리도 금지할 건가

개인적 혐오의 감정에만 의지해 아무런 과학적, 통계적 근거 없이 리얼돌을 금지하려는 정치인이 있다고 가정해 보자. 극단은 극단을 부르기 마련이다. 다른 한쪽 극단에서 비만한 사람이나 머리가 벗겨진 사람의 국회의원 출마를 금지하는 입법에 나선다면 이를 어떻게 저지하고 무산시킬 작정인가?

왜냐? 국가가 합리적 이유와 필요성도 없는데 개인의 주관적 선호에 기대어 타인의 기호를 형사처벌 등의 방법을 통해 제지하려고 할 경우 그러한 맹목적 금압의 불똥과 불이익은 언젠가는 사회구성원 모두에게 튈 수 있기 때문이다. 남의 취향에 함부로 재갈을 물리면 결국 언젠가는 나의 취향에도 똑같이 재갈이 물리는 법이라는 역지사지의 교훈은 수천 년 동안 인류사에 면면히 이어져 내려온 쓰디쓴 가르침인 것이다. [2023.10.29]

* 저자 주 다행히, 이 글을 정리하는 2024년 4월 21일 현재 대다수의 페미나치주의자들이 시민들로부터 심판을 받은 것으로 보인다.

2차 가해라는
또 다른 괴물

성범죄를 처벌하는 이유는 4,000년 동안 여러모로 변해 왔지만 본래는 특정한 여성을 해당 여성과 밀접한 관계가 있는 남성, 이를 테면 남편이나 아버지의 허락 없이 임신시키는 데 대한 분노에서 출발했다.

성관계를 나눈 남녀 쌍방을 모두 사형에 처하는 내용은 인류 최초로 확인되는 법전들인 기원전 약 2,100년 전 무렵의 우르 법전과 기원전 약 1,750년경의 함무라비 법전에도 담겨 있다.

여성이 저항했을 경우에 처벌을 면제해 주는 인류애적 측은지심이 반영된 일은 그로부터 800년 후의 일이었다. 그러나 여성이 죽음을 불사하면서까지 저항하지 않았다면 성관계를 즐긴 것으로 간주하는 남성의 편견이 여전히 짙게 담긴 법률이었다.

이로부터 2,000년이 더 경과한 뒤에야 성범죄를 처벌하는 이유가 여성뿐만 아니라 모든 인간이 성관계의 시기와 상대와 방법을 결정할 자율권을 침해당한 데 있는 것으로 해석해야 한다는 이론이 정립됐다.

우리나라에서는 매우 불행하게도 결혼한 여성은 남편에 의한 강간죄의 피해자가 될 수 없고(70도29), 성전환 수술로 여성이 된 사람 또한 강간죄의 피해자가 될 수 없다고(96도791) 판시하였다. 수십 년 후에야 비로소 아내인지의 여부와, 성전환을 했는지의 여부를 불문하고 성적 자기결정권을 침해당한 경우에는 성범죄 피해자가 된다는 취지로 판례가 변경되었다.(2012도252, 2009도3580)

성범죄를 처벌하는 이유를 사람의 성적 자기 결정권 곧 동의권을 침해한 때문으로 확립한 것은 역사의 바람직한 발전 과정이다.

그러나 '2차 가해'라는 용어를 입법적으로 도입한 법률에서부터 시작해 성범죄 피해자는 오로지 여성만 될 수 있는 것으로 한정하는 반평등주의적인 페미나치즘 현상이 수년 전부터 나타나기 시작했다.(2018. 제정, 2019. 12. 25부터 시행, '여성폭력방지기본법')

성범죄가 처벌되는 법률적 이유는 상대방이 동의하지 않았거나 거부하는 성적 행위를 누군가가 저질렀기 때문이다. 당사자가 진심으로 동의하지 않았거나 거부했는지의 여부는 사실관계와 증거로 판단할 문제일 것이다.

그럼에도 '2차 가해' 종류의 입법에 뒤이어 최근에는 대법원 판례에서조차 '성인지감수성'이나 '피해자다움성 확인 금지'와 같은 반평등적 이념이 등장하고 있다. 이는 문제가 제기되는 행위가 발생했던 시기에 고소인이 동의했는지, 동의 후 나중에 변심하거나 혹은 앙심을 품었는지 여부에 대한 사실관계와 증거를 살피는 일조차 금기시하는 극단주의 경향의 발로라 하겠다.

이들은 동의권을 침해했기 때문에 처벌하는 것이라고 주장하면서도 동의권 침해 여부를 확인할 수 있는 증거를 찾아보는 일을 2차 가해라고, 성인지감수성 부족이라고, 피해자다움성 강요라고 강변하며 여성의 동의 여부를 아예 흑막에 가려두려 시도하고 있다. 이것은 결국 당시 여성의 동의 또는 의사 여부는 중요하지 않고, 경위야 어떻든 차후에 국가에 처벌을 호소하기만 하면 알아서 처리해주겠다는 전형적인 가부장주의의 또 다른 측면일 따름이다.

여성 법률가의 입장에서 이러한 극단주의에 깊은 우려를 표명하고 싶다. 한때 우리나라는 여성을 바보 취급하여 '혼인빙자간음'이라는 행위를 처벌하는 규정을 두고 있었다. 이 규정은 여성을 남자가 결혼하자고 얘기하면 쉽게 속아 넘어가 기꺼이 동침하는 존재로 전제하고, 만약 남자에게 기만당했다고 생각될 경우에는 해당 남성을 고소하여 국가로 하여금 여성을 대신해 복수할 수 있도록 만든 규정이었다.

헌법재판소는 이 규정이 여성을 유아적 존재로 전제함과 아울러 여성의 성을 국가가 나서서 보호해야 하는 가부장제의 산물로 여기고 있다고 비판하면서 혼인빙자간음죄가 결과적으로는 여성의 존엄을 부인하고 있다고 아래와 같이 위헌선언을 했다.(2008헌바58)

"남성이 위력이나 폭력 등 해악적 방법을 수반하지 않고서 여성을 애정행위의 상대방으로 선택하는 문제는 그 행위의 성질상 국가의 개입이 자제되어야 할 사적인 내밀한 영역인 데다 또 그 속성상 과장이 수반되게 마련이어서 (중략) 성관계의 과정에서 이루어지는 통상적 유도행위 또한 처벌해야 할 이유가 없다. 또한, 여성이 혼전 성관계를 요구하는 상대방 남자와 성관계를 가질 것인가의 여부를 스스로 결정한 후 자신의 결정이 착오에 의한 것이라고 주장하면서 상대방 남성의 처벌을 요구하는 것은 여성 스스로가 자신의 성적자기결정권을 부인하는 행위이다. (중략) 결국 이 사건 법률조항은 남녀평등의 사회를 지향하고 실현해야 할 국가의 헌법적 의무(헌법 제36조 제1항)에 반하는 것이자, 여성을 유아시幼兒視함으로써 여성을 보호한다는 미명 아래 사실상 국가 스스로가 여성의 성적자기결정권을 부인하는 것이 되므로, 이 사건 법률조항이 보호하고자 하는 여성의 성적자기결정권은 여성의 존엄과 가치에 역행하는 것이다."

근래 대두한 페미나치즘 이데올로기는 혼인빙자간음죄 처벌 이전보다도 더 심각하고 혹독하게 여성을 가부장적 국가 뒤에 유폐하고 있다. 성적 행위 당시 동의 여부조차 확인하지 말고 무조건 고소 이후의 주장만 100% 신뢰해야 한다는 극단으로 치닫고 있는 것이다. 이러한 극단은 헌법상 보장된 양성평등(36조 1항)의 이념을 거스르거니와 모든 성별의 국민이 공정한 재판을 받을 권리(27조 1항, 4항)가 있다는 원리를 침해하는 잘못된 방향에 빠지고 말았다.

특정 성별의 인류가 "아니오!"라고 스스로 말할 능력이 없는 인종이기 때문에 국가나 사회가 나서서 보호해야 한다는 주장이 거세질수록 관련기관의 형사처벌 권한과 전관의 수임료와 관련 단체의 예산과 보조금이 늘어나기 마련이다. 반면, 그 성별의 인격권이 존중받거나 향상되지는 않는다.

공자님이 활동하던 수천 년 전의 지혜들 가운데 하나는 "자기가 당하기 싫은 일은 남에게도 하지 말라"己所不欲 勿施於人는 절제의 정신이다. 그보다 수백 년 뒤에 활동한 예수님은 누가 오른뺨을 때리거든 왼뺨을 내밀라는 용서와 인내 정신으로 한층 더 나아갔다.

여성에 대한 차별과 배제의 역사가 4,000년 가까이 지속되어 왔다는 이유로 여성 이외의 다른 성을 극단적으로 역차별하는 것은 여성을 아이로 취급함으로써 이익을 얻고자 시도하는 기관과 조직과 단체의 이익에만 부합할 뿐이라는 점을 모두가 깨달았으면 좋겠다. 몇몇 여성들이 그러한 풍조에 편승해 기회주의적으로 활동하는 것을 묵인하는 문화가 더는 확산되지 않기를 기원한다. [2023.10.14]

여성폭력방지기본법은
남성차별 보장법이다

1. 영화 〈폭로〉의 줄거리와 메시지

〈폭로〉는 데미 무어와 마이클 더글러스 두 할리우드 슈퍼스타를 주연으로 기용해 1995년에 개봉된 스릴러 영화이다.

한 첨단기술 회사의 지사장인 데미 무어가 하급자인 마이클 더글러스에게 성적 서비스를 제공해줄 것을 강요하다가 거절당하자 오히려 자기가 성희롱을 당했다고 회사 경영자에게 눈물로 호소한다.

회장은 데미 무어가 흘리는 악어의 눈물에 속아 마이클을 좌천시키려고 시도하지만 그녀와 마이클 더글러스가 옥신각신하는 상황이 우연히 담긴 녹음 파일이 공개되면서 판세는 완전히 뒤집힌다. 〈폭로〉는 인간의 성적 자기결정권이 침해당하는 사태는 피해자의 성별과 무관하게 언제든지 발생할 수 있다는 점에 대한 경각심을 선구적으로 일깨운 수작으로 호평 받았다.

2. 2017년 조기 대선 이후의 상황

2017년 5월의 조기 대통령 선거가 끝난 다음 더불어민주당에서는 이낙연, 박원순, 안희정, 이재명 등 쟁쟁한 차기 대선 주자들이 각자가 담당한 분야에서 빼어난 역량을 발휘하며 치열한 선의의 경쟁을 벌이고 있었다.

3. 그때 검찰에선

권력을 향한 경쟁은 검찰조직 안에서도 뜨겁게 달아오른 상태였다. 특수와 공안이라는 서로 다른 정체성을 가진 파벌이 날카롭게 대립하고 있었기 때문이다.

여기서 잠깐 조기 대선이 가능했던 이유를 복기해 보자. 종합편성채널 JTBC가 최서원, 즉 최순실 씨의 국정을 농단한 증거라며 태블릿 PC와 관련된 특종을 터뜨렸고, 이러한 보도의 바턴을 이어받아 전방위적인 저인망식 수사에 나선 특수통 계열 검사들의 맹활약이 있었던 덕분이었다.

4. 공안 파벌의 대거 축출

그 무렵 공안 파벌 출신으로 검사장 직급에 해당하는 법무부 검찰국장으로 재직하고 있던 한 인사가 일선 검사들에게 격려금을 지급한 일이 무슨 거대한 범죄라도 되는 양 '돈 봉투 만찬'이라는 매우 선정적 제목 아래 갑자기 요란하게 보도되기 시작했다.

검찰에서는 법무부 장관과 그 보좌진이 일선 검찰청을 방문할 때면 회식 비용을 금일봉 형식으로 주어왔다. 수사 실적이 우수한 검사들이나 또는 근무 여건이 열악한 험지에서 고생하는 검사들에게 격려금을 주는 일은 매우 오래된 일종의 자연스러운 관행이었다. 왜냐하면 정부조직법상 검찰은 법무부의 외청으로 편제됐기 때문이다.

대통령 선거 이틀날 곧바로 대통령에 취임한 문재인 대통령이 청와대에 들어간 지 며칠 후 난데없이 '엄정 감찰'을 지시하면서 안태근 당시 검찰국장은 곧바로 동네북과 다름없는 신세가 되어 여론의 뭇매를 맞았다. 안태근에 대한 인사 조치는 대통령의 지시사항이었으므로 검사징계위원회는 곧바로 그를 면직시키는 결정을 내렸다. 그러나 대법원에서 취소처분을 내림으로써 안태근은 종국에는 원상복귀를 하게 된다.

2018년 초에는 서지현 검사가 JTBC 뉴스룸에 실명으로 출연해 안태근 검찰국장에게 성범죄를 당하고 그 일로 인사 보복을 받았다고 주장했다. 순식간에 전 국민의 이목을 끌었던 이 방송은 공안통의 선두주자로 승승장구해 온 안태근 검사장에게 치명타를 날렸다. 부패한 공직자의 이미지도 모자라 파렴치한 성범죄자의 낙인까지 더해졌기 때문이다. 그렇지만 안 검사는 이 일과 관련해 대법원에서 최종적으로 무죄를 선고받았다.

서지현 검사의 고백은 피해자 본인의 얼굴과 신상을 전부 공개하며 성범죄 사실을 폭로하는 '미투' 운동으로는 우리나라에서 최초의 사례였다. 나는 이후의 법원 판결과는 무관하게 서지현 검사의 용기 있는 행동을 여전히 높이 평가하고 있다.

5. 안희정의 돌연한 낙마

서지현 검사의 미투가 있은 지 두어 달 뒤에는 안희정 충청남도 지사의 정무비서와 수행비서로 차례로 일해 온 김지은 비서의 폭로가 역시 손석희 앵커가 진행하던 JTBC 뉴스룸에서 생방송 인터뷰 형식으로 이뤄졌다. 안희정 충남지사가 수차례에 걸쳐 김지은 비서를 성폭행했다는 주장이었다. 나는 김지은 비서의 용기를 서지현 검사의 용기만큼이나 높이 평가하는 입장임을 우선 전제하는 바이다.

그럼에도 안희정 지사와 김지은 비서 사이에 발생한 일이 과연 성폭력이었는지에 대해선 지성을 가진 성인 여성의 성적 자기결정권 침해의 존부存否 측면에서 이론의 여지가 있다고 생각한다. 1심 재판부의 판결과 궤를 같이하는 의견인 셈이다. 따라서 대법원에서의 판결에 대해선 찬성하지 않는 입장이라고 규정할 수 있다 하겠다.

6. 이재명 경기도지사의 정면 대응

그로부터 한 달 후에는 중견 영화배우 김부선 씨가 이재명 경기도지사에게 성적으로 이용당했다는 취지의 폭로를 하며 언론 앞에 서는 일이 일어났다.

김부선 씨는 장성한 딸이 있는 유명 연예인이다. 나는 김부선 씨가 이름난 여성으로서 공개하기 결코 쉽지 않았을 자신의 은밀한 사생활을 대중 앞에서 밝힌 데에는 크나큰 용기가 필요했을 것이라고 믿는다.

김부선 씨의 폭로는 이재명 경기지사가 신체검사까지 불사하는 정면 대응으로 나서며 그 불씨가 순식간에 스르르 수그러들었다. 내가 주목하는 지점은 신체검사를 통해 김부선 씨의 주장을 반박한 이재명 지사의 행동을 아무도 2차 가해로 비난하며 시비를 걸지 않은 일이었다.

7. 여성폭력방지기본법 선포

그 와중에 문재인 정부는 '여성폭력방지기본법'을 국무회의에서 선포하고 2019년부터 시행하는 것으로 결정했다.

8. 여성폭력방지기본법의 치명적 맹점

'여성폭력방지기본법'은 한 가지 커다란 맹점을 갖고 있다. 오로지 여성만이 보호의 대상일 뿐이고, 남성은 피해자로 인정받을 수 없다는 점이었다.

〈폭로〉가 여성이 남성을 성희롱하는 내용을 다뤘다면, 스티브 킹의 중편소설을 원작으로 제작된 또 다른 미국 영화 〈쇼생크 탈출〉은 남성이 남성을 성적으로 학대하는 이야기를 적나라하게 그리고 있다. 그렇다. 남성 역시 여성처럼 성폭력의 피해자가 얼마든지 될 수 있음에도 불구하고 우리나라의 '여성폭력방지기본법'은 법안의 명칭에서 이미 확연히 드러나듯이 오직 여성만을 피해자로 상정하는 치명적 모순을 내포하고 있다.

9. 문제의 본질은 무엇일까

'여성폭력방지기본법'은 발상 자체부터가 성차별적이다. 더욱이 입법 과정마저 정상적이지 않았다. 이재명 경기지사가 신체검사를 자청하는 수모까지 감수하며 정면으로 대응하는 용단을 내리지 않았다면 누구에게 정치적 이득이 돌아갔을까? 그리고 이재명의 이후의 운명은 어떻게 전개됐을까? 정답을 상상하는 일은 그리 어렵지 않을 터이다.

10. 이후에 벌어진 일

우리나라 헌법에 규정된 '사전검열금지 원칙'을 '여성폭력방지기본법'의 이와 같은 성차별적 요소에 근거하여 위반하려는 시도가 최근에 있었다. 나는 이러한 사태를 매우 바람직하지 않은 현상으로 평가하고 싶다. 공정과 정상이 차별과 비정상에 의해 공공연히 훼손되는 형편이기 때문이다. [2023.08.04]

박원순 전 서울시장 3주기에 부쳐

자기 자랑 같아 계면쩍고 쑥스럽지만 나도 명색이 미국 유학파이다. 그러니 미국물 먹은 사람들 가운데 한 명으로서 작금의 '2차 가해 광풍'에 대해 몇 마디 논평하지 않을 수가 없다.

성범죄 재판에서 고소인에 대한 증인신문이 오히려 고소인을 괴롭혀 법정에 나오지 못하도록 악용되는 사례에 대한 논란은 미국에서도 당연히 많았다. 그래서 성범죄 고소인의 옷차림, 남자관계, 성행위 특징 등에 대해서 언급하거나 증거를 제출하지 못하도록 연방 증거법(워싱턴 DC에서 통용됨)과 뉴욕주 증거법과 캘리포니아주 증거법 등에서의 법률 개정이 1970년대에 이루어졌다. 방금 언급된 주들은 미국 내에서 인구가 많고 교육 수준과 소득 수준이 높은 지역들이다.

그럼에도 고소인의 성적 행위의 자발성을 입증하거나 피고소인의 헌법상 인격권과 방어권 보장을 위해 필요한 경우에는 고소인과 피고소인 사이의 대화 내용을 포함해 원활한 재판 진행에 요구되는 자료 일체를 검증할 수 있도록 명확한 규정을 두었다.

연방 증거법으로는 412(b)(1)(B)&(C), 뉴욕 증거법으로는 4.20.(1)(a), 캘리포니아 증거법으로는 1103(3), 텍사스 주는 412(b)(2)(B)가 여기에 해당한다. 소송의 공정성과 형평성을 보장하려는 목적으로 연방 차원에서는 물론이고, 뉴욕, 캘리포니아, 텍사스, 워싱턴 D.C. 등 고소득층이 다수 거주하는 주들에서 그와 같은 취지의 규정을 마련했던 것이다.

우리나라에서 지금 어떤 이들은 다른 사람을 향해 무지막지한 인신공격을 가해놓은 다음 상대방이 반론을 펴려고 하면 2차 가해 프레임을 마치 전가의 보도처럼 휘두르며 입에 재갈을 물리려 든다.

미국에서는 이미 50년 전에 대등한 위치에서의 공방과 논쟁이 가능하도록 제도적으로 확실히 보장해 놓은 권리를 한국에서는 몇몇 사람들이 히틀러의 돌격대나 중국 문화대혁명 시절의 홍위병들처럼 매우 폭력적이고 위압적인 태도로 상대를 윽박지르곤 한다. 팩트가 아닌 억지가, 논리가 아닌 위력이 승패를 결정하는 관건이 돼버렸다.

나는 박원순 전 서울시장의 죽음과 관련해 손병관 기자의 책인 《비극의 탄생》에 우리가 진중하게 귀 기울일 만한 내용이 많다고 생각한다.

박원순은 서울대 우 조교 성희롱 배상 사건에서 "여성의 주장은 (거의 무조건) 믿어야 한다"는 논거를 제시함으로써 6년간의 지루한 법정투쟁 끝에 마침내 승소한 경험이 있었다. 그는 다름 아닌 자신이 과거에 이뤄놓은 틀과 본인의 입장이 충돌하는 현실에 굉장히 곤혹스럽고 괴로웠던 듯하다. 그가 신념을 지키는 길은 딱 하나뿐이었는지 모른다. 스스로를 희생시키는 것이었다.

나는 안희정 충남도지사 사건에서도 무죄판결이 선고되어야 한다는 입장이었다. 여성이 성적 자기결정권을 행사하면서 성적 매력을 전략적으로 사용하는 사례가 엄연히 존재하는데도 성인 남녀가 단지 직장에서 상하 관계라는 이유만으로 여성의 성적 자기결정권을 부인했던 2심 판결과 대법원 결정을 나는 좀처럼 수긍하기 어려웠다.

물론, 이러한 나의 성향은 형사처벌 만능주의를 혐오하는 성향을 반영한 것이기도 하고, 여성의 성에 대해 위선적인 입장을 가진 여성들을 혐오하는 성향을 반영한 것이기도 하다.

나와 대조적으로 박원순 시장은 안희정 지사에게 무죄판결을 선고한 1심에 대해 비판적 입장이었다. 그는 남에게 들이댄 엄격한 잣대를 자기에게도 들이대는 일관성을 지키려면 극단적 선택을 할 수밖에 없다는 판단을 내렸을지 모른다.

미국은 사회적으로 크게 논란이 된 사안에 대하여 연방의회와 주의회를 막론하고 입법부가 적극적으로 나서서 관련 법률을 개정해 왔다. 그러나 우리는 소위 페미나치즘이 연관된 사안에 관해서는 피고소인의 방어권과 인격권을 보장하려는 최소한의 입법 노력조차 부재한 형편이다.

《비극의 탄생》에 실린 내용들을 토대로 한 다큐멘터리 영화가 현재 제작되는 중이라고 한다. 광기와 권력욕을 지양하고 페어플레이 정신을 중시하는 합리적 토론과 이성적 검증의 장이 열리기를 마음속 깊이 희망하는 바이다. [2023.07.09]

24살 연상의 여교사를
사랑한 남자

특정인을 변태나 범죄자로 몰아가기 위해 배우자나 연인과의 나이 차이를 들먹거리는 사람들이 가끔씩 눈에 띈다. 문제는 그러한 악의적인 트집 잡기를 힘센 나라의 인물들을 상대로는 좀처럼 하지 못한다는 점이다.

2022년 선거에서 재선에 성공한 프랑스 대통령 에마뉘엘 마크롱은 고등학생 신분이던 15살에 24세 연상의 유부녀였던 브리짓 트로뉴를 연극 수업 시간에 처음으로 만났다. 당시 브리짓은 마크롱이 다니던 학교의 교사로서 슬하에 이미 3명의 자녀를 두고 있었다.

그로부터 1년 후, 마크롱이 16살이 되던 해에 두 사람은 열애 관계에 빠진다. 그러자 아들의 장래가 염려된 마크롱의 부모는 이사까지 가며 그를 먼 곳으로 전학시키지만 그럴수록 스승과 제자의 사랑은 더욱더 각별하고 애틋해질 뿐이었다.

브리짓이 이혼한 직후인 2004년에 두 사람은 결국 정식으로 결혼식을 올린다. 조만간 파경을 맞을 것이라던 주변의 우려와 질시 섞인 예상이 무색하게 마크롱과 브리짓은 서로 바라만 봐도 눈에서 꿀이 뚝뚝 떨어질 것처럼 단란한 금슬을 과시하며 지금까지도 행복하게 잘 살고 있다.

여성이 업무상 상급 관계에 있어도, 게다가 12살 많은 띠동갑도 아닌 무려 24살이 더 많은 띠띠동갑이어도 연애와 결혼, 그리고 성적인 접촉 여부는 쌍방 모두가 일정한 연령에 도달한 것을 전제로 개인이 자율적으로 결정하고 판단할 문제의 영역에 속한다고 생각하는 게 성숙하고 선진적인 사회의 보편적 관념이다.

불행히도, 우리나라에는 개인의 일거수일투족마저 일일이 국가가 관여하고 간섭해 형벌로 다스려야 한다는 형벌 지상론자들이 여전히 위세를 떨치고 있다. 그렇게 오지랖 넓은 그들조차 자신들의 그와 같은 잣대를 자기들 생각에 프랑스처럼 강대국으로 여겨지는 나라에는 좀처럼 들이대지 못하는 형편이다.

그들은 누군가의 젊음을 착취의 대상으로 간주하는 고약한 습성이 있다. 그러나 상대가 선진국의 젊은 남성일 경우에는 성적 자기 결정권이 전적으로 보장되는 어엿한 젊은이로 숭상하는 분위기이다.

한국은 서구 여러 나라들과는 달리 형사처벌 만능주의가 아직도 기세를 떨치고 있다. 여성은 성적 행위 여부를 결정할 능력이 없이 남성에게 일방적으로 착취당하기만 하는 존재라는 낡고 오도된 인식이 여전히 지배하고 있다. 성별과는 무관하게 개인의 선택과 자유가 시민들 상호 간에 존중되는 나라들 얘기는 그저 머나먼 별세상의 얘기일 따름이다.

박원순 전 서울시장의 갑작스러운 죽음을 주제로 한 다큐멘터리 영화가 개봉을 준비하고 있다는 소식이다. 해당 작품이 성적인 의사 결정과 관련해 한국 여성들을 여전히 무능력자로 취급하고 성모 마리아로 가정하고 있는 기존의 집단강박증을 깨뜨리는 역할을 해주길 기원한다. [2023.06.07]

이선균 배우의
죽음을 애도하며

문재인 정부가 검찰개혁을 내세우며 출범한 직후의 일이다. 내가 법원에 청구한 압수수색영장이 간부들에 의해 은밀히 회수된 사건이 일어났다. 이러한 행동은 위계에 의한 공무집행방해와 공용서류무효 등의 죄목으로 처벌될 수 있는 불법적 행동이었다. 징계는 당연지사였다. 그런데 정부는 내가 그들에 대한 감찰을 청구하자 되레 나를 겨냥한 보복성 감찰과 징계에 나섰다.

그에 따른 억울함에 울화통이 터져서 나는 극단적 선택을 하기로 마음을 먹고서 친정 쪽 지인이 운영하는 신경정신과를 찾아갔다. 그곳에서 처방해 주는 다량의 수면제를 먹고 세상을 하직할 마음이었다.

엄마는 어디서 들었는지 사실을 눈치 채고서 나를 달래려고 조금 좋은 가방을 사주겠다고 약속했다. 나는 가방이라면 사족을 못 쓰기 때문에 못 이기는 척하고 가방이 도착할 때까지 기다렸다가 살아남았다.

나는 얼굴도 알려지지 않고 평범하게 일하는 공무원에 불과하다. 하지만 직장에 다닌 지가 꽤 되기 때문에 이 업계 사람들의 생리를 잘 알게 됐다. 그런 나조차 견디지 못할 지경인데 대중의 인기를 먹고 사는 연예인들이 공권력의 압박을 받으면 얼마나 힘들고 괴롭겠는가? 그럴 때 힘내라고 손잡아줄 사람이 주변에 두셋만 있어도 비극적 사태를 미연에 막을 수 있을지 모른다.

문제는 손을 잡아줄 사람은 적고 손가락질하는 사람은 많다는 점이다. 우선, 대중의 말초신경을 건드려 광고수익을 올리려는 언론이 있다. 다음으로, 직업윤리를 망각하고서 언론과 결탁해 출세하려는 사람들이 많은 수사기관이 있다. 끝으로, 자극적 내용이라면 물불을 가리지 않고 클릭하는 광란에 빠진 대중이 있다. 이 삼각편대는 지금껏 수많은 무고한 이들의 생물학적 목숨과 사회적 생명을 잔인하게 앗아갔다. 그러한 집단린치에 희생된 인사들의 대열에는 노무현 전 대통령도 있다.

그래서 나는 아예 포털사이트에는 들어가지도 않고, 인터넷에 게시되는 뉴스도 전혀 클릭하지 않고, 텔레비전도 보지 않게 됐다. 그 결과 책을 볼 수 있는 시간이 늘어나고 단편적인 뉴스에 따라가는 대신 조금 더 거대한 흐름을 느끼는 것에 익숙해지게 됐다.

나는 나를 아는 주변 사람들도 단편적이고 말초적인 흥분에 취약한 뉴스보다 좀 더 깊이 있는 성찰에 호감을 느끼면서 깊은 행복감을 느끼기를 바란다. 이러한 의식적인 기피 활동을 '보이콧'이라고 한다면, 그러한 보이콧을 벌이는 과정에서 우리는 머리가 부쩍 맑아지고, 정신이 크게 상쾌해지는 경험을 할 수 있을 것이다.

드라마 〈하얀 거탑〉에서 시청자들이 답답해할 정도로 진실만을 우직하게 추구하는 금수저 출신 의사 최도영 역할을 감동적으로 소화해낸 배우 이선균 씨가 안타깝게도 유명을 달리했다. 그의 억울한 죽음이 수사기관과 황색 언론과 무책임한 대중의 검은 협착에 너무 늦기 전에 과감히 메스를 대는 계기가 되기를 바란다. 고인의 명복을 진심으로 비는 바이다. [2023.12.29]

계획된 미투에 대처하는
미국 검찰의 자세

아미 해머(본명 : Armand Douglas Hammer)는 미국의 유명한 석유 재벌인 해머 가문의 후손이다. 옥시덴탈 석유(옥시덴탈 페트롤리움)가 바로 해머 집안이 창업한 회사이다. 지금은 해머 미술관으로 이름이 바뀐 해머 박물관도 해머 가문이 설립했다.

1986년생인 아미 해머는 196cm의 훤칠한 키에 조각 같은 외모를 가지고 있다. 그는 〈Call Me By Your Name〉, 〈Social Network〉, 〈The Man from U.N.C.L.E.〉 등의 영화에 출연해 대중의 인기를 끌며 배우로서의 명성을 차곡차곡 쌓아왔다.

그는 네 살 연상의 배우자인 방송인 겸 배우 엘리자베스 챔버스와 2010년에 결혼해 슬하에 두 아이를 두었다. 두 사람은 결혼 10년 만인 2020년에 공식적으로 이혼했는데, 결별 과정에서 아이들에 대한 양육권을 둘러싼 다툼이 시작되었다. 엘리자베스가 양육권이 전적으로 자신에게 있다고 주장했기 때문이다.

양육권이 엘리자베스에게 귀속될 경우 아미 해머가 자살 등의 사유로 사망하면 아이들이 물려받을 막대한 상속재산 관리권은 이혼한 아내에게 돌아가게 된다. 그 무렵 아미는 부친이 암으로 투병하다 별세하는 등 심리적으로 매우 불안정한 상태에 있었다. 이는 역으로 말하면 장기적인 재정적 이익의 전망 측면에서 엘리자베스에게 대단히 유리한 상황이 조성되었다는 뜻이다.

그녀는 남편이 마치 다른 여성을 성적으로 학대한 것처럼 폭로하는 내용의 전자우편을 다른 사람의 이메일 계정을 빌려 한 유수의 방송국에 이미 보내놓은 터였다. 이 폭로로 인해 아미는 기존에 맺었던 영화출연 계약이 모두 취소되었고, 촬영을 마친 영화들의 경우에는 그가 출연한 분량이 거의 전부 가위질을 당한 채 개봉되는 수치스럽고 굴욕적인 사태가 초래되었다.

엘리자베스와 그에게 데이트 폭력을 당했다고 주장하는 여성은 여러 방송국과의 인터뷰를 교대로 자청해 아미 해머를 겨냥한 폭로 공세를 이어갔다. 그들은 이와 관련된 유튜브 채널까지 개설해가며 공격에 박차를 가했다.

아미 해머 사건의 수사를 담당한 로스앤젤레스 경찰과 검찰은 이들 여성들과는 판이한 태도를 취했다. 수사 당국은 피의사실을 공공연히 언론에 흘리는 방식으로 피의자를 압박하지 않았다. LA 경찰과 검찰은 2년간 조용하면서도 정밀하게 수사를 진행한 끝에 한국시간으로 어제 그 결과를 발표했다.

"성범죄가 은밀하게 발생한다고 하더라도 성범죄 성립의 요건인 성적 자기결정권 침해나 폭력 행사 사실을 발견하기 어려웠고, 검사로서의 윤리를 준수하기 위해서는 불명확한 경우에는 불기소라는 원칙을 준수해야 한다"는 것이 그 요지였다. 수사당국이 불기소 결론을 도출하기에 이른 추가적 이유로는 피해 여성이 아미 해머에 의해 수 시간 동안 감금당했다고 주장하는 바로 그 시간대에 피의자가 알코올중독 치료소에 입원해 있었다는 사실이 확인된 점도 있었다.

미국에서의 사태 전개는 일방적 폭로와 조직적인 언론플레이를 통해 특정한 개인 또는 특정한 성^{Gender}을 변태적 성욕을 지닌 존재 혹은 존재들로 몰아가는 풍조가 걷잡을 수 없이 횡행하고 있는 태평양 건너 어느 한 나라의 근래의 추이와는 매우 달랐다. 그 나라가 죽 끓듯이 달아올라 마녀재판을 벌일 때 미국은 차분하고 냉철하게 진실 파악에 주력하고 있었다.

우리나라에서는 유명 연예인으로 비즈니스 분야에서도 크게 성공했던 중견 개그맨 주병진 씨는 우연히 차에 동승시킨 한 여성으로부터 성폭행을 당했다고 고소당하는 바람에 파렴치한 성범죄자로 낙인찍혀 방송계에서 즉각 퇴출당함은 물론이고 운영하던 사업체마저 휘청거린 사건이 오래전에 있었다.

그는 동료 여성 연예인들의 헌신적인 도움과 노력 덕분에 마침내 사건의 전말이 밝혀짐으로써 항소심에서 무죄를 선고받고 비로소 뒤늦게나마 명예를 회복할 수 있었다. 그러나 종전에 찬란한 광채를 발해오던 그의 사회적 평판과 명성은 엎질러진 물처럼 이미 나빠질 대로 나빠진 상태였다.

　일부 계층과 몇몇 언론사들이 의도적으로 선동하고 조장하는 편벽된 흐름에 소신 있고 당당하게 저항하는 개인과 기관이 많아질수록 실체적 진실은 더 빨리, 더 깊이, 더 밝게 드러나는 법이다. 이와 동시에 민주주의 또한 가일층 성숙해질 것이다. [2023.06.03]

무소불위의
페미나치즘

주말에 지인들과 저녁을 함께 먹고 있었다. 참석자 중에 한 명이 어떤 대학교에서 학생들을 가르치고 있는 남성 교수와 여성 제자 간에 교환된 지극히 은밀하고 사적인 문자 대화가 교수의 배우자에 의해 공개적으로 까발려졌다는 뉴스를 전해주었다. 나는 어쩔 수 없는 인간 특유의 호기심이 발동한 까닭에 이와 관련된 보도들을 식사 자리가 파한 다음 찬찬히 검색해 보았다.

먼저 결론부터 말하겠다. 이야기의 한 축인 여학생은 1학년 신입생이었다. 그는 대학 새내기라고는 믿기지 않을 정도로 매우 성숙하고 어른다운 의연한 태도를 보여주고 있었다.

우리나라는 벌써 몇 년째 멀쩡한 남자들까지 변태로 몰아가며 형사적 처벌로 응징하려는 페미나치즘의 광풍에 휩쓸려 있다. 이번 사태에서 진정한 피해자는 누구일까? 소중한 가정이 파괴될 위기로 내몰린 교수의 부인일 것이다. 문제는 이러한 부분을 아무도 헤아리려 하지 않는다는 점이다.

새내기 여학생은 국가의 보조금을 받는 여성단체들 가운데 한 곳에 연락해 교수로부터 위력에 의해 추행당한 것이라고 꾸며댈 수 있었다. 그렇지만 그는 성인답게 스스로 책임지려는 자세를 취했다. 자신의 지인들과 교수의 가족들에게 그간에 있었던 일들의 경위를 설명하는 쪽을 선택했기 때문이다.

나는 교수의 배우자도 현재 본인이 처해 있는 상황에서 최선의 선택을 했다고 생각한다. 혹자들은 남편을 말로 타일러서 안 되는 경우 이혼하면 되지 않겠느냐는 논리를 펴고 있다. 그러나 아이들이 있는 가정에서는 그러한 쾌도난마식 결정은 쉽지 않기 마련이다.

나는 사실적시 명예훼손죄의 폐지를 오래전부터 외쳐왔다. 교수의 배우자는 바람난 남편과 그 상대방을 설득하려다가 뜻대로 되지 않자 마지막 수단을 선택한 것으로 보인다. 가정의 평화를 지켜야 한다는 절박한 소명감을 지닌 배우자에게는 그러한 방법 외에는 달리 마땅한 대안이 없었으리라.

사건의 주인공인 대학교수는 자기의 행동에 대해 응분의 책임을 져야만 할 나이이고 신분인 터라 나는 그가 회피하는 행동을 취하지는 않으리라고 믿는다.

인간은 본디 나약한 존재이다. 현생 인류가 지구상에 출현한 시점을 감안하면 일부일처제가 제도적으로 정착된 지는 역사적으로 길다고 하기 어렵다.

호모 사피엔스에게 사랑이란 특정 대상을 향해 호기심을 유발하는 호르몬이 과다 분비되는 상태를 가리킨다. 분비된 호르몬이 서서히 잦아들기 마련일 결혼 이후에는 배우자에 대한 헌신과 책임감으로 혼인관계를 유지하게 된다.

사랑에 빠지면 윤리의식이 마비되는 실수를 저지를 수 있다. 이 와중에 젊은 여성을 범죄의 피해자로 무조건 단정하여 보조금을 타내거나 국회의원 공천을 받을 기회를 노리는 악의적인 선동이 난무해 왔다.

이번에 알려진 여학생은 그러한 비틀리고 비뚤어진 세태에 영합하지 않았다. 그는 스스로의 나약함을 흔쾌히 인정했다. 주변 사람들에게 자신의 오류를 솔직히 고백한 다음 성숙한 인격체로서 자기의 행위에 책임을 지겠다는 용기 있고 어른다운 면모를 보였다.

프랑스의 대통령인 에마뉘엘 마크롱은 그의 나이 16살 때 24년 연상의 유부녀인 고등학교 선생님과 사랑에 빠졌다. 스승은 배우자와의 이혼을 결행한 다음 제자와 결혼했다.

그럼에도 그 누구도 마크롱의 현재 아내인 브리짓 여사를 겨냥해 손가락질을 하지 않았다. 무엇보다 마크롱은 배우자와의 관계에서 시종일관 당당하게 책임지는 길을 걸어왔다. 성인으로서의 역할과 소명에 충실했던 셈이다.

나는 이번에 세간의 화제에 오른 교수와 제자의 관계가 페미나치즘으로 비판받고 있는 우리 사회 일각의 그릇된 현상이 얼마나 허구에 가득 차 있는지를 일반 대중에게 제대로 폭로하는 계기가 되기를 바란다.

찐자의 저울

첫째로, 여성 또한 남성과 마찬가지로 나이대와 무관하게 성적인 자기결정권을 전략적으로 행사할 수 있는 독립되고 주체적인 존재라는 사실이 인정되어야 하기 때문이다.

둘째로, 일정한 연령 이상에 도달한 남녀 사이의 내밀한 관계가 사회적 문제로 대두되었을 경우 여자를 순진한 피해자로, 남자를 변태적 가해자로 일단은 몰아붙이는 흐름에 확실하고 강력하게 제동이 걸려야만 하기 때문이다. [2023.12.16]

체리따봉보다는 하트

나는 그 흔한 스마트폰을 갖고 있지 않다. 이유는 세 가지다.

첫 번째는 만성적인 두통 때문이다.

두 번째는 지독한 귀차니즘 때문이다.

세 번째는 실용적 이유인데 스마트폰을 옆에 끼고 있으면 수시로 들여다보는 탓에 주의력이 분산돼 중요한 업무에 집중하기 어렵기 때문이다.

그렇지만 휴대전화 사용 자체를 거부할 정도로 자연인의 삶을 살지는 않고 있다. 2010년에 구매한 폴더폰을 오랫동안 계속 사용해 왔기 때문이다.

그러다가 어쩔 수 없이 전화기를 교체해야만 하는 사건이 생겼다. 어느 누군가가 내 개인정보를 한 극우단체에 모조리 넘기는 바람에 손전화를 효도폰으로 바꿔야 하는 불상사 아닌 불상사가 2021년 4월 무렵에 일어난 것이다.

새로 장만한 휴대전화기를 만든 회사는 착한 회사이기는 했으되 일을 잘하는 회사로는 보이지 않았다. 이를테면 '뒤로 가기' 단추가 없는지라 다른 기능을 이용하려면 첫 단계부터 다시 시작해야만 하기 일쑤였다.

내가 생각하는 기능상의 문제점은 이것 한 가지뿐만이 아니었다. 문자가 새로 송신됐을 때 그 문자를 바로 열어볼 수가 없다는 점이 매우 불편했다. 처음에 송신된 문자부터 모두 열어봐야 중간에 새로 온 문자가 뜨는 식이었다. 그러므로 어떤 문자가 새로 온 문자인지 확인하려면 예전에 이미 읽어본 문자까지 처음부터 다시 읽어가야만 했다. 이런 불필요한 동작과 과정이 시간을 은근히 많이 잡아먹었다.

나는 그냥 앉은 채로 당하지만은 않겠다고 작정했다. 그래서 읽은 문자에 하트 모양의 이모티콘을 달기 시작했다. 가족과 친구와 지인들은 물론이고 택배 기사님이 보내준 메시지에도 다 읽은 다음 꼬박꼬박 하트 기호를 표시했다. 하트 표시는 이미 읽은 문자 메시지와 새로 도착한 문자 메시지를 쉽게 구분할 수 있는 표지 역할을 해주었다. 나는 스스로의 현명함에 뿌듯한 자부심마저 느꼈다.

그러나 지나치면 모자람만 못하다고, 이게 어느 날 작은 소동을 일으켰다. 하루는 집안의 조명공사를 다시 했는데, 공사를 담당한 실내장식 업체의 사장님이 젊고 훈훈한 스타일이었다. 공사는 당연히 잘 마무리됐다. 나는 공사비를 사장님이 가르쳐준 계좌번호로 입금했고, 그러자 감사하다는 문자가 왔다. 나는 평소처럼 하트를 보냈는데 그게 잘못된 신호로 해석됐던 듯하다.

젊고 훈훈한 스타일의 사장님은 자신이 운영하는 업체가 페인트 도색과 각종 설비 교체와 예술품 설치까지 잘하는 곳이라며 추가 공사를 권유하는 문자를 계속 보내왔다. 그때마다 나는 습관적으로 하트 이모티콘을 달았고, 이것을 공사할 의향이 있다는 뜻으로 오해했던 것이다.

나는 하트 외에도 달걀 모양을 비롯한 다른 형태의 이모티콘도 많다는 사실을 뒤늦게야 깨달았다. 그 후로는 하트 대신 작고 앙증맞은 달걀이 내가 선호하는 시그널로 자리 잡게 되었다.

이 에피소드의 결론은 미녀는 역시나 괴롭다는 것이다(하하하, 농담이다. 못생겼음을 겸허하게 인정하고, 승복한다). [2023.04.12]